高等职业教育财务会计类专业新形态一体化教材

审计实务

常红 ◎ 主编

王勇 穆宁 李昕 毕群 ◎ 副主编

清华大学出版社

北京

内 容 简 介

本书按情境式教学和任务驱动式教学的要求,采用基于工作过程的编写理念,系统地介绍了报表审计的业务流程及基本的工作思路和方法。

本书以报表审计的工作流程为主线,以任务为载体,循序渐进地介绍了如何成为合格的审计人员,如何胜任审计的基本工作。贯彻"做中学"的思想,将审计的基础知识融入实务之中,使学生在实践工作中掌握审计的基本技能,积累未来职业提升必备的知识,培养全面的职业素养。内容编排上按报表审计中的典型工作任务确定学习任务,按具体工作内容分解工作任务的子任务,以工作任务的实施推动教学进程。全书共有 12 项工作任务,27 个子任务,每个工作任务都包括任务情境、任务目标、任务要求、知识准备、任务指导、任务附注等环节,内容丰富,通俗易懂,实用性强。本书还设置了与工作任务融合的思政小课堂,从岗位实践出发,以立德树人为根本,知识传授、能力培养与价值引领同步,促进综合素质的提升。

本书既可作为高职高专院校财会类专业的教学用书,也可作为会计、审计、管理等相关领域从业人员的自学参考用书。

图书在版编目(CIP)数据

审计实务/常红主编.—北京:清华大学出版社,2024.2
高等职业教育财务会计类专业新形态一体化教材
ISBN 978-7-302-65405-6

Ⅰ.①审… Ⅱ.①常… Ⅲ.①审计学—高等职业教育—教材 Ⅳ.①F239.0

中国国家版本馆 CIP 数据核字(2024)第 043279 号

责任编辑:刘士平
封面设计:张鑫洋
责任校对:袁 芳
责任印制:丛怀宇

出版发行:清华大学出版社
　　　　网　　址:https://www.tup.com.cn,https://www.wqxuetang.com
　　　　地　　址:北京清华大学学研大厦 A 座　　　　邮　编:100084
　　　　社 总 机:010-83470000　　　　　　　　　　邮　购:010-62786544
　　　　投稿与读者服务:010-62776969,c-service@tup.tsinghua.edu.cn
　　　　质量反馈:010-62772015,zhiliang@tup.tsinghua.edu.cn
　　　　课件下载:https://www.tup.com.cn,010-83470410
印 装 者:三河市少明印务有限公司
经　　销:全国新华书店
开　　本:185mm×260mm　　　　印　张:18　　　　字　数:434 千字
版　　次:2024 年 3 月第 1 版　　　　　　印　次:2024 年 3 月第 1 次印刷
定　　价:55.00 元

产品编号:095831-01

前　言

审计立足经济监督定位,在强国建设、民族复兴新征程上担负着重要使命,在国家经济建设中,在维护资本市场秩序和社会公众利益、提升经济效率等方面发挥了重要的作用。党的二十大报告提出的建成社会主义现代化强国、以中国式现代化全面推进中华民族伟大复兴,为审计行业的发展提出新的挑战,也带来了新的发展机遇;审计行业必须提高专业水准、加大人才供给,才能在现代化建设中发挥应有的作用。以培养中国式现代化建设高技能人才为目标,遵循习近平新时代中国特色社会主义思想,结合会计、审计行业的特点及高等职业教育的教学要求,依据以立德树人为根本、技能培养为核心、工学结合为抓手的思路,编写了《审计实务》教材。本教材在编写中,力求突出以下特点。

(一)密切联系行业发展,体现我国审计理论与实践的建设成果。本书紧密联系我国审计行业发展情况,突出了党和国家对审计工作的新要求及审计领域的新发展。教材内容反映了我国审计理论和实践取得的新成果,体现时代特征和中国特色。

(二)编写工学结合、理实一体的工作指导手册式教材。本书是面向报表审计岗位工作,以能力培养为目标,以工作任务为导向编写的新型工作指导手册式教材。让学生在仿真的工作情境中,以完成完整的报表审计项目为目的,学习报表审计的知识,进而获取胜任报表审计工作的能力。贯彻"做中学"的思想,将审计的基础知识融入实务中,通过完成项目任务,学习审计工作的工作思路及操作流程,在实践训练中提高学生的工作能力。本书按报表审计工作中的典型任务共分为 12 项工作任务,依照典型任务中的具体工作内容分解了27 个子任务,每个工作任务都包括任务情境、任务目标、任务要求、知识准备、任务指导、任务附注等环节,以工作任务的实施推动教学进程,指导学生按规范的步骤和方法完成特定的任务,使课堂教学与实践工作相结合,满足培养岗位胜任能力的教学要求。

(三)校企合作双元开发课岗证融通教材。本书与中联集团教育科技有限公司合作开发,吸收熟悉行业发展的实践专家加入教材开发团队,保证教材的先进性和实用性。另外,为适应新技术的应用,我们在实践专家的帮助下,将"智能审计职业技能等级证书"内容与教材内容相结合,以职业技能标准规范教学目标、丰富课程实践教学内容,将新技术融入课程教学,实现课程学习与职业能力评价的融合。

(四)融合课程思政,强化教材铸魂育人功能。教材编写中,从岗位实际出发,把习近平新时代中国特色社会主义思想的基本立场、观点方法转化为育人立意和价值导向,注重知识传授、能力培养与价值引领的同步实施。在每个任务中结合行业发展、工作规范、素质要求等内容加入了"思政小课堂"环节,把马克思主义基本原理同中国具体实际相结合、同中华优秀传统文化相结合,以历史典故、社会热点等为切入点,引导学生树立对马克思主义的信仰、对中国特色社会主义的信念、对中华民族伟大复兴中国梦的信心,传承优秀的专业文化,自觉践行职业道德、提升专业素质,投身民族复兴的伟大事业。

（五）配套多样化的课程资源,构建新型立体化教材。教材建设与在线开放课程建设相结合,在线课程平台建设多样化的课程资源,包括微课、动画、案例库、习题库、试题库等内容,将信息化资源与教材融合,提高教材交互性能和使用便捷性,为多种学习情境服务。

本书由济南职业学院常红任主编。山东青年政治学院王勇,济南职业学院穆宁,中联集团教育科技有限公司李昕、毕群任副主编。济南职业学院王国芬、芦晓莉参与编写。常红负责全书总体框架设计、总纂统稿及任务4至任务11的编写;王勇负责任务1的编写;穆宁负责任务2的编写;王国芬负责任务3的编写;芦晓莉负责任务12的编写;李昕、毕群参与全书任务情境的创建,确定整体框架及总体统稿审核。

本书在编写过程中,参考了大量相关书籍和文献资料,同时也得到了中联集团教育科技有限公司的大力支持,为我们提供了宝贵的参考资料,在此向各位作者及中联集团教育科技有限公司的领导及各位同仁致以诚挚的谢意。由于编写人员水平有限,书中难免有疏漏及不妥之处,恳请同行专家及广大读者批评、指正。

本书既可作为高职高专院校财会类专业的教材使用,也可作为会计、审计、管理等相关领域从业人员的自学参考用书。教材拓展资源可通过扫码获取,同步练习参考答案及其他教学资源可向出版社索取。

编　者
2023 年 12 月

目 录

任务1 认识审计

　　康诺健身器材有限公司(以下简称康诺公司)是一家主营新型健身器材的小型制造业企业,由五名股东共同出资成立。其中王明出资40％,担任公司总经理,管理企业日常经营。剩余部分由王明的四个朋友每人出资15％,这四名股东只出资但不参与公司的经营。康诺公司成立五年来,因产品新颖、质量过硬,受到消费者欢迎,公司发展势头良好。2020年王明开发的新产品成功,预计企业发展又会上一个台阶,但现有的生产能力不能满足未来企业的发展。经过全体股东的商议,康诺公司决定寻找新的投资者为企业注资,扩大企业的生产规模。之后王明接触了两名投资人,他们对康诺公司表现了浓厚的投资兴趣,但要求康诺公司首先要提供证明其经营状况的财务资料,包括经审计的财务报表。

　　王明找到公司的财务部经理张强,向他说明了公司接触新投资人的情况,并告知投资人提出的资料要求。由于之前不了解报表审计业务,王明提出:公司的财务部能否提供投资人需要的经审计的财务报表? 张强当即表示,财务报表审计必须委托会计师事务所,并由注册会计师完成。王明要求张强尽快联系会计师事务所以完成投资人要求的报表审计工作。

任务目标

知识目标:

了解审计的含义、主体、对象等内容,理解审计的职能与作用。

技能目标:

能够自主获取专业信息,对审计形成正确的认知。

素质目标:

初步建立审计工作思维,感悟审计与时代发展的交融,巩固专业思想,增强专业自信,树立提升技能、服务社会的专业理想。

任务要求

　　随着经济的发展,审计发挥着越来越重要的作用。那么,什么是审计? 什么情况下需要对财务报表进行审计?

知识准备

一、审计的产生及含义

"审计"一词从宋代起,就是我国财政监督的专用名词;可以理解为是对会计信息的真实性、公允性进行监督、评价、鉴证的经济活动。

审计是在一定的受托经济责任关系出现时,基于经济监督的需要而产生的。我国早在两千多年前的西周时期就产生了国家审计萌芽,西周时期设有"宰夫"一职,年终、月终、旬终的财计报告先由"宰夫"命令督促各部门官吏整理上报,再由"宰夫"就地稽核,发现违法乱纪者,可以越级向天官或周王报告。"宰夫"一职的出现标志着我国国家审计的产生。从奴隶社会、封建社会到资本主义社会和社会主义社会,从审计行为的萌芽到国家审计、民间审计和内部审计机构的形成,都同财产所有权和经营管理权相分离而产生的受托经济责任有关。随着经济的发展,剩余产品增加使财产所有者无法对财产实施有效的管理,从而产生了两权分离,进而产生了受托经济责任关系。财产所有者赋予财产管理者保管和运用其所有财产的权利,并要求他们负起管好用好这些财产的责任,这就是受托经济责任。没有这种受托经济责任关系,就不可能产生审计行为。

受托经济责任关系是审计产生与发展的客观基础。人们对加强经济管理与控制的迫切要求是审计发展的动力。科学技术的发展丰富了审计内容,扩展了审计领域,完善了审计职能,尤其是为审计发展提供了方法与手段。

对于审计的含义可以从以下几个方面来理解。

(1)审计是一项具有独立性的经济监督活动,而独立性是审计区别于其他经济监督的本质特征。

(2)审计的主体是从事审计工作的专职机构或专职人员,是独立的第三方,如国家审计机关、会计师事务所及其人员。

(3)审计的对象是指被审计单位的财务收支及其有关的经营管理活动,以及作为提供这些经济活动信息载体的会计报表和其他有关资料。会计报表和其他有关资料是审计对象的现象,其所反映的被审计单位的财务收支及其有关的经营管理活动才是审计对象的本质。

(4)审计的主要目标不仅要审查评价会计资料及其反映的财政、财务收支的合法性和公允性,还要审查评价有关经济活动的效益性。

(5)审计的职能是对经济活动进行监督、评价和鉴证,其中监督是其基本职能。

(6)审计的作用是改善经营管理、提高经济效益、促进宏观调控。

由此,可以将审计的含义归纳为:审计是指由独立的专职机构和专业人员依法对被审计单位的财政、财务收支及其有关经济活动的合法性、公允性和效益性进行监督、评价和鉴证,用以维护财经法纪、改善经营管理、提高经济效益、促进宏观调控的独立性经济监督活动。

二、审计的特征

（一）独立性

审计的本质是独立性的经济监督活动。审计的独立性是保证审计工作顺利进行的必要条件。审计关系必须由审计委托人、审计人和被审计人三方构成，缺少任何一方，独立的、客观公正的审计都将不复存在。这是由于财产所有权与经营管理权相分离而决定的，财产所有者对企业拥有所有权但不亲自参加经营管理，为了保护自身的利益，委托审计人对财产经营者受托经济责任的履行情况进行审查，而这种审查只有独立于他们之外的第三方进行才能得到正确的、公允的、可靠的结果，这就是审计的独立性。审计关系如图 1-1 所示。

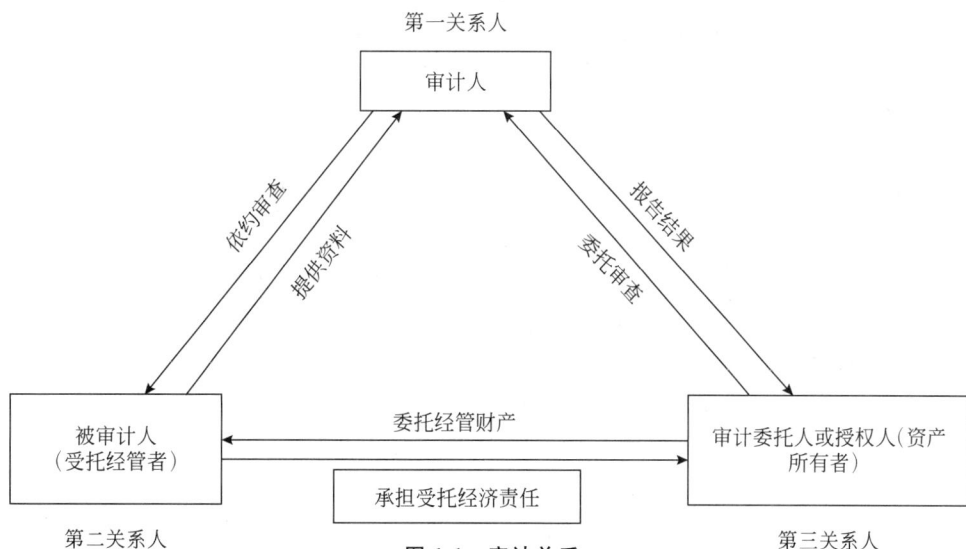

图 1-1　审计关系

独立性是审计的灵魂，没有独立性的经济监督活动，如财政、银行、税务、工商行政管理等部门所从事的经济监督活动不能称为审计。审计具有独立性，能保证审计人员依法进行的经济监督活动客观公正，才能保证提出证实财务状况和经营成果的审计信息更有价值，才能更好地对保持或解除被审计单位受托经济责任发挥审计的监督作用。因此，独立性的经济监督活动是审计的属性。审计的属性明确揭示了独立性是审计的特征，经济监督是审计的性质。

（二）权威性

审计的权威性是与审计的独立性相关的。它是保证有效地行使审计监督权的必要条件。审计的独立性决定了它的权威性。审计组织或人员以独立于企业所有者和经营者的"第三者"身份进行工作，他们对企业会计报表的经济鉴证，恪守独立、客观、公正的原则，按照有关法律、法规，根据一定的准则、原则、程序进行；加上取得审计人员资格必须通过国家统一规定的严格考试，因而他们具有较高的专业知识，这就保证了其所从事的审计工作具有准确性、科学性。正因为如此,审计人员的审计报告才具有一定的社会权威性,并使经济利益不同的各方乐于接受。各国为保障审计的这种权威性,分别通过公司法、商法、证券交易法、破产法等,从法律上赋予审计在整个市场经济中的经济监督、经济评价和经济鉴证的职能。一些国际性的组织为了提高审计的权威性,也通过协调各国的审计制度、准则、标准,使审计成为一项世界性的专业服务,增强各国会计信息的一致性和可比性,以利于加强国际经济贸易往来,促进国际经济的繁荣。

三、审计的职能与作用

(一)审计的职能

审计职能是指审计本身所固有的内在功能。审计有什么职能,有多少职能,这些都不是由人们的主观意愿来决定的,而是由社会经济条件和经济发展的客观需要来决定的。审计职能不是一成不变的,它是随着经济的发展而发展变化的。审计具有经济监督、经济评价和经济鉴证的职能。

1. 经济监督

监督是指监察和督促。经济监督是指监察和督促被审计单位的全部或某一特定方面的经济活动在规定的范围内、在正常的轨道上进行。

经济监督是审计最基本的职能。纵观审计产生和发展的历史,审计无不表现为经济监督活动,履行着经济监督的职能。审计工作的核心是通过审核检查,查明被审计事项的真相,对照一定的标准,得到被审计单位经济活动是否真实、合法、有效的结论。从依法检查到依法评价,直到依法作出处理决定及督促决定的执行,无不体现了审计的监督职能。我国的审计实践证明,越是搞活经济、搞活企业,越是需要加强审计监督。通过审计监督,可以严肃财经纪律,维护国家和人民的利益,加强宏观调控和管理,促进提高企事业单位的经济效益。

需要指出的是,要使审计发挥监督职能,必须具备两个条件:一是监督必须由权力机关实施;二是要有严格的客观标准和明确的是非界限。

2. 经济评价

经济评价就是通过审核检查,评定被审计单位的计划、预算、决策、方案是否先进可行,经济活动是否按照既定的决策和目标进行,经济效益的高低优劣,以及内部控制制度是否健全、有效等,从而有针对性地提出意见和建议,以促使其改善经营管理,提高经济效益。

审核检查被审计单位的经济资料及其经济活动,是进行经济评价的前提,只有查明了被审计单位的客观事实真相,才能按照一定的标准进行对比和分析,才能形成各种经济评价意见。这样,经济评价才能建立在真实情况的基础之上,评价的结论才能客观、公正,才能为社会各界所接受。经济评价的过程同时也是肯定成绩、发现问题的过程。因此,审计建议是紧接着经济评价而产生的,是经济评价的一部分。审计建议就是审计人员从经济评价出发,提出改进经济工作、提高效率的办法和途径。这是现代审计对传统审计在职能上的拓展。

3. 经济鉴证

鉴证是指鉴定和证明。经济鉴证是指通过对被审计单位的会计报表及有关经济资料所反映的财务收支和有关经营管理活动的公允性、合法性的审核检查,确定其可信赖程度,并作出书面证明,以取得审计委托人或其他有关方面的信任。

经济鉴证职能是随着现代审计的发展而出现的一项职能,它不断受到人们的重视而日益强化,并显示出其重要作用。西方国家非常重视审计的经济鉴证职能,不少国家的法律明文规定,企业的会计报表必须经过审计人员审查鉴证之后才能获得社会上的承认。经济鉴证职能的发挥应当具备两个条件:一是审计组织的权威性;二是审计组织的良好信誉。鉴证是注册会计师审计最主要的职能。

(二) 审计的作用

审计的作用是指在履行审计职能、实现审计目标过程中所产生的社会效果。总结古今中外的审计实践,审计具有制约性作用和促进性作用。

1. 制约性作用

审计的制约性作用主要表现在:通过对被审计单位的财务收支及其有关经营管理活动进行审核检查,对被审计单位的财务收支及其有关经营管理活动进行监督和鉴证,揭发贪污舞弊、弄虚作假等违法乱纪、严重损失浪费及不经济的行为,依法追究责任,执行经济裁决或提请给予行政处分或刑事处罚,从而纠错揭弊,保证国家的法律、法规、方针、政策、计划和预算的贯彻执行,维护财经纪律和各项制度,保证会计资料及其他资料的正确、可靠,保护国家财产的安全和完整。制约性作用可以概括为以下两点。

(1) 揭示差错和弊端:审计通过审查取证可以揭示差错和弊端,不仅可以纠正核算差错,提高会计工作质量,还可以保护财产的安全,堵塞漏洞,防止损失。

(2) 维护财经法纪:在审查取证、揭示各种违法行为的基础上,通过对过失人或犯罪者的查处,提交司法、监察部门进行处理,有助于纠正或防止出现违法行为,维护财经法纪。

2. 促进性作用

审计通过审核检查,对被审计单位的经营管理制度及经营管理活动进行评价,指出其不合理方面,并提出建议,以便纠正改进,促进其加强经营管理。对于经济活动所实现的经济效益进行评价,指出潜力所在,促进其进一步挖掘潜力,不断提高经济效益和社会效益。促进性作用可以概括为以下两点。

(1) 改善经营管理:通过审查取证、评价揭示经济管理中的问题和管理制度上的薄弱环节,提出改进建议,促进其改善经营管理。

(2) 提高经济效益:通过对被审计单位财务收支及其有关经营管理活动效益性的审查,评价受托经济责任,总结经验,指出效益低下的环节,提出改进意见和建议,改进生产和经营管理工作,促进其提高经济效益。

四、审计的主体

审计主体是指依法行使审计职能的独立的专职机构和专业人员,具体包括国家审计机关、民间审计组织与人员、内部审计机构。

(一) 国家审计机关

国家审计机关是代表政府行使审计监督权的机构。在我国,国务院下设审计署,在总理领导下,负责组织领导全国的审计工作,对国务院负责并报告工作。县级以上各级人民政府设立审计机关。地方各级审计机关分别在省长、自治区主席、市长、州长、县长、区长和上一级审计机关的领导下,组织领导所辖行政区的审计工作,负责领导本级审计机关审计范围内的审计事项,对上一级审计机关和本级人民政府负责并报告工作。

(二) 民间审计组织与人员

民间审计组织主要是指会计师事务所,会计师事务所是注册会计师依法承办业务的机构。民间审计人员主要是注册会计师。注册会计师是依法取得注册会计师证书并接受委托从事审计和会计咨询、会计服务业务的执业人员。注册会计师执行业务,应当加入会计师事务所。我国注册会计师和会计师事务所的管理机关为国家财政部,及各省、自治区、直辖市财政厅(局)。为了掌握全国情况,财政厅(局)批准成立的会计师事务所应将其名称、章程、负责人等报财政部所属中国注册会计师协会备案。

(三) 内部审计机构

内部审计机构是在部门、单位内部从事审计工作的机构,主要对本部门或本单位的财政财务收支、经营管理活动及其经济效益进行审核和评价,包括部门内部审计机构和单位内部审计机构。部门内部审计机构是县级以上各级政府的各部门设置的内部审计机构,它负责对本部门及所属单位的财务收支和经济效益进行审计,向本部门负责人和同级政府审计机关报告工作,审计业务受同级国家审计机关指导;单位内部审计机构是在大中型企业、事业单位设置的内部审计机构,它负责对本单位的财务收支及经济效益进行审计,向本单位负责人和上一级部门审计机构报告工作,审计业务受上一级部门审计机构指导。

五、我国的审计监督体系

我国的审计监督体系由三部分构成,即国家审计、民间审计、内部审计。国家审计、民间审计和内部审计三者之间相互独立,服务于不同的审计对象和不同的审计目标,在不同审计领域中各司其职,相互不可替代,因此不存在主导和从属的关系。同时三类审计之间又相互联系,相互配合,分工协作,共同构成我国的审计监督体系。

(一) 国家审计

国家审计(又称政府审计)是指由国家审计机关实施的审计。

国家审计的主要特点是法定性和强制性,拥有和管理国有资产的单位都必须依法接受国家审计的监督。审计机关作出的审计决定,被审计单位和有关人员必须执行。审计决定涉及其他有关单位的,有关单位应该协助执行。

(二) 民间审计

民间审计又称社会审计、注册会计师审计或独立审计,是指由依法成立的社会审计组织接受委托人的委托而实施的审计。社会审计组织根据承办业务双方签订的审计业务约定书,对被审计单位的财务报表及其有关资料进行独立审查和鉴证,并出具审计报告,也可承办客户有关注册资金验证、代理企业纳税申报、提供会计及管理咨询服务等业务。

民间审计的特点表现为以下几点。

1. 独立性

社会审计组织完全独立于审计委托人和被审计人之外，注册会计师对审计对象不带任何偏见，对依靠审计结果的人保持客观态度。

2. 委托性

社会审计组织所要办理的每一个审计项目及其审计的内容和目的，均取决于委托人的要求。

3. 有偿性

社会审计组织实行企业化管理方式，根据"有偿服务、自收自支、独立核算、依法纳税"原则，对其接受委托承办的独立审计业务，要按规定的收费标准向委托人收费。

社会审计组织出具的审计报告具有法律效力，在社会上具有公证作用。

（三）内部审计

内部审计是指由部门和单位内部设置的审计机构或专职审计人员对本部门、本单位及其下属单位进行的审计。

内部审计的特点表现为以下几点。

1. 内向性

内部审计根据本部门或本单位自身的需要而建立，处于部门或单位内部，在本部门或本单位主要负责人的直接领导下开展工作，为本部门或本单位服务。内部审计实际上是本部门或本单位管理机构的一部分。

2. 广泛性

内部审计不仅对财务收支进行审计监督，还对内部控制、生产经营等各个方面的经济活动进行检查、分析和评价，开展经济效益审计，其范围十分广泛。

3. 及时性、针对性和经常性

内部审计人员因常年在本部门或本单位进行审计监督活动，对本部门或本单位情况了如指掌，并可以随时了解企业的经济动态和信息，能够随时针对本部门或本单位的实际需要和存在的问题，有针对性地开展审计工作，及时提出改进措施并督促执行。

4. 相对独立性

由于内部审计的执行主体隶属于被审计单位，所以决定了其独立性不如外部审计，其审计报告主要供内部管理部门使用，对外没有公证作用。但为了确保内部审计机构和人员在组织上和行使职权上能够具有相对的独立性，它在机构设置上不应隶属于单位内部的其他职能部门，更不能隶属于财会部门。

（四）国家审计、民间审计和内部审计的联系与区别

1. 民间审计和国家审计的联系与区别

民间审计和国家审计共同发挥作用，是维护市场经济秩序，强化经济监督的有效手段，两者都是国家治理体系及治理能力现代化建设的重要方面，但也存在以下几个方面的区别。

（1）审计的目的和对象不同。国家审计是对政府的财政收支、国有金融机构和企事业单位财务收支进行审计，确定其是否真实、合法和有效。民间审计是注册会计师依法对企业财务报表进行审计，确定其是否符合会计准则和相关会计制度，是否公允反映了财务状况、

经营成果和现金流量。

（2）审计的标准不同。国家审计的依据是《中华人民共和国审计法》和审计署制定的国家审计准则，民间审计的依据是《中华人民共和国注册会计师法》（以下简称《注册会计师法》）和财政部批准发布的注册会计师审计准则。

（3）经费或收入来源不同。国家审计是行政行为，政府审计机关履行职责所必需的经费，列入同级财政预算，由同级人民政府予以保证。民间审计是市场行为，是有偿服务，费用由会计师事务所与审计客户协商确定。

（4）取证权限不同。国家审计和民间审计都需要取得审计证据，各有关单位都有责任配合，但是国家审计具有更大的强制力，各有关单位和个人应当支持、协助审计机关工作，如实向审计机关反映情况，提供有关证明材料；而民间审计受市场行为的局限，在获取审计证据时，很大程度上依赖于企业及相关单位配合和协助，对企业及相关单位没有行政强制力。

（5）对发现问题的处理方式不同。政府审计机关对违反国家规定的财政收支、财务收支行为可在职权范围内作出审计决定或者向有关主管机关提出处理、处罚意见。注册会计师对审计过程中发现的问题只能提请企业调整有关数据或进行披露，没有行政强制力；如果企业拒绝调整和披露，注册会计师需根据具体情况予以反映，具体表现为出具保留意见或否定意见的审计报告。

2. 民间审计和内部审计的联系与区别

民间审计与内部审计之间的联系主要体现在，前者在执行业务时可以利用被审计单位的内部审计工作，内部审计应当做好与民间审计的沟通和合作等协调工作，以提高审计效率和效果。内部审计与民间审计的主要区别有以下方面。

（1）在审计独立性上，内审机构受所在单位的直接领导，独立性受到一定的限制，其独立性只是相对于本单位其他职能部门而言的；而民间审计是由与被审计单位完全无关的第三方进行的，具有较强的独立性。

（2）在审计方式上，内部审计是单位根据自身经营管理的需要安排进行的，民间审计则是接受委托进行的。

（3）在审计程序上，内部审计可以根据所执行业务的目的和需要选择并实施必要的程序，而民间审计则需要严格按照执业准则的规定程序进行。

（4）在审计职责上，内部审计只对本单位负责，其审计质量基本与外界无直接关系；民间审计不仅对被审计单位负责，而且对社会负责，其审计质量对广大财务信息使用者作出相关决策有直接影响。

（5）在审计作用上，内部审计的结论只作为本单位改善工作的参考，对外没有鉴证作用，并对外保密；民间审计结论则要对外公开并起鉴证作用。

任务指导

以上我们了解了什么是审计。根据我国法律规定，上市的股份公司每年必须接受中国注册会计师审计；非上市企业在特定情况下，其年度财务报告也需经过注册会计师的审计。例如，一人有限责任公司应当在每一会计年度终了时编制财务报告并经会计师事务所审计；国有企业履行出资人职责的机构根据需要，可以委托会计师事务所对国有独资企业、国有独资公司的年度财务会计报告进行审计；中外合资企业、中外合作经营企业、外商独资企业的年度财务报告应当聘请中国注册会计师进行审计并出具报告；银行业金融机构年度财务报表需经注册会计师审计并出具报告；其他有必要进行审计的情况。

　　除了以上提及的法定情形外，企业在申请贷款或吸收新投资人等情形下，也会主动聘请会计师事务所对其财务报表进行审计并出具报告。经过会计师事务所审计财务报表并出具的审计报告，是由具有审计资格的注册会计师对报表反映的财务收支、经营成果和经济活动全面审查后作出的客观评价。未经审计的财务报表，没有经过其他权威机构认证，一般无法保证其真实可靠。

　　经过 40 多年的发展，我国注册会计师在促进企业会计信息质量提高、维护市场经济秩序、推动国有企业改革等方面发挥了巨大作用。注册会计师通过为投资者提供相关、可靠的信息，很大程度上制止了市场交易的欺诈行为，增强了交易各方的信心。注册会计师通过提高审计等服务，对帮助企业改制、优化资源配置和促进经济结构调整等起到了推动作用。

任务附注

中华人民共和国注册会计师法

中华人民共和国注册会计师法

思政小课堂

中国历史上的"审计"

同 步 练 习

一、单项选择题

1. 审计产生和发展的基础是（　　）。
　　A. 经济管理和控制的加强　　　　　　B. 维系受托经济责任关系
　　C. 现代科学管理的方法和手段　　　　D. 社会的进步和发展
2. （　　）是指监察和督促被审计单位的经济活动在规定的范围内，在正常的轨道上进行。
　　A. 经济评价职能　　B. 经济鉴证职能　　C. 经济监督职能　　D. 经济保证职能

3. 一般来说,实行有偿审计的是(　　)。

    A. 国家审计机关   B. 地方审计机关   C. 社会审计组织   D. 内部审计部门

4. 我国第一个独立的审计机构是(　　)。

    A. 西周的"宰夫"   B. 隋唐的"比部"

    C. 宋朝的"审计院"   D. 现在的"审计署"

5. 注册会计师审计的最主要职能是(　　)。

    A. 评价   B. 监督   C. 鉴证   D. 证明

6. 下列关于审计独立性由强至弱的排序,正确的是(　　)。

    A. 民间审计、政府审计、内部审计

    B. 政府审计、民间审计、内部审计

    C. 政府审计、注册会计师审计、内部审计

    D. 内部审计、政府审计、注册会计师审计

7. (　　)的经济监督活动是审计的根本属性。

    A. 权威性   B. 独立性   C. 客观性   D. 合法性

8. 下列不属于社会审计特点的是(　　)。

    A. 审计的独立性   B. 审计的委托性

    C. 审计的有偿性   D. 审计的强制性

9. 下列说法中,表述不正确的是(　　)。

    A. 政府审计是独立性最强的一种审计

    B. 注册会计师审计独立于政府和任何企业或经济组织

    C. 内部审计的审计报告对外没有公证作用

    D. 政府审计、注册会计师审计和内部审计之间不存在主导和从属的关系

10. 审计的主体是指(　　)。

    A. 被审计单位   B. 审计的专职机构和专职人员

    C. 被审计单位的经济活动   D. 审计的授权者

二、多项选择题

1. 下列民间审计与政府审计的区别,正确的有(　　)。

    A. 民间审计是受托审计,政府审计是强制审计

    B. 民间审计是会计师事务所进行的,是有偿审计;政府审计是政府行为,是无偿审计

    C. 民间审计是单向独立,政府审计是双向独立

    D. 民间审计的审计标准与政府审计的审计标准不同

2. 我国县级以上人民政府设立审计局,应接受(　　)的领导。

    A. 本级人民政府   B. 本级人民代表大会

    C. 上一级审计机关   D. 上级人民政府

3. 下列关于审计监督体系的阐述,正确的有(　　)。

    A. 注册会计师、内部审计和政府审计各司其职,不存在主导与从属的关系

    B. 注册会计师审计又称民间审计,会计师事务所无须接受审计署的业务指导

    C. 有些内部审计业务可以由政府审计代行其职

    D. 政府审计是一种法定审计,是对被审计单位实施的强制审计

4. 审计主体具体包括(　　)。
　　A. 国家审计机关　　　　　　　　　B. 内部审计机构
　　C. 民间审计组织　　　　　　　　　D. 注册会计师协会

5. 关于内部审计的特点说法正确的有(　　)。
　　A. 有偿性　　　　B. 内向性　　　　C. 广泛性　　　　D. 及时性

6. 审计具有(　　)作用。
　　A. 制约　　　　　B. 协调　　　　　C. 促进　　　　　D. 鉴证

7. 审计的基本职能包括(　　)。
　　A. 经济监督　　　B. 经济评价　　　C. 经济建设　　　D. 经济鉴证

8. 内部审计与注册会计师审计的区别体现在(　　)。
　　A. 审计职责　　　B. 审计方式　　　C. 审计依据　　　D. 审计方法

9. 下列关于注册会计师审计的提法中,正确的是(　　)。
　　A. 注册会计师审计产生的直接原因是财产所有权与经营权的分离
　　B. 注册会计师审计是由会计师事务所和注册会计师实施的审计
　　C. 注册会计师审计独立于政府和任何企业或经济组织
　　D. 注册会计师审计的产生早于政府审计

10. 审计业务的三方关系包括(　　)。
　　A. 审计人　　　　　　　　　　　　B. 被审计人
　　C. 被审计单位经济活动　　　　　　D. 审计委托人或授权人

三、判断题(正确的打"√",错误的打"×")

1. 民间审计的产生早于政府审计和内部审计的产生。　　　　　　　　(　　)

2. 在我国,外商投资企业和上市的股份制企业的年报审计属于强制审计。　(　　)

3. 审计对象是指被审计单位的会计资料和其他有关资料。　　　　　　(　　)

4. 国家审计又称为政府审计,是指由各级政府审计机关依法对被审计单位的财政、财务收支状况和经济效益所实施的审计。国家审计最主要的特点是它的高度独立性。(　　)

5. 审计的促进性作用表现为揭示差错和舞弊,维护财经法纪。　　　　(　　)

6. 受托经济责任关系是审计产生与发展的客观基础。　　　　　　　　(　　)

7. 审计的本质在于它的独立性和权威性。　　　　　　　　　　　　　(　　)

8. 内部审计的结果只对本部门、本单位负责,对外没有鉴证作用。　　(　　)

9. 在我国审计监督体系中,政府审计是主导,内部审计是基础,而注册会计师审计是不可缺少的重要力量。　　　　　　　　　　　　　　　　　　　　　　　(　　)

10. 我国注册会计师的管理采用政府监管与自律管理相结合的机制。政府监管主要由财政部负责,自律管理则由注册会计师协会负责。　　　　　　　　　　(　　)

四、思考与讨论

党的十八届四中全会通过了《中共中央关于全面推进依法治国若干重大问题的决定》,提出"加强党内监督、人大监督、民主监督、行政监督、司法监督、审计监督、社会监督、舆论监督制度建设"。审计作为八大监督形式之一,越来越受到党和国家的重视,赢得社会和人民的信任。审计监督在中国特色监督体系中发挥着怎样的作用呢?

任务 2　接受业务委托

任务情境

康诺公司财务部经理张强为完成公司的报表审计工作,经朋友介绍找到了信诚会计师事务所。信诚会计师事务所是一家稳健成长的会计师事务所,核心业务定位在为制造业企业提供审计服务上。现有员工 24 人,有精通审计业务的注册会计师 8 人;另外,事务所的公司服务部还有一名经验丰富的税务专家和一名熟悉管理及信息系统的专家,他们除为审计业务提供协助外,还可向客户提供税务及管理咨询方面的服务。

信诚会计师事务所业务负责人李立接待了张强,结合事务所完成的典型业务及事务所内部质量控制要求,向张强介绍了事务所报表审计业务开展的情况。同时,张强也向信诚会计师事务所介绍了康诺公司的基本情况,以及本次报表审计业务的要求。双方决定就合作事项进行进一步商讨。

任务目标

知识目标:

掌握接受审计业务委托的基本条件,了解财务报表审计作为鉴证业务的基本要素、保证程度等内容,建立对报表审计的正确认识;学习审计准则及职业道德的有关规定,掌握报表审计工作的工作规范及对审计人员的基本要求。

技能目标:

具备对被审计单位业务、自身专业胜任能力的辨别能力和分析能力,在接受业务委托时能够对业务及自身进行正确的评价。

素质目标:

遵循报表审计工作中的道德责任,自觉践行专业工作中职业规范;树立在专业工作中追求真理、维护公众利益的责任感和使命感;培养严谨的职业精神、德法兼修的职业素养。

任务要求

对财务报表进行审计并提出结论,以增强信息使用者对报表的信任程度,从根本上说是一种鉴证业务。按有关法律法规规定,这种对报表的鉴证业务必须由具有相应资格的专业机构和专业人员来完成,即对报表进行审计并出具审计报告是会计师事务所和注册会计师的法定业务。那么,会计师事务所和注册会计师应如何判断是否接受审计业务委托呢?

知识准备

一、注册会计师的执业范围

注册会计师依法从事的业务按服务的性质可分为两种类型,即鉴证业务和非鉴证业务。鉴证业务是指注册会计师对鉴证对象信息提出结论,以增强除责任方之外的预期使用者对鉴证对象信息信任程度的业务。鉴证业务包括历史财务信息审计业务、历史财务信息审阅业务和其他鉴证业务。非鉴证业务也就是相关服务业务。

(一)审计业务

(1)审查企业财务报表,出具审计报告。

(2)验证企业资本,出具验资报告。

(3)办理企业合并、分立、清算事宜中的审计业务,出具有关报告。

(4)办理法律、行政法规规定的其他审计业务,出具相应的审计报告。

(二)审阅业务

对历史财务信息进行鉴证,除了审计外,还有审阅。相对审计而言,审阅的成本较低。注册会计师在实施审阅程序的基础上,说明是否注意到某些事项,使其相信财务报表没有按照适用的会计准则和相关会计制度的规定编制,未能在所有重大方面公允反映被审阅单位的财务状况、经营成果和现金流量。

(三)其他鉴证业务

如内部控制审核、预测性财务信息审核等都属于其他鉴证业务。

(四)相关服务业务

相关服务业务包括对财务信息执行商定程序、代编财务信息、税务服务、管理咨询及会计服务等。

(1)对财务信息执行商定程序。对财务信息执行商定程序是注册会计师对特定财务数据、单一财务报表或整套财务报表等财务信息执行与特定主体商定的具有审计性质的程序,并就执行的商定程序及其结果出具报告。

(2)代编财务信息。代编财务信息是注册会计师运用会计而非审计的专业知识和技能,代客户编制一套完整或非完整的财务报表或代为收集、分类和汇总其他信息。

(3)税务服务。税务服务包括税务代理和税务筹划。税务代理是注册会计师接受企业或个人委托,为其填制纳税申报表,办理纳税事项。税务筹划是由于纳税义务发生范围和时间不同,注册会计师从客户利益出发,代替纳税义务人设计可替代或不同结果的纳税方案。

(4)管理咨询。会计师事务所管理咨询服务范围很广,主要包括对公司的治理结构、信息系统、预算管理、人力资源管理、财务会计、经营效率、效果和效益等提供诊断及专业意见与建议。

（5）会计服务。注册会计师提供的会计咨询和会计服务业务，除了代编财务信息外，还包括对会计政策的选择和运用提供建议、担任常年会计顾问等。注册会计师执行的会计咨询、会计服务业务属于服务性质，是所有具备条件的中介机构甚至个人都能从事的非法定业务。

二、报表审计的含义

财务报表审计是指注册会计师对财务报表是否不存在重大错报提供合理保证，以积极方式提出意见，增强除管理层之外的预期使用者对财务报表信赖的程度。报表审计业务本质上是一种鉴证业务。

对于报表审计业务可以从以下几个方面加以理解。

一是审计的用户是财务报表的预期使用者，即审计可以用来有效满足财务报表预期使用者的需求。

二是审计的目的是改善财务报表的质量或内涵，增强除管理层之外的预期使用者对财务报表的信赖程度，即以合理保证的方式提高财务报表的可信度，而不涉及为如何利用信息提供建议。

三是合理保证是一种高水平保证。当注册会计师获取充分、适当的审计证据将审计风险降至可接受的低水平时，就获取了合理保证。审计存在固有限制，注册会计师据以得出结论和形成审计意见的大多数审计证据是说服性而非结论性的，因此，审计只能提供合理保证，不能提供绝对保证。

四是审计的基础是独立性和专业性。审计通常由具备专业胜任能力和独立性的注册会计师来执行，注册会计师应当独立于被审计单位和预期使用者。

五是审计的最终产品是审计报告。注册会计师针对财务报表是否在所有重大方面按照财务报告编制基础编制并实现公允反映发表审计意见，并以审计报告的形式予以传达。注册会计师按照审计准则和相关职业道德要求执行审计工作，能够形成这样的意见。

三、报表审计的原因

财务报表审计是注册会计师的传统核心业务。财务报表使用者之所以希望注册会计师对财务报表进行审计并发表意见，主要有以下四个方面的原因。

（1）利益冲突。财务报表使用者往往有着各自的利益，且这种利益与被审计单位管理层的利益大不相同。出于对自身利益的关心，财务报表使用者常常担心管理层提供带有偏见、不公正甚至欺诈性的财务报表。为此，他们往往会向外部注册会计师寻求鉴证服务。

（2）财务信息的重要性。财务报表是财务报表使用者进行经济决策的重要信息来源，在有些情况下，还是唯一的信息来源。在进行投资、贷款和其他决策时，财务报表使用者期望财务报表中的信息十分翔实、丰富，并且期望注册会计师能确定被审计单位是否按照公认会计原则编制财务报表。

（3）复杂性。由于会计业务的处理及财务报表的编制日趋复杂，财务报表使用者因缺乏会计知识而难以对财务报表的质量作出评估，所以他们要求注册会计师对财务报表的质量进行鉴证。

（4）间接性。绝大多数财务报表使用者都远离客户，这种地域的限制导致财务报表使用者不可能接触到编制财务报表所依据的会计记录，即使财务报表使用者可以获得会计记录并对其进行审查，也往往由于时间和成本的限制，而无法对会计记录进行有意义的审查。在这种情况下，使用者有两种选择：一是相信这些会计信息的质量；二是依赖第三者鉴证报表。显然，使用者更喜欢第二种选择。

四、报表审计的要素

报表审计业务要素是指鉴证业务的三方关系人、财务报表、财务报告编制基础、审计证据和审计报告。

（一）鉴证业务的三方关系人

三方关系人分别是注册会计师、被审计单位管理层（责任方）和预期使用者。注册会计师对由被审计单位管理层负责的财务报表发表审计意见，以增强除责任方之外的预期使用者对财务报表的信任程度。由于财务报表是由被审计单位管理层负责的，所以注册会计师的审计意见主要是向除责任方之外的预期使用者提供的。审计意见有利于提高财务报表的可信性，有可能对管理层有用，因此，在这种情况下，管理层也会成为预期使用者之一，但不是唯一的预期使用者。是否存在三方关系，是判断某项业务是否属于审计业务的重要标准之一。

（二）财务报表

在财务报表审计中，鉴证对象是历史的财务状况、经营业绩和现金流量，鉴证对象信息即财务报表。财务报表通常是指整套财务报表，有时也指单一财务报表。整套财务报表通常包括资产负债表、利润表、现金流量表、所有者权益（或股东权益）变动表和相关附注。披露包括适用的财务报告编制基础所要求的、明确允许的或通过其他形式允许作出的解释性或描述性信息。披露是财务报表不可分割的组成部分，主要在财务报表附注中反映，也可能在财务报表表内反映，或通过财务报表中的交叉索引予以提及。

管理层和治理层（如适用）在编制财务报表时需要：①根据相关法律法规的规定确定适用的财务报告编制基础；②根据适用的财务报告编制基础编制财务报表；③在财务报表中对适用的财务报告编制基础作出恰当的说明。编制财务报表要求管理层根据适用的财务报告编制基础运用判断作出合理的会计估计，选择和运用恰当的会计政策。

财务报表可以按照某一财务报告编制基础编制，旨在满足下列需求之一：①广大财务报表使用者共同的财务信息需求（即通用目的财务报表的目标）；②财务报表特定使用者的财务信息需求（即特殊目的财务报表的目标）。

（三）财务报告编制基础

注册会计师在运用职业判断对鉴证对象作出合理一致的评价或计量时，需要有适当的标准。在财务报表审计中，财务报告编制基础即是标准。适用的财务报告编制基础是指法律法规要求采用的财务报告编制基础；或者管理层和治理层（如适用）在编制财务报表时，就被审计单位性质和财务报表目标而言，采用的可接受的财务报告编制基础。

财务报告编制基础分为通用目的编制基础和特殊目的编制基础。通用目的编制基础旨在满足广大财务报表使用者共同的财务信息需求的财务报告编制基础，主要是指会计准则和会计制度。特殊目的编制基础旨在满足财务报表特定使用者对财务信息需求的财务报告编制基础，包括计税核算基础、监管机构的报告要求和合同的约定等。

（四）审计证据

审计证据是指注册会计师为了得出审计结论和形成审计意见而使用的必要信息。获取充分、适当的证据是注册会计师对财务报表提供合理保证的基础。注册会计师应当以职业怀疑态度计划和执行审计业务，获取有关审计对象信息是否不存在重大错报充分、适当的证据。

（五）审计报告

注册会计师应当对财务报表在所有重大方面是否符合适用的财务报告编制基础，以书面报告的形式发表能够提供合理保证程度的意见。

如果认为财务报表在所有重大方面按照适用的财务报告编制基础编制并实现公允反映，注册会计师应当发表无保留意见的审计报告。当存在下列情形之一时，注册会计师应当在审计报告中发表非无保留意见：①根据获取的审计证据，得出财务报表整体存在重大错报的结论；②无法获取充分、适当的审计证据，不能得出财务报表整体不存在重大错报的结论。非无保留意见包括保留意见、否定意见和无法表示意见几种类型。

五、报表审计的保证程度

鉴证业务的保证程度分为合理保证和有限保证。报表审计属于合理保证的鉴证业务，合理保证的保证水平要高于有限保证的保证水平。

合理保证的鉴证业务的目标是注册会计师将鉴证业务风险降至该业务环境下可接受的低水平，以此作为以积极方式提出结论的基础。例如，在历史财务信息审计中，要求注册会计师将审计风险降至该业务环境下可接受的低水平，对审计后的历史财务信息提供高水平保证（合理保证），在审计报告中对历史财务信息采用积极方式提出结论。这种业务属于合理保证的鉴证业务。

有限保证的鉴证业务的目标是注册会计师将鉴证业务风险降至该业务环境下可接受的水平，以此作为以消极方式提出结论的基础。例如，在历史财务信息审阅中，要求注册会计师将审阅风险降至该业务环境下可接受的水平（高于历史财务信息审计中可接受的低水平），对审阅后的历史财务信息提供低于高水平的保证（有限保证），在审阅报告中对历史财务信息采用消极方式提出结论。这种业务属于有限保证的鉴证业务。

表 2-1 列示了合理保证与有限保证的区别。

表 2-1 合理保证与有限保证的区别

区 别	业 务 类 型	
	合理保证 (财务报表审计)	有限保证 (财务报表审阅)
目标	在可接受的低审计风险下,以积极方式对财务报表整体发表审计意见,提供高水平的保证	在可接受的审阅风险下,以消极方式对财务报表整体发表审阅意见,提供有意义水平的保证。该保证水平低于审计业务的保证水平
证据收集程序	通过一个不断修正的、系统化的执业过程,获取充分、适当的证据,证据收集程序包括检查记录或文件、检查有形资产、观察、询问、函证、重新计算、重新执行、分析程序等	通过一个不断修正的、系统化的执业过程,获取充分、适当的证据,证据收集程序受到有意识的限制,主要采用询问和分析程序获取证据
所需证据数量	较多	较少
检查风险	较低	较高
财务报表的可信性	较高	较低
提出结论的方式	以积极方式提出结论。例如:"我们认为,ABC 公司财务报表在所有重大方面按照企业会计准则和《××会计制度》的规定编制,公允反映了 ABC 公司 20×1 年 12 月 31 日的财务状况以及 20×1 年度的经营成果和现金流量。"	以消极方式提出结论。例如:"根据我们的审阅,我们没有注意到任何事项使我们相信,ABC 公司财务报表没有按照企业会计准则和《××会计制度》的规定编制,未能在所有重大方面公允反映被审阅单位的财务状况、经营成果和现金流量。"

做中学 2-1

乐家股份有限公司是一家大型零售折扣店,近几年业务拓展迅速,连续开设多家分店,造成资金紧张,于是向当地商业银行提出贷款申请,并聘请同信会计师事务所为其出具了审计报告。注册会计师对乐家公司审计后发表了如下审计意见:"我们认为,乐家股份有限公司财务报表已经按照企业会计准则和《会计制度》的规定编制,在所有重大方面公允地反映了乐家股份有限公司 2015 年 12 月 31 日的财务状况以及 2015 年度的经营成果和现金流量。"商业银行在收到审计报告及其他资料后,批准了乐家公司的贷款申请。

一年后,因市场萧条,资金回收困难,乐家公司无法按期偿还到期的贷款。商业银行在对乐家公司偿还能力进行调查中,无意中发现其 2015 年财务报表中存在错报。商业银行随即找到为乐家公司出具审计报告的同信会计师事务所,认为事务所未能发现和披露报表中存在的错报,应承担赔偿责任。

思考:经注册会计师审计过的财务报表存在错报,注册会计师一定要承担法律责任吗?

六、报表审计业务的基本要求

(一)遵守审计准则

审计准则是专业审计人员在实施审计工作时,必须恪守的最高行为准则,是审计工作质量的权威性判断标准。注册会计师执业准则作为规范注册会计师执行业务的权威性标准,对提高注册会计师执业质量,降低审计风险,维护社会公众利益具有重要的作用。《注册会计师法》规定中国注册会计师协会依法拟订执业准则、规则,报国务院财政部门批准后施行。

审计准则建设及准则体系的建立,有效地适应了注册会计师执业的需要。审计准则作为一个整体,为注册会计师执行审计工作以实现总体目标提供了标准。审计准则规范了注册会计师的一般责任,以及在具体方面履行这些责任时的进一步考虑。审计准则已经成为注册会计师执业的必备指导,成为衡量注册会计师执业质量的依据,成为理论研究、教学教材建设的重要推动力量。审计准则还是有关部门执法、判断注册会计师执业对错的依据。中国注册会计师审计准则体系如图 2-1 所示。

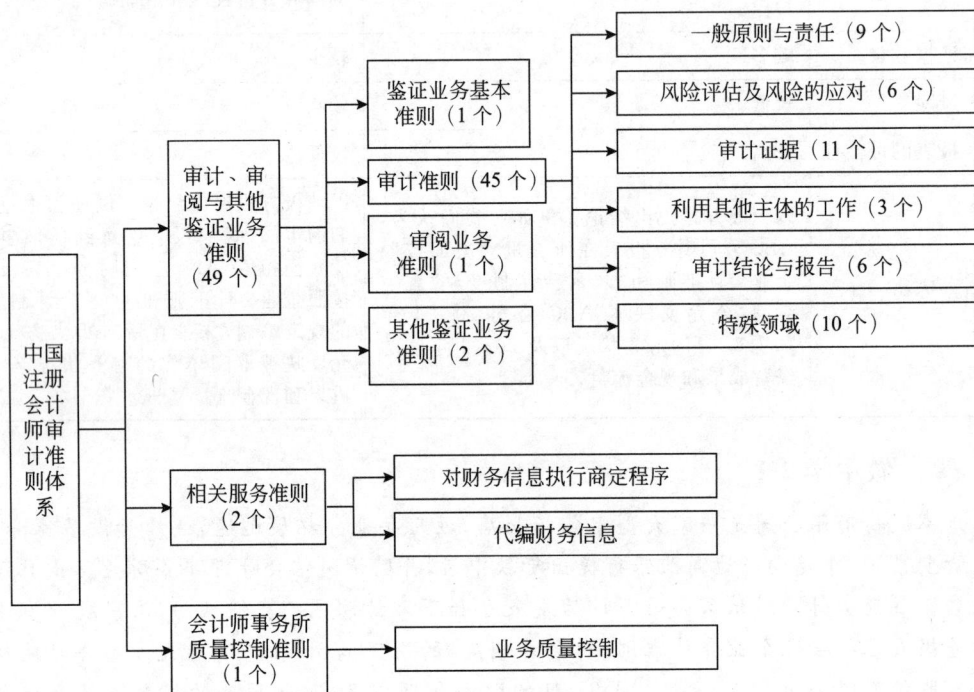

图 2-1　中国注册会计师审计准则体系

(二) 遵守职业道德守则

所谓注册会计师的职业道德,是指注册会计师的职业品德、职业纪律、执业能力及职业责任等的总称。注册会计师从诞生的那一天起就承担了对社会公众的责任,注册会计师的道德水平如何是关系整个行业能否生存和发展的大事。

中国注册会计师协会自 1988 年成立以来,一直非常重视注册会计师职业道德规范建设。1992 年发布了《中国注册会计师职业道德守则(试行)》;1996 年 12 月 26 日,经财政部批准,发布了《中国注册会计师职业道德基本准则》;2002 年 6 月 25 日,发布了《中国注册会计师职业道德规范指导意见》,并于 2002 年 7 月 1 日起施行;2009 年 10 月,为进一步提高职业道德水平,维护职业形象,《中国注册会计师职业道德守则》正式发布,并于 2010 年 7 月

1日起施行。

1. 职业道德基本原则

（1）诚信。注册会计师应当在所有的执业活动中，保持正直和诚实，秉公处事、实事求是。

（2）独立性。独立性是指不受外来力量控制、支配，按照一定规范行事。注册会计师执行审计和审阅业务及其他鉴证业务时，应当从实质上和形式上保持独立性，不得因任何利害关系影响其客观性。如果注册会计师不能与客户保持独立性，而是存在经济利益、关联关系，或屈从于外界压力，则很难取信于社会公众。会计师事务所在承办审计和审阅业务及其他鉴证业务时，应当从整体层面和具体业务层面采取措施，以保持会计师事务所和项目组的独立性。

（3）客观和公正。客观和公正原则要求注册会计师应当公正处事、实事求是，不得由于偏见、利益冲突或他人的不当影响而损害自己的职业判断。如果存在导致职业判断出现偏差，或对职业判断产生不当影响的情形，不得提供相关专业服务。

（4）专业胜任能力和应有的关注。注册会计师应当具有专业知识、技能或经验，能够胜任承接的工作。专业胜任能力既要求注册会计师具有专业知识、技能或经验，又要求其经济、有效地完成客户委托的业务。注册会计师如果不能保持和提高专业胜任能力，就难以完成客户委托的业务。事实上，如果缺乏足够的知识、技能和经验，那么提供专业服务就构成了一种欺诈。一个合格的注册会计师不仅要充分认识自己的能力，对自己充满信心，更重要的是，必须清醒地认识到自己在专业胜任能力方面的不足，不承接自己不能胜任的业务。如果注册会计师不能认识到这一点，承接了难以胜任的业务，就有可能给客户乃至社会公众带来危害。专业胜任能力可分为两个独立阶段：①专业胜任能力的获取；②专业胜任能力的保持。注册会计师应当持续了解和掌握相关的专业技术和业务的发展，以保持专业胜任能力。注册会计师作为专业人士，在许多方面都要履行相应的责任，保持和提高专业胜任能力就是其中之一。

应有的关注要求注册会计师遵守执业准则和职业道德规范的要求，勤勉尽责，认真、全面、及时地完成工作任务。在审计过程中，注册会计师应当保持职业怀疑态度，运用专业知识、技能和经验，获取和评价审计证据。同时，注册会计师还应当采取措施以确保在其授权下工作的人员得到适当的培训和督导。在适当情况下，注册会计师应当使客户、工作单位和专业服务的其他使用者了解专业服务的固有局限性。

（5）保密。注册会计师与客户的沟通，必须建立在为客户信息保密的基础上。这里所说的客户信息，通常是指商业秘密。一旦商业秘密被泄露或被利用，往往会给客户造成损失。因此，许多国家规定，在公众领域执业的注册会计师，除非法律、法规的要求或取得客户的同意，否则不允许泄露任何客户的秘密信息。保密原则要求注册会计师不得有下列行为。

① 未经客户授权或法律法规允许，向会计师事务所以外的第三方披露其所获知的涉密信息。

② 利用所获知的涉密信息为自己或第三方谋取利益。

注册会计师在社会交往中也应当履行保密义务，要警惕无意泄密的可能性，特别是警惕无意中向近亲属或关系密切的人员泄密的可能性。

（6）良好职业行为。注册会计师应当遵守相关法律、法规，避免发生任何损害职业声誉的行为;在向公众传递信息,以及推介自己和工作时,应当客观、真实、得体,不得损害职业形象。

做中学 2-2

某上市公司财务人员小赵,得知同学小李在某会计师事务所工作后,找到小李表示可将本公司年度会计报表审计业务介绍给小李所在的事务所做。小李为难地说:"你为我们所介绍这样大的业务真是太感谢了,不过我们所不仅人员少,而且这些人员也没一个具有能为上市公司进行审计的资格,我们不具备办理贵公司审计业务的条件。"小赵说:"没有资格好办,人手少也好办。我出面帮你雇几个有这方面资格的高手,以贵所的名义进行审计,只要贵所在收费上低于其他会计师事务所,我们马上就可以签约。"小李说:"这违反了职业道德准则。所以对不起,我不能接受。"

思考:小李为什么拒绝该项业务?

2. 对遵循职业道德产生不利影响的因素

注册会计师对职业道德基本原则的遵循可能受到多种因素的不利影响。不利影响的性质和严重程度因注册会计师提供服务类型的不同而不同。可能对职业道德基本原则产生不利影响的因素包括自身利益、自我评价、过度推介、密切关系和外在压力。

(1)自身利益导致的不利影响。

如果经济利益或其他利益对审计人员的职业判断或行为产生不当影响,将产生自身利益导致的不利影响。自身利益导致的不利影响的情形主要包括以下几种。

① 鉴证业务项目组成员在鉴证客户中拥有直接经济利益。

② 会计师事务所的收入过分依赖某一客户。

③ 鉴证业务项目组成员与鉴证客户存在重要且密切的商业关系。

④ 会计师事务所担心可能失去某一重要客户。

⑤ 鉴证业务项目组成员正在与鉴证客户协商受雇于该客户。

⑥ 会计师事务所与客户就鉴证业务达成或有收费的协议。

⑦ 注册会计师在评价所在会计师事务所以往提供的专业服务时,发现了重大错误。

(2)自我评价导致的不利影响。

如果审计人员对其(或者其所在会计师事务所或工作单位的其他人员)以前的判断或服务结果作出不恰当的评价,并且将据此形成的判断作为当前服务的组成部分,将产生自我评价导致的不利影响。自我评价导致的不利影响的情形主要包括以下几种。

① 会计师事务所在对客户提供财务系统的设计或操作服务后,又对系统的运行有效性出具鉴证报告。

② 会计师事务所为客户编制原始数据,这些数据构成鉴证业务的对象。

③ 鉴证业务项目组成员担任或最近曾经担任客户的董事或高级管理人员。

④ 鉴证业务项目组成员目前或最近曾受雇于客户,并且所处职位能够对鉴证对象施加重大影响。

⑤ 会计师事务所为鉴证客户提供直接影响鉴证对象信息的其他服务。

(3)过度推介导致的不利影响。

如果审计人员倾向客户或工作单位的某种立场或意见,使其客观性受到损害,将产生过度推介导致的不利影响。过度推介导致的不利影响的情形主要包括以下两种。

① 会计师事务所推介审计客户的股份。

② 在审计客户与第三方发生诉讼或纠纷时,注册会计师担任该客户的辩护人。

(4) 密切关系导致的不利影响。

如果审计人员与客户或工作单位存在长期或亲密的关系,而过于倾向他们的利益,或认可他们的工作,将产生密切关系导致的不利影响。密切关系导致的不利影响的情形主要包括以下几种。

① 项目组成员的近亲属担任客户的董事或高级管理人员。

② 项目组成员的近亲属是客户的员工,其所处职位能够对业务对象施加重大影响。

③ 客户的董事、高级管理人员或所处职位能够对业务对象施加重大影响的员工,最近曾担任会计师事务所的项目合伙人。

④ 注册会计师接受客户的礼品或款待。

⑤ 会计师事务所的合伙人或高级员工与鉴证客户存在长期业务关系。

(5) 外在压力导致的不利影响。

如果审计人员受到实际的压力或感受到压力而无法客观行事,将产生外在压力导致的不利影响。外在压力导致的不利影响的情形主要包括以下几种。

① 会计师事务所受到客户解除业务关系的威胁。

② 审计客户表示,如果会计师事务所不同意对某项交易的会计处理,则不再委托其承办协议中的非鉴证业务。

③ 客户威胁将起诉会计师事务所。

④ 会计师事务所受到降低收费的影响而不恰当地缩小工作范围。

⑤ 由于客户员工对所讨论的事项更具有专长,注册会计师面临服从其判断的压力。

⑥ 会计师事务所合伙人告知注册会计师,除非同意审计客户不恰当的会计处理,否则将影响晋升。

在具体工作中,包括会计师事务所层面和具体业务层面应采取必要的防范措施应对这些不利影响。

3. 审计业务中对独立性的要求

独立性是指实质上的独立和形式上的独立。实质上的独立是指注册会计师在发表意见时其专业判断不受影响,公正执业,保持客观和专业怀疑;形式上的独立是指会计师事务所或鉴证小组避免拥有充分相关信息的理性第三方推断其公正性、客观性或专业怀疑受到损害。在执行审计业务时,审计项目组成员、会计师事务所应当维护公众利益,独立于审计客户。

影响会计师事务所、注册会计师审计和审阅业务独立性的情形包括以下内容。

(1) 经济利益。在审计客户中拥有经济利益,可能因自身利益导致不利影响。经济利益是指因持有某一实体的股权、债券和其他证券及其他债务性的工具而拥有的利益,包括为取得这种利益而享有的权利和承担的义务。不利影响存在与否及其严重程度取决于下列因素:①拥有经济利益的人员的角色;②经济利益是直接的还是间接的;③经济利益的重要性。会计师事务所、审计项目组成员或其主要近亲属不得在审计客户中拥有直接经济利益或重大间接经济利益。

（2）贷款和担保。会计师事务所、审计项目组成员或其主要近亲属从银行或类似金融机构等审计客户取得贷款，或获得贷款担保，可能对独立性产生不利影响。会计师事务所、审计项目组成员或其主要近亲属向审计客户提供贷款或为其提供担保，将因自身利益产生非常严重的不利影响，导致没有防范措施能够将其降低至可接受的水平。

（3）商业关系。会计师事务所、审计项目组成员或其主要近亲属与审计客户或其高级管理人员之间，由于商务关系或共同的经济利益而存在密切的商业关系，可能因自身利益或外在压力产生严重的不利影响。这些商业关系主要包括：①在与客户或其控股股东、董事、高级管理人员共同开办的企业中拥有经济利益；②按照协议，将会计师事务所的产品或服务与客户的产品或服务结合在一起，并以双方名义捆绑销售；③按照协议，会计师事务所销售或推广客户的产品或服务，或者客户销售或推广会计师事务所的产品或服务。

（4）家庭和私人关系。如果审计项目组成员与审计客户的董事、高级管理人员，或所处职位能够对客户会计记录或被审计财务报表的编制施加重大影响的员工（以下简称特定员工）存在家庭和私人关系，可能因自身利益、密切关系或外在压力产生不利影响。不利影响存在与否及其严重程度取决于多种因素，包括该成员在审计项目组的角色、其家庭成员或相关人员在客户中的职位及关系的密切程度等。

（5）与审计客户发生人员交流。如果审计客户的董事、高级管理人员或特定员工曾经是审计项目组的成员或会计师事务所的合伙人，可能因密切关系或外在压力对独立性产生不利影响。如果审计项目组成员最近曾担任审计客户的董事、高级管理人员或特定员工，可能因自身利益、自我评价或密切关系对独立性产生不利影响；如果会计师事务所的合伙人或员工兼任审计客户的董事或高级管理人员，将因自我评价和自身利益对独立性产生非常严重的不利影响；如果会计师事务所向审计客户借出员工，可能因自我评价对独立性产生不利影响。

（6）与审计客户长期存在业务关系。会计师事务所长期委派同一名合伙人或高级员工执行某一客户的审计业务，将因密切关系和自身利益产生不利影响。不利影响的严重程度主要取决于下列因素：①该人员加入审计项目组的时间长短；②该人员在审计项目组中的角色；③会计师事务所的组织结构；④审计业务的性质；⑤客户的管理团队是否发生变动；⑥客户的会计和报告问题的性质或复杂程度是否发生变化。

（7）为审计客户提供非鉴证服务。会计师事务所向审计客户提供非鉴证服务，可能对独立性产生不利影响，包括因自我评价、自身利益和过度推介等产生的不利影响。在接受委托向审计客户提供非鉴证服务之前，会计师事务所应当确定提供该服务是否将对独立性产生不利影响。

（8）收费。如果会计师事务所从某一审计客户收取的全部费用占其审计收费总额的比重较大，则对该客户的依赖及对可能失去该客户的担心将因自身利益或外在压力对独立性产生不利影响。如果从某一审计客户收取的全部费用占某一合伙人所有客户收取的费用总额比重很大，或占会计师事务所某一分部收取的费用总额比重很大，也将因自身利益或外在压力产生不利影响。如果审计客户长期未支付应付的审计费用，尤其是相当部分的审计费用在出具下一年度审计报告前仍未支付，可能因自身利益产生不利影响。会计师事务所在提供审计服务时，以直接或间接形式取得或有收费，将因自身利益产生非常严重的不利影响，导致没有防范措施能够将其降低至可接受的水平。会计师事务所不得采用这种收费安排。

（9）影响独立性的其他事项。如果某一审计项目组成员的薪酬或业绩评价与其向审计客户推销的非鉴证服务挂钩,将因自身利益产生不利影响。会计师事务所或审计项目组成员接受审计客户的礼品或款待,可能因自身利益和密切关系产生不利影响。如果会计师事务所或审计项目组成员与审计客户发生诉讼或很可能发生诉讼,将因自身利益和外在压力产生不利影响。

做中学 2-3

某银行拟申请公开发行股票,委托 ABC 会计师事务所审计其年度报表。假定 ABC 会计师事务所及其审计组成员与该银行存在以下情况。

（1）ABC 会计师事务所与该银行约定:审计费用为 1 000 000 元,银行在会计师事务所提交审计报告时支付 50%,剩余部分视银行发行股票能否上市决定是否支付。

（2）ABC 会计师事务所按照正常借款程序和条件,向该银行借款 10 000 000 元,用于购置办公用房。

（3）ABC 会计师事务所的合伙人 A 注册会计师目前担任该银行的独立董事。

（4）审计小组负责人 B 注册会计师曾担任该银行审计部经理,离职未满 2 年。

（5）审计小组成员 C 注册会计师一直协助该银行编制财务报表。

（6）审计小组成员 D 注册会计师的妻子在该银行任职统计员的工作。

思考:分别就上述情况分析会计师事务所或注册会计师的独立性是否会受到损害。

七、报表审计业务中的法律责任

（一）会计责任与审计责任

在财务报表审计中,被审计单位管理层和注册会计师承担着不同的责任,不能相互混淆和替代。明确划分责任,不仅有助于被审计单位管理层和注册会计师认真履行各自的责任,为财务报表及其审计报告的使用者提供有用的经济决策信息,还有利于保护相关各方的正当权益。

1. 会计责任

财务报表是由被审计单位管理层在治理层的监督下编制的。管理层和治理层(如适用)认可与财务报表相关的责任,是注册会计师执行审计工作的前提,构成注册会计师按照审计准则的规定执行审计工作的基础。管理层是指对被审计单位经营活动的执行负有经营管理责任的人员。治理层是指对被审计单位战略方向及管理层履行经营管理责任负有监督责任的人员或组织。治理层的责任包括监督财务报告过程。企业的所有权与经营权分离后,经营者负责企业的日常经营管理并承担受托责任。管理层通过编制财务报表反映受托责任的履行情况。为了借助公司内部之间的权力平衡和制约关系保证财务信息的质量,现代公司治理结构往往要求治理层对管理层编制财务报表的过程实施有效的监督。

管理层和治理层(如适用)应当承担下列责任。

（1）按照适用的财务报告编制基础编制财务报表,并使其实现公允反映(如适用)。

（2）设计、执行和维护必要的内部控制,以使财务报表不存在由于舞弊或错误导致的重大错报。

（3）向注册会计师提供必要的工作条件，包括允许注册会计师接触与编制财务报表相关的所有信息（如记录、文件和其他事项），向注册会计师提供审计所需的其他信息，允许注册会计师在获取审计证据时不受限制地接触其认为必要的内部人员和其他相关人员。

如果管理层不认可其责任，或不同意提供书面声明，注册会计师将不能获取充分、适当的审计证据。在这种情况下，注册会计师承接此类审计业务是不恰当的，除非法律法规另有规定。如果法律法规要求承接此类审计业务，注册会计师可能需要向管理层解释这种情况的重要性及其对审计报告的影响。

2. 审计责任

按照中国注册会计师审计准则的规定，对财务报表发表审计意见是注册会计师的责任。注册会计师作为独立的第三方，对财务报表发表审计意见，有利于提高财务报表的可信赖程度。为履行这一职责，注册会计师应当遵守职业道德规范，按照审计准则的规定计划和实施审计工作，获取充分、适当的审计证据，并根据获取的审计证据得出合理的审计结论、发表恰当的审计意见。注册会计师通过签署审计报告确认其责任。

财务报表编制和财务报表审计是财务信息生成链条上的不同环节，两者各司其职。法律、法规要求管理层和治理层对编制财务报表承担责任，有利于从源头上保证财务信息质量。作为内部人员，对企业的情况更为了解，更能作出适合企业特点的会计处理决策和判断，因此管理层和治理层理应对编制财务报表承担完全责任。如果财务报表存在重大错报，财务报表审计不能减轻被审计单位管理层和治理层的责任。

（二）注册会计师法律责任的成因

从注册会计师自身来看，法律责任的成因包括以下方面。

1. 违约

违约是指审计人员未能达到合同条款的要求负违约责任。比如，在时间和保密方面违约。

2. 过失

过失是指审计人员在一定条件下，缺少应有的、合理的谨慎。过失根据不同的标准有不同的分类。

（1）过失按其程度深浅分为普通过失和重大过失。

① 普通过失：没有完全遵守审计准则造成的过失。通常是指没有保持职业上应有的、合理的谨慎。比如，未按特定项目取得必要和充分的审计证据。

② 重大过失：根本没有遵循审计准则造成的过失。通常是指连起码的职业谨慎都不保持，对业务或事务不加考虑，满不在乎。比如，没有采用实质性程序。

（2）过失按过失主体分为单方过失和共同过失。

① 单方过失：审计人员或被审计单位某一方的过失。

② 共同过失：对他人的过失，受害方自己未能保持合理的谨慎，因而蒙受损失。比如，被审计单位未能向审计人员提供编制纳税申报表所必需的信息，后来又控告审计人员未能妥当地编制纳税申报表，这种情况可能使法院判定被审计单位有共同过失。

3. 欺诈

欺诈是指以欺骗或坑害他人为目的的一种故意行为,因此又称审计人员的舞弊。如明知委托单位的会计报表有重大错报,却以虚伪的陈述,出具无保留意见的审计报告。

与欺诈相关的另一个概念是"推定欺诈",又称"涉嫌欺诈",是指虽无故意欺骗或坑害他人的动机,但存在极端异常的过失。

（三）法律责任的种类

随着社会主义市场经济体制在我国的建立和完善,注册会计师在社会经济生活中的地位越来越重要,发挥的作用越来越大。如果注册会计师工作失误或犯有欺诈行为,将会给客户或依赖经审计财务报表的第三者造成重大损失,严重的甚至导致经济秩序的紊乱。因此,强化注册会计师的法律责任意识,严格注册会计师的法律责任,以保证职业道德和执业质量,就显得愈来愈重要。近年来我国颁布的不少经济法律、法规中,都有专门规定会计师事务所、注册会计师法律责任的条款,其中比较重要的有《注册会计师法》《违反注册会计师法处罚暂行办法》《中华人民共和国公司法》《中华人民共和国证券法》《中华人民共和国刑法》等。此外,为了正确审理涉及会计师事务所在审计业务活动中的民事侵权赔偿责任,结合审判实践,最高人民法院相继出台了一系列相关司法解释。

注册会计师因违约、过失或欺诈给被审计单位或其他利害关系人造成损失的,按照有关法律和规定,可能被判负行政责任、民事责任或刑事责任,三种责任可单处,也可并处。

1. 行政责任

行政处罚对注册会计师个人来说,包括警告、暂停执业、吊销注册会计师证书;对会计师事务所而言,包括警告、没收违法所得、罚款、暂停执业、撤销等。

2. 民事责任

民事责任主要是指赔偿受害人损失。

3. 刑事责任

刑事责任主要是指按有关法律程序判处一定的徒刑。一般来说,因违约和过失可能会使注册会计师负行政责任和民事责任,因欺诈可能会使注册会计师负民事责任和刑事责任;刑事责任包括有期徒刑或者拘役,并处或者单处罚金等。

任务指导

对报表进行审计并出具审计报告是会计师事务所和注册会计师的法定业务,即对财务报表进行审计并提出结论,以增强信息使用者对报表的信任程度,必须由注册会计师来完成。那么,是不是只要委托人提出报表审计的委托,会计师事务所和注册会计师就一定会接受呢?答案是否定的。会计师事务所和注册会计师在执行业务中必须遵守审计准则的规范要求,以规范审计工作过程、保证审计工作质量,进而维护审计工作的权威性以获得社会公众的认可。报表审计业务本质上是一种鉴证业务,在接受委托人业务委托时,审计人员要按照审计准则的要求对业务进行评价,只有认为符合独立性和专业胜任能力等相关职业道德规范的要求,并且拟承接的业务具备下列所有特征,注册会计师才能将其作为鉴证业务予以承接:

（1）鉴证对象适当。

（2）使用的标准适当且预期使用者能够获取该标准。

（3）注册会计师能够获取充分、适当的证据以支持其结论。

（4）注册会计师的结论以书面报告形式表述，且表述形式与所提供的保证程度相适应。

（5）该业务具有合理的目的。如果鉴证业务的工作范围受到重大限制，或者委托人试图将注册会计师的名字和鉴证对象不适当地联系在一起，则该项业务可能不具有合理的目的。

当拟承接的业务不具备上述鉴证业务的所有特征，不能将其作为鉴证业务予以承接时，注册会计师可以提请委托人将其作为非鉴证业务（如商定程序、代编财务信息、管理咨询、税务咨询等相关服务业务），以满足预期使用者的需要。

任务附注

2-1　中国注册会计师审计准则——鉴证业务基本准则

2-2　中国注册会计师职业道德守则

鉴证业务基本准则

中国注册会计师职业道德守则

思政小课堂

我国第一位注册会计师

同 步 练 习

一、单项选择题

1. 审计业务要求注册会计师提供的保证属于（　　）。

　　A. 合理保证　　　　　　　　　　　　B. 有限保证

　　C. 合理保证和有限保证　　　　　　　D. 任何保证

2. 在确定审计业务的三方关系时，下列有关责任方的说法中错误的是（　　）。

　　A. 责任方可能是预期使用者，但不是唯一的预期使用者

　　B. 责任方可能是审计业务的委托人，也可能不是委托人

C. 责任方是对财务报表负责的组织或人员

D. 注册会计师的审计意见主要向责任方提供

3. 执行下列业务中保证程度最高的是(　　)。

　　A. 预测性财务信息审核　　　　　　　　B. 财务报表审阅

　　C. 上市公司年度财务报表审计　　　　　D. 代编财务报表

4. (　　)是整个执业准则体系的核心。

　　A. 审计准则　　　　　B. 审阅准则　　　　C. 相关服务准则　　　D. 质量控制准则

5. 质量控制准则是用来约束(　　)的。

　　A. 注册会计师　　　　　　　　　　　　B. 会计师事务所

　　C. 被审计单位　　　　　　　　　　　　D. 注册会计师和会计师事务所

6. 注册会计师提供的会计咨询、会计服务业务不包括(　　)。

　　A. 管理咨询　　　　　B. 代理记账　　　　C. 税务代理　　　　D. 验资

7. 注册会计师在第三者面前呈现出一种独立于委托单位的身份,在他人看来注册会计师是独立的,这种独立称为(　　)。

　　A. 经济独立　　　　　B. 思想独立　　　　C. 实质上的独立　　　D. 形式上的独立

8. 及时发现和纠正被审计单位的错误和舞弊是(　　)的责任。

　　A. 会计师事务所的审计人员　　　　　　B. 政府审计机关工作人员

　　C. 税务机关的注册会计师　　　　　　　D. 被审计单位管理当局

9. 完全没有遵循审计准则造成的过失属于(　　)。

　　A. 普通过失　　　　　B. 重大过失　　　　C. 共同过失　　　　D. 其他

10. 会计师事务所对无法胜任或不能按时完成的业务,应(　　)。

　　A. 聘请其他专业人员帮助　　　　　　　B. 转包给其他会计师事务所

　　C. 减少业务收费　　　　　　　　　　　D. 拒绝接受委托

11. 会计师事务所和注册会计师的下列行为中,不违反职业道德规范的是(　　)。

　　A. 在提供专业服务时,在特定领域利用专家协助其工作

　　B. 按审计业务工作量的大小进行收费

　　C. 以注册会计师个人名义承接财务报表的审计业务

　　D. 对自己的能力进行广告宣传

12. 下列情形中,不违反职业道德的是(　　)。

　　A. 审计项目组成员在审计客户甲公司拥有 10 万股流通股

　　B. 审计项目组成员正在与审计客户甲公司协商审计报告,日后加入甲公司担任财务总监

　　C. 会计师事务所当年的业务收入 1‰ 来源于审计客户甲公司

　　D. 以或有收费的形式承接审计业务

13. 下列情况中,对注册会计师执行审计业务的独立性影响最大的是(　　)。

　　A. 注册会计师的母亲退休前担任被审计单位工会的文艺干事

　　B. 注册会计师的配偶现在是被审计单位开户银行的业务骨干

　　C. 注册会计师的一位朋友拥有被审计单位的股票

　　D. 注册会计师的妹妹大学毕业后在被审计单位担任现金出纳

14. 会计事务所给他人造成经济损失应予以赔偿,这表明会计师事务所要承担(   )。

    A. 行政责任　　　　B. 刑事责任　　　　C. 民事责任　　　　D. 道德责任

15. 注册会计师在执业过程中发现被审计单位内部控制混乱,但注册会计师没有扩大抽样范围,结果导致没有发现重要错报。这种情况下,一般认为注册会计师具有(   )。

    A. 普通过失　　　　B. 重大过失　　　　C. 欺诈　　　　　　D. 舞弊

16. 注册会计师职业道德规范的基本原则中,既要求注册会计师具有专业知识、技能和经验,又要求其经济、有效地完成客户委托的业务的是(   )。

    A. 独立性　　　　　B. 专业胜任能力　　C. 客观公正　　　　D. 良好职业行为

17. 注册会计师避免发生过失、欺诈的前提是严格遵守各项审计准则和(   )。

    A. 审计约定　　　　B. 审计计划　　　　C. 职业道德　　　　D. 审计程序

18. 注册会计师因违约和过失可能承担(   )。

    A. 行政责任　　　　　　　　　　　　B. 民事责任和刑事责任

    C. 行政责任和刑事责任　　　　　　　D. 民事责任和行政责任

19. 下列提法中,不正确的是(   )。

    A. 注册会计师承担法律责任风险是不可避免的

    B. 如果注册会计师提供报表公允性的绝对保证而非合理保证,一定能避免法律诉讼

    C. 注册会计师是否具有过失的关键在于注册会计师是否遵照专业标准的要求执行

    D. 财务报表审计不能减轻被审计单位管理层和治理层的责任

20. 以下属于事务所泄密的是(   )。

    A. 允许投资人查询被审计单位的档案

    B. 办理了必要手续后,允许法院依法查阅审计档案

    C. 注册会计师协会依法进行质量检查而查阅被审计单位档案

    D. 接受同业复合而查阅审计档案

二、多项选择题

1. 财务报表审计具体包括对(   )的审计。

    A. 资产负债表　　　B. 利润表　　　　　C. 现金流量表　　　D. 财务报表附注

2. 根据《注册会计师法》的规定,注册会计师承办的业务项目包括(   )。

    A. 审查企业会计报表,出具审计报告

    B. 验证企业资本,出具验资报告

    C. 办理企业合并、分立、清算事宜中的审计业务,出具有关的报告

    D. 承办会计咨询、会计服务业务

3. 鉴证业务常见的保证程度有(   )。

    A. 积极保证　　　　B. 消极保证　　　　C. 合理保证　　　　D. 有限保证

4. 注册会计师应当对执业过程中获知的客户信息保密,但在(   )情况下,可以披露客户的有关信息。

    A. 取得客户授权

    B. 根据法规要求,为法律诉讼准备文件或提供证据向监管机构报告发现的违规行为

    C. 接受同业复核以及注册会计师协会和监管机构依法进行的质量检查

    D. 另一客户提出查看的要求

5. 注册会计师执业准则包括(　　　)。

  A. 鉴证业务准则　　　　　　　　　　B. 相关服务准则

  C. 质量控制准则　　　　　　　　　　D. 职业道德准则

6. 注册会计师职业道德的基本原则包括(　　　)。

  A. 独立　　　　　　B. 客观　　　　　　C. 公正　　　　　　D. 保密

7. 注册会计师要保持其独立性,必须做到(　　　)。

  A. 与被审计单位的主要负责人在伦理上没有亲密关系

  B. 不与被审计单位沟通

  C. 与被审计单位在经济上没有利害关系

  D. 不参与被审计单位的经营活动

8. 注册会计师违反工作规则造成不良后果的,由主管机关给予的处分包括(　　　)。

  A. 警告　　　　　　　　　　　　　　B. 暂停执行业务

  C. 罚金　　　　　　　　　　　　　　D. 吊销注册会计师证书

9. 管理层对编制财务报表的责任具体包括(　　　)。

  A. 选择恰当的报送对象

  B. 按照适用的财务报告编制基础编制财务报表,使其实现公允反映

  C. 设计、执行和维护必要的内部控制

  D. 向注册会计师提供必要的工作条件

10. 下列各项中,符合注册会计师职业道德规范的有(　　　)。

  A. 会计师事务所没有以降低收费方式招揽业务

  B. 会计师事务所为争取更多的客户对其能力做广告宣传

  C. 会计师事务所允许有条件的其他单位以本所名义承办业务

  D. 会计师事务所没有雇用正在其他会计师事务所执业的注册会计师

三、判断题(正确的打"√",错误的打"×")

1. 在有限保证的鉴证业务中,注册会计师提出的结论属于消极方式。　　　　　(　　)

2. 在合理保证的鉴证业务中,保证程度可以很高,但不可能达到100%。　　　(　　)

3. 鉴证业务是指注册会计师对鉴证对象信息提出结论,以增强预期使用者对鉴证对象信息信任程度的业务。　　　　　　　　　　　　　　　　　　　　　　　　(　　)

4. 合理保证的鉴证业务的目标是注册会计师将鉴证业务风险降至该业务环境下可接受的低水平,以此作为以积极方式提出结论的基础。　　　　　　　　　　　　　(　　)

5. 注册会计师执业时只需要保持实质上的独立性。　　　　　　　　　　　　(　　)

6. 注册会计师知委托单位的财务报表有重大错报,却在委托单位的压力下出具了无保留意见的审计报告,这种行为属于欺诈。　　　　　　　　　　　　　　　　(　　)

7. 除非法律、法规的要求或取得客户同意,否则注册会计师不允许泄露任何客户的秘密信息。　　　　　　　　　　　　　　　　　　　　　　　　　　　　　(　　)

8. 注册会计师曾在被审计单位工作,可能因自身利益、自我评价或密切关系对独立性产生不利影响。　　　　　　　　　　　　　　　　　　　　　　　　　　　(　　)

9. 注册会计师如果没有查出会计报表中的错误,则必须承担法律责任。　　　(　　)

10. 会计师事务所及注册会计师因违约、过失或欺诈给被审计单位或其他利害关系人

造成损失的,需要承担行政责任、民事责任或刑事责任。这三种责任可单处,也可并处。

(   )

四、思考与讨论

海南民源现代农业发展股份有限公司(以下简称"琼民源")于 1997 年 1 月 22 日、2 月 1 日先后在证券时报上刊登的 1996 年度财务会计报告和补充公告,称本公司实现利润 5.7 亿元人民币,资本公积增加 6.57 亿元。后查明其中 5.66 亿元利润是通过欺骗手段虚列四笔"其他业务收入"和"营业外收入"获得的;增加的 6.57 亿元资本公积则是通过资产重组的形式采用非法的手段确认的。东窗事发后,"琼民源"的造假行为在股市中引起巨大震动。经过 1997 年 2 月 28 日罕见的、巨大的成交量之后,证券交易所宣布:"琼民源"于 1997 年 3 月 1 日起被停牌。股民损失惨重。一年多之后,中国证监会和北京市第一中级人民法院公布了对"琼民源"一案的处罚和判决结果。其中,中国证监会的处罚决定主要是:①将"琼民源"原董事长马玉和等人移交司法机关追究其刑事责任,并对"琼民源"处以警告;②建议有关主管部门撤销直接为"琼民源"进行审计的海南中华会计师事务所,吊销其主要负责人的注册会计师执业资格证书。对中华会计师事务所处以警告,暂停其从事证券业务资格 6 个月;对该事务所在"琼民源"审计报告上签字的注册会计师,暂停其从事证券业务资格 3 年。对海南大正会计师事务所罚款 30 万元,暂停其从事证券相关资产评估业务资格 6 个月;对负有直接责任的注册会计师,暂停其从事证券业务资格 3 年。

在我国注册会计师行业发展历史上,发生过一系列震惊整个行业乃至全社会的案件,以上的"琼民源"案件就是其中的经典案例之一。报表审计对社会责任重大,会计师事务所和注册会计师也极易牵扯到法律纠纷中。

问题:会计师事务所和注册会计师如何避免法律责任的产生呢?

任务3　实施报表审计

康诺公司财务部经理张强在对信诚会计师事务所深入了解后,将其介绍给总经理王明。王明与信诚会计师事务所业务负责人李立就2020年报表审计业务进行了洽谈。

信诚会计师事务所业务负责人李立在与康诺公司总经理王明交流中询问了本次报表审计业务的背景和目的。王明大概介绍了康诺公司的业务情况;同时表示,由于融资的迫切需要,希望报表审计工作能尽快完成,最好5天内提供审计报告。李立当即表示,审计工作有着严格的工作规范要求,要在5天内提供审计报告是不可能的。之后,李立向王明介绍了报表审计的业务要求及工作流程,并向其强调:审计过程中,被审计单位一定要配合审计人员的工作,这对审计程序的顺利开展非常重要。

李立的介绍使王明对审计工作有了进一步的了解。王明意识到在公司未来的发展中,还有许多情况下会需要注册会计师审计工作的配合,企业也有必要对审计工作有足够的重视。由此,王明当即表示愿意配合事务所进行下一步的报表审计工作。双方很快在有关方面达成共识,信诚会计师事务所对康诺股份有限公司财务报表的审计工作拉开了序幕。

任务目标

知识目标:

通过理解被审计单位管理当局的认定,掌握审计总目标及具体目标的内容;掌握审计工作过程中对审计证据的要求及搜集、整理审计证据的基本程序,为实施报表审计工作打下理论基础。

技能目标:

建立报表审计工作思维,能够确定审计目标并围绕审计目标合理运用审计程序获取充分适当的审计证据,从而具备对报表审计进行高效率组织实施和获取信息、处理信息、依据信息作出决策的能力。

素质目标:

在报表审计工作实施中,树立专注本职工作、乐于钻研的职业精神;培养严谨的工作态度,独立、客观、公正的职业品格;增强职业责任感;激发善于思考、勇于创新的探索精神。

任务要求

审计是一个提出问题、解决问题的过程。审计准则中对审计工作的基本模式有着严格的要求。那么,注册会计师是如何通过系统化的策略来设计实施报表审计工作的呢?

知识准备

一、报表审计的工作过程

审计的整个过程就是搜集、整理审计证据的过程。报表审计过程大致可分为以下几个阶段。

(一)接受业务委托

会计师事务所应当按照执业准则的规定,谨慎决策是否接受或保持某客户关系和具体审计业务。在接受新客户的业务前,或决定是否保持现有业务或考虑接受现有客户的新业务时,会计师事务所应当执行必要的程序,以获取如下信息:①考虑客户的诚信,没有信息表明客户缺乏诚信;②具有执行业务必要的素质、专业胜任能力、时间和资源;③能够遵守相关职业道德要求。

会计师事务所执行客户接受与保持的程序,旨在识别和评估会计师事务所面临的风险并对自身执行业务的能力进行评价。一旦决定接受业务委托,注册会计师应当与客户就审计约定条款达成一致意见,并与其签订审计业务约定书,以明确双方的权利与义务。

(二)计划审计工作

计划审计工作十分重要,计划不周不仅会导致盲目实施审计程序,无法获得充分、适当的审计证据将审计风险降至可接受的水平,影响审计目标的实现,还会浪费有限的审计资源,增加不必要的审计成本,影响审计工作的效率。因此,对于任何一项审计业务,注册会计师在执行具体审计程序之前,都必须根据具体情况制订科学、合理的计划,使审计业务以有效的方式得到执行。一般来说,计划审计工作主要包括:①开展初步业务活动;②制定总体审计策略;③制订具体审计计划等。计划审计工作不是审计业务的一个孤立阶段,而是一个持续的、不断修正的过程,贯穿于整个审计业务的始终。

(三)识别和评估重大错报风险

风险导向审计要求审计人员以重大错报风险的识别、评估和应对为审计工作的主线,以提高审计效率和效果。风险评估程序是指注册会计师为了解被审计单位及其环境,以识别和评估财务报表层次和认定层次的重大错报风险而实施的审计程序。风险评估程序是必要程序,了解被审计单位及其环境贯穿于整个审计过程的始终,并为注册会计师在许多关键环节作出职业判断提供了重要基础。一般来说,实施风险评估程序的主要工作包括:了解被审计单位及其环境;识别和评估财务报表层次及各类交易、账户余额和披露认定层次的重大错报风险等。

(四)应对重大错报风险

注册会计师实施风险评估程序本身并不足以为发表审计意见提供充分、适当的审计证据,还应当实施进一步审计程序,包括实施控制测试(必要时或决定测试时)和实质性程序。因此,注册会计师在评估财务报表重大错报风险后,应当运用职业判断,针对评估的财务报表层次重大错报风险确定总体应对措施,并针对评估的认定层次重大错报风险设计和实施进一步审计程序,以将审计风险降至可接受的低水平。

进一步审计程序相对风险评估程序而言,是指注册会计师针对评估的各类交易、账户余额、列报认定层次重大错报风险实施的审计程序,包括控制测试和实质性程序。

控制测试是指用于评价内部控制在防止或发现并纠正认定层次重大错报方面的运行有效性的审计程序。控制测试的结果是注册会计师在确定实质性程序的范围时的重要考虑因素。如果控制测试的结果进一步证实内部控制是有效的,注册会计师可以认为相关账户及认定发生重大错报的可能性较低,对相关账户及认定实施实质性程序的范围也将缩小。

实质性程序是指注册会计师针对评估的重大错报风险实施的直接用以发现认定层次重大错报的审计程序。注册会计师应当针对评估的重大错报风险设计和实施实质性程序,以发现认定层次的重大错报。实质性程序包括对各类交易、账户余额、列报的细节测试及实质性分析程序。

(五)编制审计报告

注册会计师在完成财务报表所有循环的进一步审计程序后,还应当按照有关审计准则的规定做好审计终结阶段的工作,并根据所获取的各种证据,合理运用专业判断,形成适当的审计意见并出具书面报告。本阶段的主要工作有:①审计期初余额、比较数据、期后事项和或有事项;②考虑持续经营问题和获取管理层声明;③汇总审计差异,并提请被审计单位调整或披露;④复核审计工作底稿和财务报表;⑤与管理层和治理层沟通;⑥评价审计证据,形成审计意见;⑦编制审计报告等。

二、报表审计的目标

(一)报表审计总目标

审计目标是审计主体通过审计实践活动所期望达到的境地或最终结果,是审计工作的指南,决定了审计的程序与方法。审计目标不是一成不变的,从最初的查错防弊,逐渐过渡为验证会计信息的真实公允性,随后又增加了评价经济活动合理性、效益性的内容。

在执行财务报表审计工作时,注册会计师的总体目标是:①对财务报表整体是否不存在由于舞弊或错误导致的重大错报获取合理保证,使得注册会计师能够对财务报表是否在所有重大方面按照适用的财务报告编制基础编制发表审计意见;②按照审计准则的规定,根据审计结果对财务报表出具审计报告,并与管理层和治理层沟通。简言之,即评价财务报表的合法性及公允性并发表审计意见。合法性是指被审计单位会计报表的编制是否符合《企业会计准则》及国家其他财务会计法规的规定;公允性是指被审计单位会计报表在所有重大方面是否公允地反映了被审计单位的财务状况、经营成果和现金流量情况。

财务报表审计的目标对注册会计师的审计工作具有导向作用,它界定了注册会计师的责任范围,直接影响注册会计师计划和实施审计程序的性质、时间和范围,决定了注册会计师如何发表审计意见。但值得注意的是,注册会计师作为独立的第三方,运用专业知识、技能和经验对财务报表进行审计并发表审计意见,旨在提高财务报表的可信赖程度。由于审计存在固有限制,审计工作不能对财务报表整体不存在重大错报提供绝对保证。虽然财务报表使用者可以根据财务报表和审计意见对被审计单位未来生存能力或管理层的经营效率、经营效果作出某种判断,但审计意见本身并不是对被审计单位未来生存能力或管理层经营效率、经营效果提供的保证。

(二)管理当局认定

审计具体目标是审计总目标的进一步具体化,对指导具体审计工作具有可操作性。一般说来,审计具体目标必须根据审计总目标和被审计单位管理当局的认定来确定。

认定是指管理层对财务报表组成要素的确认、计量、列报作出的明确或隐含的表达。管理层对财务报表各组成要素均作出了认定,而注册会计师的审计工作就是要确定管理层的认定是否恰当。

1. 关于所审计期间各类交易、事项及相关披露的认定

例如,管理层在财务资料中记录了 2020 年度营业收入的金额是 500 万元,说明被审计单位在审计的会计期间取得了收入,收入的金额是 500 万元,这两项是明示出来的认定;还表明企业所有的收入均已包括在内了,这些收入计入于正确的会计期间,且均属于营业收入项目,这几项是隐含表达的认定。

由此,注册会计师对所审计期间的各类交易和事项运用的认定通常分为以下类别。

(1)发生:记录的交易和事项已发生且与被审计单位有关。

(2)完整性:所有应当记录的交易和事项均已记录,所有应当包括在财务报表中的相关披露均已包括。

(3)准确性:与交易和事项有关的金额及其他数据已恰当记录,相关披露已得到恰当计量和描述。

(4)截止:交易和事项已记录于正确的会计期间。

(5)分类:交易和事项已记录于恰当的账户。

(6)列报:交易和事项已被恰当地汇总或分解且表述清楚,相关披露在适用的财务报告编制基础下是相关的、可理解的。

2. 关于期末账户余额及相关披露的认定

例如,管理层在财务资料中记录了 2020 年年末存货的金额是 100 万元,说明被审计单位是有存货的,存货的价值是 100 万元,这两项是明示出来的认定;还表明企业所有的存货均已包括在内了,这些存货的所有权应归该企业所有,这两项是隐含表达的认定。

由此,注册会计师对期末账户余额运用的认定通常分为以下类别。

(1)存在:记录的资产、负债和所有者权益是存在的。

(2)权利和义务:记录的资产由被审计单位拥有或控制,记录的负债是被审计单位应当履行的偿还义务。

(3)完整性:所有应当记录的资产、负债和所有者权益均已记录,所有应当包括在财务报表中的相关披露均已包括。

(4)准确性、计价和分摊:资产、负债和所有者权益以恰当的金额包括在财务报表中,与之相关的计价或分摊调整已恰当记录,相关披露已得到恰当计量和描述。

(5) 分类:资产、负债和所有者权益已记录于恰当的账户。

(6) 列报:资产、负债和所有者权益已被恰当地汇总或分解且表述清楚,相关披露在适用的财务报告编制基础下是相关的、可理解的。

做中学 3-1

审计人员在审计甲公司固定资产时发现:购入设备一台,会计部门在入账时,漏记了该设备的安装调试费。这违反了哪一项被审计单位管理当局的认定?

(三)审计具体目标

注册会计师了解了被审计单位管理当局的认定和审计的总目标,就很容易确定每个项目的具体审计目标,并以此作为评估重大错报风险及设计和实施进一步审计程序的基础。

1. 与所审计期间各类交易、事项及相关披露相关的审计目标

(1) 发生:由发生认定推导的审计目标是确认已记录的交易是真实的。例如,如果没有发生销售交易,但在销售日记账中记录了一笔销售,则违背了该目标。

发生认定所要解决的问题是管理层是否把那些不曾发生的项目记入财务报表,它主要与财务报表组成要素的高估有关。

(2) 完整性:由完整性认定推导的审计目标是确认已发生的交易确实已经记录。例如,如果发生了销售交易,但没有在销售日记账和总账中记录,则违背了该目标。

发生和完整性两者强调的是相反的关注点。发生目标针对潜在的高估,而完整性目标则针对漏记的交易(低估)。

(3) 准确性:由准确性认定推导的审计目标是确认已记录的交易是按正确金额反映的。例如,如果在销售交易中,发出商品的数量与账单上的数量不符,或是开账单时使用了错误的销售价格,或是在销售明细账中记录了错误的金额,则违背了该目标。

准确性与发生、完整性之间存在区别。例如,若已记录的销售交易是不应当记录的(如发出的商品是寄销商品),则即使发票金额是准确计算的,也违背了发生目标。再如,若已入账的销售交易是对正确发出商品的记录,但金额计算错误,则违背了准确性目标,但没有违背发生目标。在完整性与准确性之间也存在同样的关系。

(4) 截止:由截止认定推导的审计目标是确认接近资产负债表日的交易记录于恰当的期间。例如,如果本期交易推到下期,或下期交易提到本期,均违背了截止目标。

(5) 分类:由分类认定推导的审计目标是确认被审计单位记录的交易经过适当分类。例如,如果将现销记录为赊销,将出售经营性固定资产所得的收入记录为营业收入,则导致交易分类的错误,违背了分类的目标。

(6) 列报:由列报认定推导出的审计目标是确认被审计单位的交易和事项已被恰当地汇总或分解且表述清楚,相关披露在适用的财务报告编制基础下是相关的、可理解的。

2. 与期末账户余额及相关披露相关的审计目标

(1) 存在:由存在认定推导的审计目标是确认记录的金额确实存在。例如,如果不存在某顾客的应收账款,在应收账款试算平衡表中却列入了对该顾客的应收账款,则违背了存在性目标。

（2）权利和义务：由权利和义务认定推导的审计目标是确认资产属于被审计单位的权利，负债属于被审计单位的义务。例如，将他人寄售商品记入被审计单位的存货中，违背了权利的目标；将不属于被审计单位的债务记入账内，违背了义务目标。

（3）完整性：由完整性认定推导的审计目标是确认已存在的金额均已记录。例如，如果存在某顾客的应收账款，在应收账款明细账中却没有列入对该顾客的应收账款，则违背了完整性目标。

（4）准确性、计价和分摊：资产、负债和所有者权益以恰当的金额包括在财务报表中，与之相关的计价或分摊调整已恰当记录，相关披露已得到恰当计量和描述。

（5）分类：资产、负债和所有者权益已记录于恰当的账户。

（6）列报：资产、负债和所有者权益已被恰当地汇总或分解且表述清楚，相关披露在适用的财务报告编制基础下是相关的、可理解的。

三、审计证据

（一）审计证据的内容

审计证据，简单地说，是指能证明被审计单位经济活动真相的一切凭据。具体言之，就是审计人员为了得出审计结论、形成审计意见而使用的所有信息。为保证审计工作的质量，保证审计意见和结论的正确性，审计人员必须掌握充分适当的审计证据。

审计证据包含的内容非常广泛，包括财务报表依据的会计记录中含有的信息和其他信息。

1. 会计记录中含有的信息

依据会计记录编制财务报表是被审计单位管理层的责任，注册会计师应当测试会计记录以获取审计证据。会计记录主要包括原始凭证、记账凭证、总分类账和明细分类账、未在记账凭证中反映的对财务报表的其他调整，以及支持成本分配、计算、调节和披露的手工计算表和电子数据表。上述会计记录是编制财务报表的基础，构成注册会计师执行财务报表审计业务所需获取的审计证据的重要部分。

会计记录取决于相关交易的性质，它既包括被审计单位内部生成的手工或电子形式的凭证，也包括从与被审计单位进行交易的其他企业收到的凭证。除此之外，会计记录还可能包括：

（1）销售发运单和发票、顾客对账单及顾客的汇款通知单。

（2）附有验货单的订购单、购货发票和对账单。

（3）考勤卡和其他工时记录、工薪单、个别支付记录和人事档案。

（4）支票存根、电子转移支付记录（EFTs）、银行存款单和银行对账单。

（5）合同记录。

（6）记账凭证。

（7）分类账账户调节表。

将这些会计记录作为审计证据时，其来源和被审计单位内部控制的相关强度都会影响注册会计师对这些原始凭证的信赖程度。

2. 其他信息

会计记录中含有的信息本身并不足以提供充分的审计证据作为对财务报表发表审计意

见的基础,注册会计师还应当获取用作审计证据的其他信息。可用作审计证据的其他信息包括注册会计师从被审计单位内部或外部获取的会计记录以外的信息,如被审计单位的会议记录、内部控制手册、询证函的回函、分析师的报告、与竞争者的比较数据等;通过询问、观察和检查等审计程序获取的信息,如通过检查存货获取存货存在的证据等;以及自身编制或获取的可以通过合理推断得出结论的信息,如注册会计师编制的各种计算表、分析表等。

财务报表依据的会计记录中包含的信息和其他信息共同构成了审计证据,两者缺一不可,只有将两者结合在一起,才能为审计人员发表审计意见提供合理基础。

(二) 审计证据的分类

对于审计证据可以有多种分类标准和分类方法,常见的分类方法有以下几种。

1. 按表现形式分类

审计证据按表现形式分类,可以分为实物证据、书面证据、口头证据和环境证据。

(1) 实物证据是指通过实际观察或清点所取得的、用以确定某些实物资产是否确实存在的证据。例如,库存现金的数额可以通过盘点加以验证,各种存货和固定资产也可以通过盘点的方式证明其是否确实存在。实物证据通常是证明实物资产是否存在的非常有说服力的证据,但实物资产的存在并不能完全证实被审计单位对其拥有所有权。例如,年终盘点的存货可能包括其他企业寄售或委托加工的部分,或者已经销售而等待发运的商品。此外,实物证据也难以判断实物资产的质量,资产质量的好坏将影响到资产的价值。因此,对于取得实物证据的账面资产,还应就其所有权归属及其价值情况另行审计。

(2) 书面证据是指审计人员获取的、能够证明被审计事项真相的以书面形式表现的审计证据。它包括与审计有关的各种原始凭证、记账凭证、会计账簿和各种明细表、各种会议记录和文件、各种合同、通知书、报告书及函件等。从数量上看,书面证据在审计证据中是最多的,是审计证据的主要组成部分。

(3) 口头证据是指被审计单位职员或其他有关人员对审计人员的提问所作出的口头答复而形成的一类证据。一般而言,口头证据本身并不足以证明事情的真相,但审计人员可以通过口头证据发掘出一些重要的线索,从而有利于对被审计事项作进一步的调查,获取更为可靠的证据。例如,审计人员对应收账款进行账龄分析后,可以询问应收账款负责人对收回逾期应收账款的可能性的意见。如果其意见与审计人员自行估计的坏账损失基本一致,则这一口头证据就可成为证实审计人员有关坏账损失判断的重要证据。在审计过程中,审计人员应把各种重要的口头证据尽快地做成记录,并注明是何人、何时、在何种情况下所作的口头陈述,必要时还应获得被询问者的签名确认。相对而言,不同人员对同一问题所作的口头陈述相同时,口头证据就具有较高的可靠性。但在一般情况下,口头证据往往需要得到其他相应证据的支持。

(4) 环境证据也称状况证据,是指对被审计单位产生影响的各种环境事实,如有关内部控制情况、被审计单位管理人员的素质、各种管理条件和管理水平等。环境证据能够帮助审计人员了解被审计单位及其经济活动所处的环境,是审计人员进行判断所必须掌握的资料。一般而言,被审计单位相关环境优良,其相关活动和记录的质量就较高;反之亦然。

2. 按来源分类

审计证据按来源分类,可以分为外部证据、内部证据和亲历证据。

（1）外部证据是指由被审计单位以外的单位或人员编制的书面证据。外部证据一般具有较强的证明力，可靠程度较高。外部证据又可以分为两类：一类是审计人员直接取得的书面证据，如应收账款函证信；另一类是由被审计单位取得并提交给审计人员的书面证据，如银行对账单、购货发票等。这类书面证据虽然由独立于被审计单位的第三者编制，但由于经过了被审计单位有关职员之手，存在被伪造或更改的可能性，所以其证明力会受到不同程度的影响。对这一类证据，审计人员应考虑其被更改或伪造的难易程度及其已被更改或伪造的可能性，视其重要程度采取相应的措施加以处理。

（2）内部证据是指由被审计单位内部机构或人员编制并提供的书面证据。内部证据包括被审计单位的会计记录、被审计单位管理层的声明书等。由于内部证据是被审计单位内部的机构或人员编制并提供的，存在差错或被伪造的可能性较大。因此，一般而言，内部证据不如外部证据可靠。但是，如果内部证据在外部流转并获得其他单位或个人的认可（如销货发票、付款支票等），则也具有较强的可靠性。

（3）亲历证据是指审计人员自己编制的为证明某个事项的证据，如审计人员参加现金盘点编制的盘点表、分析表等。

3. 按相关程度分类

审计证据按相关程度分类，可以分为直接证据和间接证据。

（1）直接证据是指对审计事项具有直接证明力，能单独、直接证明审计事项的资料和事实。例如，审计人员亲自参与实物盘点而形成的盘点记录，就是证明实物存在的直接证据。审计人员有了直接证据，就无须再收集其他证据，可以直接得出审计结论。

（2）间接证据是指对审计事项只起间接证明作用，需要与其他证据结合起来，才能证明审计事项真相的资料和事实。例如，在进行报表审计时，凭证并不能直接形成报表，因此对证明报表公允性来说，凭证就是间接证据。

在审计工作中，单凭直接证据就能影响审计人员的意见和结论的情况并不多见。在直接证据以外，往往需要一系列间接证据才能对审计事项作出完整的结论。当然，直接和间接是相对的，凭证对报表来说是间接证据，但对账簿来说就是直接证据。

（三）审计证据的特征

审计证据对保证审计质量，实现审计目标具有重要意义。注册会计师应当获取充分、适当的审计证据，以得出合理的审计结论，作为形成审计意见的基础。同时，注册会计师应当保持职业怀疑态度，运用职业判断能力，评价审计证据的充分性和适当性。

1. 审计证据的充分性

审计证据的充分性是对审计证据数量的衡量，主要与注册会计师确定的样本量有关，它是审计人员为得出审计结论所需要的审计证据的最低数量要求。客观公正的审计意见必须建立在足够数量的审计证据基础上，但这并不意味着审计证据越多越好。为使审计工作有效率、有效益，审计人员通常把所需要的审计证据数量降到最低限度。在判断审计证据是否充分时，审计人员需要考虑以下两个主要因素。

（1）错报风险：被审计单位财务报表中存在错报、漏报的可能性。一般来说，错报风险越大，需要的审计证据越多。

（2）审计证据质量：审计证据证明力的大小，通常取决于审计证据的相关性与可靠性。

一般而言,审计证据质量越高,需要的审计证据的数量越少。

2. 审计证据的适当性

审计证据的适当性是对审计证据质量的衡量,即审计证据在支持各类交易、账户余额、列报(包括披露)的相关认定,或发现其中存在错报方面具有相关性和可靠性。只有相关且可靠的审计证据才是高质量的。

(1) 审计证据的相关性。

审计证据的相关性要求审计证据应与具体的审计目标相关联。在确定相关性时,审计人员应当考虑以下几点。

① 特定的审计程序可能只为某些认定提供相关的审计证据,而与其他认定无关。例如,对被审计单位的财产物资进行监盘,与确定财产的存在是相关的,但不能证明财产物资的所有权。

② 针对同一项认定可以从不同来源获取审计证据或获取不同性质的审计证据。例如,为了确定应收账款的真实性,不仅可以查阅被审计单位的会计记录,也可以向债务单位发函询证。

③ 只与特定认定相关的审计证据并不能替代与其他认定相关的审计证据。例如,上述证明财产物资真实存在的审计证据就不能代替证明其所有权的审计证据。

(2) 审计证据的可靠性。

审计证据的可靠性要求审计证据应能如实地反映客观事实。审计证据的可靠性受其来源和性质的影响,并取决于获取审计证据的具体环境。

审计人员通常按照以下原则考虑审计证据的可靠性。

① 从外部独立来源获取的审计证据比从其他来源获取的审计证据更可靠。

② 内部控制有效时,内部生成的审计证据比内部控制薄弱时内部生成的审计证据更可靠。

③ 直接获取的审计证据比间接获取或推论得出的审计证据更可靠。

④ 以文件记录形式(无论是纸质、电子或其他介质)存在的审计证据比口头形式的审计证据更可靠。

⑤ 从原件获取的审计证据比从传真或复印件获取的审计证据更可靠。

做中学 3-2

注册会计师在对甲公司 2020 年度财务报表进行审计时,收集到以下六组审计证据。

(1) 收料单与购货发票。

(2) 销货发票副本与产品出库单。

(3) 领料单与材料成本计算表。

(4) 工资计算单与工资发放单。

(5) 存货盘点表与存货监盘记录。

(6) 银行询证函回函与银行对账单。

要求:分别说明每组审计证据中哪项审计证据较为可靠。

3. 充分性和适当性之间的关系

充分性和适当性是审计证据的两个重要特征,两者缺一不可,只有充分且适当的审计证据才是有证明力的。审计证据的充分性和适当性密切相关,审计证据的适当性会影响其充分性。一般而言,审计证据的相关与可靠程度越高,则所需审计证据的数量就可减少;反之,审计证据的数量就要相应增加。需要注意的是,尽管审计证据的充分性和适当性相关,但如果审计证据的质量存在缺陷,那么注册会计师仅靠获取更多的审计证据可能无法弥补其质量上的缺陷。

四、收集审计证据的审计程序

审计程序是指审计人员在实施审计的具体工作中所采取的审计方法和审计内容的结合。注册会计师面临的主要决策之一,就是通过实施审计程序,获取充分、适当的审计证据,以满足对财务报表发表意见。

注册会计师利用审计程序获取审计证据涉及以下四个方面的决策:①选用何种审计程序;②对选定的审计程序,应当选取多大的样本规模;③应当从总体中选取哪些项目;④何时执行这些程序。例如,注册会计师为了验证康诺公司2020年12月31日应收账款的存在,需要对应收账款进行函证;康诺公司应收账款明细账合计有500家客户,注册会计师决定对其中300家客户进行函证,这就确定了测试的样本规模;注册会计师对应收账款明细账中余额较大的前200家客户进行函证,其余客户按一定规律进行抽查,由此确定了具体测试项目;最后决定函证的时间安排在资产负债表日后择机进行。

(一)审计程序的种类

1. 检查有形资产

检查有形资产是指注册会计师对资产实物进行审查。检查有形资产程序主要适用于存货和现金,也适用于有价证券、应收票据和固定资产等。

检查有形资产可为其存在性提供可靠的审计证据,在某些情况下,它还是评价资产状况和质量的一种有用的方法。但是,要验证存在的资产确实为被审计单位所有,在财务报表中的列报金额估价准确,检查有形资产获取的证据本身并不充分,还需要通过其他的审计方法获得充分适当的证据。检查有形资产的方法包括盘点法、调节法和鉴定法。

(1)盘点法又称实物清查法,是指对被审计单位各项财产物资进行实地盘点,以确定其数量、品种及规格等实际状况,借以证实有关实物账户记录是否真实、正确,从中收集实物证据的一种方法。

盘点法按其组织方式,可以分为直接盘点和监督盘点两种。

① 直接盘点是由审计人员亲自到现场盘点实物,证实书面资料同有关的财产物资是否相符的方法。在直接盘点方式下,对于容易出现舞弊行为的现金、银行存款和贵重的原材料,应采用突击性盘点。突击性盘点是指事先不告知经管财产的人员在什么时间进行盘点,以防止经管人员在盘点前,将财产保管工作中的挪用、盗窃及其他弊端加以掩饰。对于大宗的原材料、产成品等,应采用抽查性盘点。抽查性盘点是指不对所有的财产物资都进行盘点,而只是对一部分财产物资进行抽查核实,以便检查日常盘点工作质量的优劣,检验盘点记录是否真实正确,查明财产物资是否安全、完整,有无损坏或被挪用、贪污和盗窃等情况。

②　监督盘点是指为了明确责任，审计人员不亲自进行盘点，而是由经管财产人员及其他有关人员进行实物盘点清查，审计人员只是在一旁对实物盘点进行监督，如发现疑点可以要求复盘核实。在监督盘点方式下，也可以采取突击性盘点和抽查性盘点形式。监督盘点一般用于较大的实物，如存货、厂房、机器设备等。

（2）调节法是指在审查某个项目时，通过调整有关数据，求得需要证实的数据的方法。在审计过程中，往往出现现成的数据和要证实的数据在表面上不一致，为了证实数据是否正确，可用调节法。

例如，对银行存款实存数的审查，通常运用调节法编制银行存款余额调节表，对企业单位与开户银行双方所发生的"未达账项"进行增减调节，以便根据银行对账单的余额来验证银行存款账户的余额是否正确。

运用调节法还可以证实财产物资账实是否相符。当盘点日同书面资料结存日不同时，结合实物盘点，将盘点日期与结存日期之间新发生的出入数量用来对结存日期有关财产物资的结存数进行调节，以验证或推算结存日期有关财产物资的应结存数。其计算公式如下：

$$结存日的数量 = 盘点日结存数量 + \frac{结存日至盘点日}{的发出数量} - \frac{结存日至盘点日}{的入库数量}$$

做中学 3-3

某企业 2020 年 12 月 31 日账面结存 A 材料 2 000 千克，通过审阅和核对并无错弊。2022 年 1 月 1 日至 15 日期间收入 35 000 千克，发出 34 500 千克。1 月 1 日期初余额及收发数额均经核对、审阅和复算无误。2021 年 1 月 15 日下班后监督盘点实存量为 2 800 千克。

要求：核实 2020 年 12 月 31 日 A 材料是否账实相符。

（3）鉴定法是指对书面资料、实物和经济活动等的分析、鉴别，超过一般审计人员的能力和知识水平而邀请有关专门部门或人员运用专门技术进行确定和识别的方法。

鉴定法可应用于财务审计、财经法纪审计和经济效益审计。例如，对实物性能、质量、价值的鉴定，涉及书面资料真伪的鉴定，以及对经济活动的合理性和有效性的鉴定等；当伪造凭证的人不承认其违法行为，可通过公安部门鉴定其笔迹，以确定其违法行为。又如，对质次价高的商品材料的质量情况难以确定时，请商检部门，通过检查化验，确定商品质量和实际价值等；还可以邀请基建方面的专家，对基建工程进行质量检查等。这是在盘点法不能取证时，必须使用的一种方法。

鉴定法的鉴定结论必须是具体的、客观的和准确的，并作为一种独立的审计证据，详细地记入审计工作底稿。

2. 观察

观察是指审计人员进入被审计单位后，对于生产经营管理工作的进行、财产物资的保管、内部控制制度的执行等，亲临现场进行实地观察检查，借以查明被审计单位经济活动的事实真相，核实是否符合有关标准和书面资料的记载，以取得审计证据的方法。

进行财政财务审计和经济效益审计时，一般要运用观察法进行广泛的实地观察，收集书面资料以外的审计证据。审计人员应深入被审计单位的仓库、车间、科室、工地等现场，对其内部控制制度的执行情况、财产物资的保管和利用情况、工人的劳动效率和劳动态度等生产经营管理情况进行直接观察,从中发现薄弱环节和所存在的问题,以便收集审计证据,提出建议和意见,促进被审计单位改进经营管理,提高经济效益。

观察提供的审计证据仅限于观察发生的时点,并且在相关人员已知被观察时,相关人员从事活动或执行程序可能与日常的做法不同,从而会影响注册会计师对真实情况的了解。因此,注册会计师有必要获取其他类型的佐证证据。

3. 分析程序

分析程序是指注册会计师通过研究不同财务数据之间,以及财务数据与非财务数据之间的内在关系,对财务信息作出评价。分析程序还包括调查识别出的、与其他相关信息不一致或与预期数据严重偏离的波动和关系。分析程序的具体方法又有比较分析法、比率分析法和趋势分析法三种。

(1)比较分析法。比较分析法是指通过对某一财务报表项目与其既定标准之间的比较来获取审计证据的一种技术方法。这种比较包括实际数与计划数之间的比较,本期实际数与上期实际数之间的比较,实际数与同比标准之间的比较,以及被审计单位所提供的数据与审计人员的计算结果之间的比较等。

(2)比率分析法。比率分析法是指通过对某一财务报表项目与其相关的另一财务报表项目之间的比率进行分析来获取审计数据的一种技术方法。比率分析法运用比较灵活。例如,审计人员可以对被审计单位的流动比率、速动比率、资产周转率、毛利或费用占销售收入的百分比等进行分析,来推测是否有异常数据或项目。

(3)趋势分析法。趋势分析法是指通过计算某一财务报表项目连续若干期间的变动金额及其百分比,分析该项目增减变动方向和趋势来获取审计证据的一种技术方法。例如,审计人员可以通过计算被审计单位近几年来主营业务收入增减金额和增减比率来分析主营业务收入的增减变动方向和幅度,以获取与评价主营业务收入有关的审计证据。

4. 重新计算

重新计算是指注册会计师以人工方式或使用计算机辅助审计技术,对记录或文件中的数据计算的准确性进行核对。重新计算通常包括计算销售发票和存货的总金额,加总日记账和明细账,检查折旧费用和预付费用的计算,检查应纳税额的计算等。

5. 重新执行

重新执行是指注册会计师以人工方式或使用计算机辅助审计技术,重新独立执行作为被审计单位内部控制组成部分的程序或控制。例如,注册会计师利用被审计单位的银行存款日记账和银行对账单,重新编制银行存款余额调节表,并与被审计单位编制的银行存款余额调节表进行比较。

6. 检查记录或文件

检查记录或文件是指注册会计师对被审计单位内部或外部生成的,以纸质、电子或其他介质形式存在的记录或文件进行审查,具体包括对记录或文件的审阅和核对。审阅是指通过对会计凭证、会计账簿、会计报表的形式和内容,以及计划预算、各种原始记录等资料进行审查与研究的方法。核对是指通过两种或两种以上的书面资料相对照,以核实其内容是否一致,计算是否正确的方法,具体是指通过证证、证账、账账、账实、账表和表表之间相互核对,以证实双方记录是否相符。

7. 函证

函证是指注册会计师直接从第三方(被询证者)获取书面答复以作为审计证据的过程,书面答复可以采用纸质、电子或其他介质等形式。通过函证获取的证据可靠性较高,因此函证是受到高度重视并经常被使用的一种重要程序。

函证主要实施的对象包括应收账款、银行存款(包括零余额账户和在本期内注销的账户)、借款及与金融机构往来的其他重要信息等,除非有充分证据表明这些项目对财务报表不重要且与之相关的重大错报风险很低。此外,交易性金融资产,应收票据、其他应收款、预付账款,由其他单位代为保管、加工或销售的存货,长期股权投资,应付账款、预收账款,保证、抵押或质押,或有事项,重大或异常的交易等项目也可以通过函证来获取其真实性的审计证据。

8. 询问

询问是指注册会计师以书面或口头方式,向被审计单位内部或外部的知情人员获取财务信息和非财务信息,并对答复进行评价的过程。

知情人员对询问的答复可能为注册会计师提供尚未获悉的信息或佐证证据,也可能提供与已获悉信息存在重大差异的信息,注册会计师应当根据询问结果考虑修改审计方法或实施追加的审计方法。询问本身不足以发现认定层次存在的重大错报,也不足以测试内部控制运行的有效性时,注册会计师还应当实施其他审计方法以获取充分、适当的审计证据。

(二)审计程序和审计证据的关系

在审计过程中,注册会计师可根据需要单独或综合运用审计程序,以获取充分、适当的审计证据。上述这些审计程序单独或组合起来,可用于风险评估程序、控制测试和实质性程序获取相应的审计证据。审计程序与审计证据的关系如图 3-1 所示。

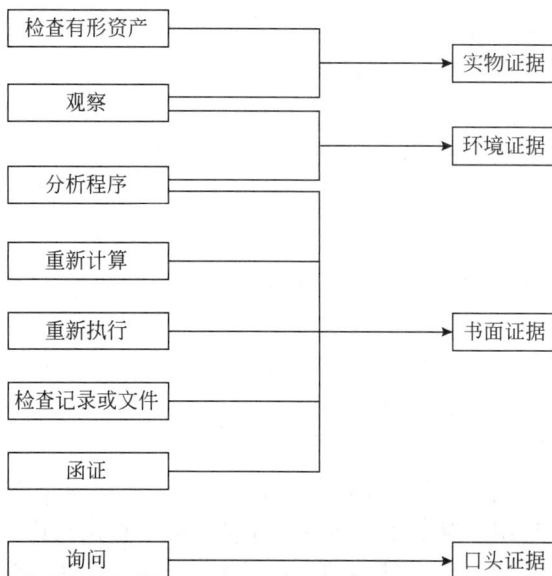

图 3-1　审计程序和审计证据的关系

五、审计抽样的应用

由于企业规模的扩大,经济业务的日益复杂,现在的审计工作中普遍采用了抽样的方法。

(一)审计抽样的特征

审计抽样是指注册会计师对某类交易或账户余额中低于百分之百的项目实施审计程序,使所有抽样单元都有被选取的机会。审计抽样使注册会计师能够获取和评价与被选取项目的某些特征有关的审计证据,以形成或帮助形成对从中抽取样本的总体结论。其中,抽样单元是指构成总体的个体项目;总体是指注册会计师从中选取样本并据此得出结论的整套数据。总体可分为多个层或子总体,每一层或子总体可予以分别检查。

审计抽样应当具备三个基本特征:①对某类交易或账户余额中低于百分之百的项目实施审计程序;②所有抽样单元都有被选取的机会;③样本项目的测试目的是评价该账户余额或交易类型的某一特征。

(二)审计抽样的类型

1. 统计抽样和非统计抽样

注册会计师在运用审计抽样时,既可以使用统计抽样方法,也可以使用非统计抽样方法,这取决于注册会计师的职业判断。统计抽样是指同时具备下列特征的抽样方法:①随机选取样本项目;②运用概率论评价样本结果,包括计量抽样风险。不同时具备上述提及的两个特征的抽样方法为非统计抽样。

注册会计师应当根据具体情况并运用职业判断能力,确定使用统计抽样或非统计抽样方法,从而最有效率地获取审计证据。注册会计师在统计抽样与非统计抽样方法之间进行选择时主要考虑成本效益。统计抽样的优点在于能够客观地计量抽样风险,并通过调整样本规模精确地控制风险,这是与非统计抽样最重要的区别。另外,统计抽样还有助于注册会计师高效地设计样本,计量所获取证据的充分性,以及定量评价样本结果。但统计抽样又可能产生额外的成本。首先,统计抽样需要特殊的专业技能,因此使用统计抽样需要增加额外的支出对注册会计师进行培训。其次,统计抽样要求单个样本项目符合统计要求,这些也可能需要支出额外的费用。非统计抽样如果设计适当,也能提供与统计抽样方法同样有效的结果。注册会计师使用非统计抽样时,也必须考虑抽样风险并将其降至可接受水平,但非统计抽样无法精确地测定出抽样风险。

不管统计抽样还是非统计抽样,两种方法都要求注册会计师在设计、实施和评价样本时运用职业判断能力。另外,对选取的样本项目实施的审计程序通常与使用的抽样方法无关。

2. 属性抽样和变量抽样

按照其所了解的总体特征的不同,审计抽样可以分为属性抽样和变量抽样。

(1)属性抽样是一种用来对总体中某一事件发生概率得出结论的统计抽样方法。属性抽样在审计中最常用的用途是测试某一控制的偏差率,以支持注册会计师评估的控制有效性。在属性抽样中,设定控制的每一次发生或偏离都被赋予同样的权重,而不管交易金额的大小。

（2）变量抽样是一种用来对总体金额得出结论的统计抽样方法。变量抽样通常回答下列问题：金额是多少；账户是否存在错报。变量抽样在审计中的主要用途是进行实质性细节测试，以确定记录金额是否合理。

（三）审计抽样的实施

实施审计抽样，主要分为三个阶段：样本设计阶段、选取样本阶段、评价样本结果阶段。以下以信诚会计师事务所对康诺公司应收账款的审计说明审计抽样的应用。

1. 样本设计阶段

在设计审计样本时，注册会计师应当考虑审计程序的目标和抽样总体的属性。换言之，注册会计师首先应考虑拟实现的具体目标，并根据目标和总体的特点确定能够最好地实现该目标的审计程序组合，以及如何在实施审计程序时运用审计抽样。审计抽样中样本设计阶段的工作主要包括以下步骤。

（1）确定测试目标。审计抽样必须紧紧围绕审计测试的目标展开，因此确定测试目标是样本设计阶段的第一项工作。例如，信诚会计师事务所对康诺公司应收账款的审计目标是确定应收账款账户余额的金额是否正确。

（2）定义总体与抽样单元。在实施抽样之前，注册会计师必须仔细定义总体，确定抽样总体的范围。总体可以包括构成某类交易或账户余额的所有项目，也可以只包括某类交易或账户余额中的部分项目。例如，如果应收账款中没有个别重大项目，注册会计师直接对应收账款账面余额进行抽样，则总体包括构成应收账款期末余额的所有项目。如果注册会计师已使用选取特定项目的方法将应收账款中的个别重大项目挑选出来单独测试，只对剩余的应收账款余额进行抽样，则总体只包括构成应收账款期末余额的部分项目。

在定义抽样单元时，注册会计师应当使其与审计测试的目标相适应。注册会计师在定义总体时通常都指明了适当的抽样单元。例如，信诚会计师事务所审计人员将应收账款明细账定义为总体，则每一个明细账项目即为抽样单元。

如果总体项目存在重大的变异性，注册会计师还应当考虑分层。分层是指将一个总体划分为多个子总体的过程，每个子总体由一组具有相同特征（通常为货币金额）的抽样单元组成。分层可以降低每一层中项目的变异性，从而在抽样风险没有成比例增加的前提下缩小样本规模。注册会计师可以将应收账款账户按其金额大小分为三层，即账户金额在100 000元以上的；账户金额为5 000～100 000元的；账户金额在5 000元以下的。然后，根据各层的重要性分别采取不同的选样方法。对于金额在100 000元以上的应收账款账户，应进行全部函证；对于金额在5 000～100 000元及5 000元以下的应收账款账户，则可采用适当的选样方法选取进行函证的样本。

（3）定义误差构成条件。注册会计师必须事先准确定义构成误差的条件，否则执行审计程序时就没有识别误差的标准。注册会计师在定义误差构成条件时要考虑审计程序的目标。清楚地了解误差构成条件，对于确保在推断误差时仅将所有与审计目标相关的条件包括在内至关重要。例如，在对应收账款存在性的测试中（如函证），客户在函证日之前支付、被审计单位在函证日之后不久收到的款项不构成误差。被审计单位在不同客户之间误登明细账并不影响应收账款账户的总额，因此即使该情况可能对审计的其他方面产生重要影响，但在评价样本结果时也不应作为抽样误差。

2. 选取样本阶段

(1) 确定样本规模。样本规模是指从总体中选取样本项目的数量。在审计抽样中,如果样本规模过小,就不能反映出总体的特征,注册会计师就无法获取充分的审计证据,其审计结论的可靠性就会大打折扣,甚至可能得出错误的审计结论;相反,如果样本规模过大,则会增加审计工作量,造成不必要的时间和人力的浪费,降低审计效率,失去审计抽样的意义。在确定样本规模时,注册会计师应当考虑能否将抽样风险降至可接受的低水平。表 3-1 列示了审计抽样中影响样本规模的因素,并分别说明了这些影响因素在控制测试和细节测试中的表现形式。

表 3-1　影响样本规模的因素

影 响 因 素	控 制 测 试	细 节 测 试	与样本规模的关系
可接受的抽样风险	可接受的信赖过度风险	可接受的误受风险	反向变动
可容忍误差	可容忍偏差率	可容忍错报	反向变动
预计总体误差	预计总体偏差率	预计总体错报	同向变动
总体变异性	—	总体变异性	同向变动
总体规模	总体规模	总体规模	影响很小

(2) 选取样本。在选取样本项目时,注册会计师应当使总体中的所有抽样单元均有被选取的机会。使所有抽样单元都有被选取的机会是审计抽样的基本特征之一;否则,就无法根据样本结果推断总体。

选取样本的基本方法包括随机数表法、系统选样和随意选样。

① 随机数表法。随机数表法又称随机数选样。使用随机数选样需以总体中的每一项目都有不同的编号为前提。注册会计师可以使用计算机生成的随机数,如电子表格程序、随机数码生成程序、通用审计软件程序等计算机程序产生的随机数,也可以使用随机数表获得所需的随机数。

随机数表也称乱数表,它是由随机生成的从 0 到 9 十个数字所组成的数表,每个数字在表中出现的次数是大致相同的,它们出现在表上的顺序是随机的。表 3-2 就是五位随机数表的一部分。应用随机数表选样的步骤如下。首先,对总体项目进行编号,建立总体中的项目与表中数字的一一对应关系。其次,确定连续选取随机数的方法。即从随机数表中选择一个随机起点和一个选号路线,随机起点和选号路线可以任意选择,但一经选定就不得改变。依次查找符合总体项目编号要求的数字,即为选中的号码,与此号码相对应的总体项目即为选取的样本项目,一直到选足所需的样本量为止。

表 3-2　五位随机数表

行	列								
	1	2	3	4	5	6	7	8	9
1	32044	69037	29655	92114	81034	40582	01584	77184	85762
2	23821	96070	82592	81642	08971	07411	09037	81530	56195

续表

行	列								
	1	2	3	4	5	6	7	8	9
3	82383	94987	66441	28677	95961	78346	37916	09416	42438
4	68310	21792	71635	86089	38157	95620	96718	79554	50209
5	94856	76940	22165	01414	01413	37231	05509	37489	56459
6	95000	61958	83430	98250	70030	05436	74814	45978	09277
7	20764	64638	11359	32556	89822	02713	81293	52970	25080
8	71401	17964	50940	95753	34905	93566	36318	79530	51105

② 系统选样。系统选样也称等距选样,是指按照相同的间隔从审计对象总体中等距离地选取样本的一种选样方法。采用系统选样,首先要计算选样间距,确定选样起点,根据间距顺序地选取样本。选样间距的计算公式如下:

$$选样间距＝总体规模÷样本规模$$

做中学 3-4

销售发票总体范围的编号是 652～3152,设定的样本量是 125。

要求:如何使用系统选样选取样本?

系统选样的主要优点是使用方便,比其他选样方法节省时间,并可用于无限总体。此外,使用这种方法时,对总体中的项目不需要编号,注册会计师只要简单数出每一个间距即可。但是,使用系统选样要求总体必须是随机排列的,否则容易发生较大的偏差,造成非随机的、不具代表性的样本。

③ 随意选样。随意选样也叫任意选样,是指注册会计师不带任何偏见地选取样本,即注册会计师不考虑样本项目的性质、大小、外观、位置或其他特征而选取总体项目。随意选样的主要缺点在于很难完全无偏见地选取样本,即这种方法难以彻底排除注册会计师的个人偏好对选取样本的影响,因而很可能使样本失去代表性。由于文化背景和所受训练等的不同,每个注册会计师都可能无意识地带有某种偏好。因此,在运用随意选样时,注册会计师要避免由于项目性质、大小、外观和位置等的不同所引起的偏见,尽量使所选取的样本具有代表性。

三种基本方法均可选出代表性样本。但是,随机数选样和系统选样属于随机基础选样方法,即对总体的所有项目按随机规则选取样本,因而可以在统计抽样中使用,当然也可以在非统计抽样中使用;而随意选样虽然也可以选出代表性样本,但它属于非随机基础选样方法,因而不能在统计抽样中使用,只能在非统计抽样中使用。

(3)对样本实施审计程序。注册会计师应当针对选取的每个项目,实施适合具体目的的审计程序。对选取的样本项目实施审计程序旨在发现并记录样本中存在的误差。如果审计程序不适用于选取的项目,注册会计师应当针对替代项目实施该审计程序。例如,对应收账款的积极式函证没有收到回函时,注册会计师可以审查期后收款的情况或采取其他替代程序,以证实应收账款的余额。如果未能对某个选取的项目实施设计的审计程序或适当的替代程序,注册会计师应当将该项目视为控制测试中对规定的控制的一项偏差,或细节测试中的一项错报。

3. 评价样本结果阶段

本阶段旨在根据对误差的性质和原因的分析,将样本结果推至总体,形成对总体的结论。

(1) 分析样本误差。注册会计师应当考虑样本的结果、已识别的所有误差的性质和原因,及其对具体审计目标和审计的其他方面可能产生的影响。

(2) 推断总体误差。在属性抽样中,由于样本的误差率就是整个总体的推断误差率,因此注册会计师无须推断总体误差率。在变量抽样中,注册会计师应当根据样本中发现的误差金额推断总体误差金额,并考虑推断误差对特定审计目标及审计的其他方面的影响。例如,注册会计师对康诺公司应收账款进行抽样审计后,样本误差率为2%,该企业应收账款总体账面金额为1 000万元,则误差金额为20万元。

(3) 形成审计结论。注册会计师应当评价样本结果,以确定对总体相关特征的评估是否得到证实或需要修正。如果计算的总体错报上限低于可容忍错报,则总体可以接受。这时注册会计师对总体得出结论,所测试的交易或账户余额不存在重大错报。如果计算的总体错报上限大于或等于可容忍错报,则总体不能接受。这时注册会计师对总体得出结论,所测试的交易或账户余额存在重大错报。注册会计师会建议被审计单位对错报进行调查,且在必要时调整账面记录。

综上所述,审计抽样流程可以用图3-2表示。

六、将审计证据归集为审计工作底稿

(一)审计工作底稿的作用

审计工作底稿是指注册会计师对制订的审计计划、实施的审计程序、获取的相关审计证据,以及得出的审计结论做的记录。审计工作底稿是审计证据的载体,是注册会计师在审计过程中形成的审计工作记录和获取的资料。它形成于审计过程,反映整个审计过程。

审计工作底稿在计划和执行审计工作中发挥着关键作用。它提供了审计工作实际执行情况的记录,并形成审计报告的基础。审计工作底稿也可用于质量控制复核、监督会计师事务所对审计准则的遵循情况及第三方的检查等。在会计师事务所因执业质量而涉及诉讼或有关监管机构进行执业质量检查时,审计工作底稿能够提供证据,证明会计师事务所是否按照《中国注册会计师审计准则》的规定执行了审计工作。

(二)审计工作底稿的内容

审计工作底稿可以以纸质、电子或其他介质形式存在。在实务中,为便于复核,注册会计师可以将电子或其他介质形式存在的审计工作底稿通过打印等方式,转换成纸质的审计工作底稿并归档,同时单独保存这些电子或其他介质形式存在的审计工作底稿。

审计工作底稿包含的内容非常丰富,可以说在审计过程中形成的所有记录都是审计工作底稿。例如,初步业务活动环节形成的初步业务活动程序表、业务保持评价表、审计业务约定书等书面证据和底稿;计划审计工作环节形成的总体审计策略、重要性水平确定、具体

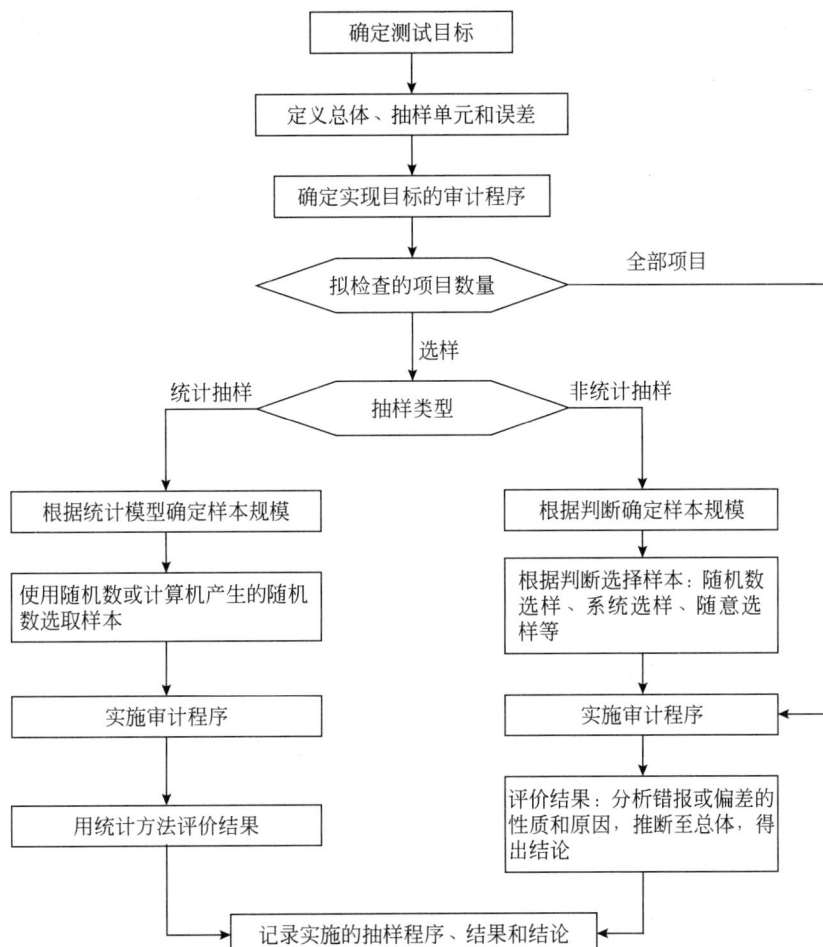

图 3-2　审计抽样流程

审计计划表、书面审计证据和底稿；审计风险评估和审计风险应对过程中，形成的询问记录、观察记录、内控制度，检查所得的财务资料和非财务信息资料等口头证据、环境证据、书面证据及底稿；审计工作任务完成过程中，形成的账项调整分录汇总表、重分类调整分录汇总表、未更正错报汇总表、资产负债表试算平衡表、利润表试算平衡表、询问记录表、管理层声明书、审计报告等审计证据和底稿。

通常，审计工作底稿包括以下全部或部分要素。

1. 审计工作底稿的标题

每张底稿都应当包括被审计单位的名称、审计项目的名称，以及资产负债表日或底稿覆盖的会计期间（如果与交易相关）。

2. 审计过程记录

在审计工作底稿中需要记录审计证据的搜集和评价情况。在记录审计过程时，应当特别注意以下几个重点方面：①具体项目或事项的识别特征；②重大事项及相关重大职业判断；③针对重大事项如何处理不一致的情况。

3. 审计结论

注册会计师恰当地记录审计结论非常重要,他们需要根据所实施的审计程序及获取的审计证据得出结论,并以此作为对财务报表形成审计意见的基础。在记录审计结论时需注意,在审计工作底稿中记录的审计程序和审计证据是否足以支持所得出的审计结论。

4. 审计标识及其说明

审计工作底稿中可使用各种审计标识,但应说明其含义,并保持前后一致。以下是注册会计师在审计工作底稿中列明标识并说明其含义的例子,供参考。在实务中,注册会计师也可以依据实际情况运用更多的审计标识。

∧:纵加核对。

＜:横加核对。

B:与上年结转数核对一致。

T:与原始凭证核对一致。

G:与总分类账核对一致。

S:与明细账核对一致。

T/B:与试算平衡表核对一致。

C:已发询证函。

C\:已收回询证函。

5. 索引号及编号

通常,审计工作底稿需要注明索引号及顺序编号,相关审计工作底稿之间需要保持清晰的勾稽关系。在实务中,注册会计师可以按照所记录的审计工作的内容层次进行编号。例如,固定资产汇总表的编号为C1;按类别列示的固定资产明细表的编号为C1-1;列示各类别下单个固定资产原值及累计折旧的明细表,包括房屋建筑物(编号为C1-1-1)、机器设备(编号为C1-1-2)、运输工具(编号为C1-1-3)及其他设备(编号为C1-1-4)。相互引用时,需要在审计工作底稿中交叉注明索引号。

6. 编制人员和复核人员及执行日期

在记录实施审计程序的性质、时间安排和范围时,注册会计师应当记录:①审计工作的执行人员及完成该项审计工作的日期;②审计工作的复核人员及复核的日期和范围。在需要项目质量控制复核的情况下,还需要注明项目质量控制复核人员及复核的日期。通常,需要在每一张审计工作底稿上注明执行审计工作的人员和复核人员、完成该项审计工作的日期及完成复核的日期。

7. 其他需要说明的事项

审计底稿中还应包括其他需要说明的事项。

> **任务指导**

要正确地实施报表审计,首先要理解审计的工作思路。报表审计是一项系统化的工作,其工作实施的基本思路见图 3-3。

(1)根据管理当局认定确定报表项目的审计目标,以此作为设计和实施进一步审计程序的基础。报表项目性质不同,用以确定审计目标时所涉及的管理当局认定也会不同。一

认定 → 目标 → 审计程序 → 审计证据 → 审计工作底稿 → 审计报告

图 3-3　审计工作实施基本思路

般来说,资产负债表上的项目对应的是"关于期末账户余额及相关披露的认定",利润表上的项目对应的是"关于所审计期间各类交易、事项及相关披露的认定"。

（2）根据要实现的审计目标设计和实施相应的审计程序。审计人员可以采用的审计程序包括:检查记录或文件、检查有形资产、观察、询问、函证、重新计算、重新执行、分析程序。上述审计程序单独或组合起来应用于审计过程中以获取充分、适当的审计证据。

（3）对收集到的审计证据进行分类、整理、评价和筛选;在处理审计证据时,应考虑的问题如下。

① 对获取的证据进行评价时的考虑。在获取审计证据后,为保证审计结论的公允性,需要对获取的审计证据的充分性和适当性进行评价,从而保证使用的信息足够完整和准确。必要时,应当通过适当方式追加审计程序或聘请专家予以协助。

② 证据相互矛盾时的考虑。如果针对某项认定从不同来源获取的审计证据或获取的不同性质的审计证据能够相互印证,与该项认定相关的审计证据则具有更强的说服力。如果从不同来源获取的审计证据或获取的不同性质的审计证据不一致,表明某项审计证据可能不可靠,注册会计师应当追加必要的审计程序。例如,注册会计师发函询证后证实委托加工材料已加工完成并返回被审计单位,委托加工协议和询证函回函这两个不同来源的证据不一致,委托加工材料是否真实存在就受到质疑。这时,注册会计师应追加审计程序,确认委托加工材料收回后是否未入库或被审计单位收回后予以销售而未入账。

③ 获取审计证据时对成本的考虑。在保证获取充分、适当的审计证据的前提下,控制审计成本也是会计师事务所增强竞争能力和获利能力所必需的。但为了保证得出的审计结论、形成的审计意见是恰当的,注册会计师不应将获取审计证据的成本高低和难易程度作为减少不可替代的审计程序的理由。例如,在某些情况下,存货监盘是证实存货存在认定的不可替代的审计程序,注册会计师在审计中不得以检查成本高和难以实施为由而不执行该程序。

（4）将经过处理的审计证据归集为审计工作底稿。审计工作底稿是注册会计师在审计过程中形成的审计工作记录和获取的资料,只要实施了审计就要编制审计工作底稿。审计证据或其他审计资料是编制审计工作底稿的重要依据,审计人员通过对审计证据和其他相关资料加以分析和综合,编制出审计工作底稿。

（5）在编制的审计工作底稿的基础上,形成审计意见,作出审计结论,撰写审计报告。

任务附注

中国注册会计师审计准则第 1101 号——注册会计师的总体目标和审计工作的基本要求

注册会计师的总体目标和审计工作的基本要求

思政小课堂

我国的会计师事务所

同 步 练 习

一、单项选择题

1. 我国财务报表审计的总目标是对会计报表的( )发表意见。

　　A. 合法性和公允性　　B. 准确性　　　　C. 及时性　　　　D. 可靠性

2. 下列认定中,与利润表有关的是( )。

　　A. 存在　　　　　　B. 发生　　　　　C. 权利和义务　　D. 计价与分摊

3. 下列认定中,仅与资产负债表有关的是( )。

　　A. 发生　　　　　　B. 权利与义务　　C. 准确性　　　　D. 截止

4. 甲公司将 2019 年度的主营业务收入列入了 2018 年度的会计报表,则 2019 年度会计报表中存在错误的认定是( )。

　　A. 截止　　　　　　B. 发生　　　　　C. 完整性　　　　D. 计价与分摊

5. 甲公司下列事项中,涉及"计价和分摊"认定的是( )。

　　A. 向丙公司拆借的款项,未列入账中　　B. 将经营租入的设备列为企业固定资产

　　C. 将应收乙公司 50 万元货款记为 100 万元　D. 将预付账款列示于应付账款中

6. 审计的具体目标必须根据( )来确定。

　　A. 保证程度　　　　　　　　　　　B. 委托人要求

　　C. 审计总目标和认定　　　　　　　D. 注册会计师经验

7. 注册会计师采用系统选样法从 6 000 张凭证中选取 300 张作为样本,确定随机起点凭证编号为 35 号,则抽取的第 6 张凭证的编号应为( )。

　　A. 115 号　　　　　B. 135 号　　　　C. 155 号　　　　D. 175 号

8. "存在"和"完整性"认定分别与财务报表项目的( )和( )有关。

　　A. 高估和低估　　　　　　　　　　B. 高估和高估

　　C. 低估和高估　　　　　　　　　　D. 低估和低估

9. 一般而言,当审计证据的相关与可靠程度较高时,所需审计证据的数量( )。

    A. 较少   B. 不变   C. 较多   D. 视情况而定

10. 有关审计证据的下列表述中,正确的是( )。

    A. 注册会计师获取的环境证据一般属于基本证据

    B. 注册会计师自行获取的审计证据通常比被审计单位提供的证据可靠

    C. 运用观察、函证、监盘、计算、检查和分析性复核等方法均可获取书面证据

    D. 运用观察、函证、监盘、计算、检查和分析性复核等方法均可获取与内控相关的证据

11. 注册会计师执行财务报表审计业务获取的下列审计证据中,可靠性最强的是( )。

    A. 会议的同步书面记录   B. 应收账款函证回函

    C. 发出商品的出库单   D. 企业管理人员对内部控制设计的解释

12. 关于审计证据的充分性和适当性表述中不正确的是( )。

    A. 审计证据质量越高,需要审计证据的数量可能越少

    B. 充分性和适当性两者缺一不可,只有充分且适当的审计证据才是有证明力的

    C. 如果审计证据质量存在缺陷,仅靠获取更多的审计证据可能无法弥补质量上的缺陷

    D. 审计证据的充分性与适当性密切相关,审计证据的充分性一定会影响其适当性

13. 存货盘点明细表属于( )。

    A. 书面证据   B. 口头证据   C. 环境证据   D. 实物证据

14. 审计证据的相关性是指证据应与( )相关。

    A. 审计目标   B. 审计范围

    C. 被审计单位的会计报表   D. 客观事实

15. 实物证据通常证明( )。

    A. 实物资产的所有权   B. 实物资产的计价准确性

    C. 实物资产是否存在   D. 有关会计记录是否正确

16. 下列有关审计证据可靠性的表述中,注册会计师认同的是( )。

    A. 内部证据在外流转并获得其他单位承认,则具有较强的可靠性

    B. 被审计单位管理当局声明书有助于审计结论的形成,具有较强的可靠性

    C. 环境证据比口头证据重要,属于基本证据,可靠性较强

    D. 书面证据与实物证据相比是种辅助证据,可靠性较弱

17. 下面属于查阅书面资料的方法为( )。

    A. 监督盘点法   B. 观察法   C. 调节法   D. 分析法

18. 2021年3月5日对N公司全部现金进行监盘后,确认实有现金数额为1 000元。N公司3月4日账面库存现金余额为2 000元,3月5日发生的现金收支全部未登记入账,其中收入金额为3 000元、支出金额为4 000元,2021年1月1日至3月4日现金收入总额为165 200元、现金支出总额为165 500元,则推断2020年12月31日库存现金余额应为( )元。

    A. 1 300   B. 2 300   C. 700   D. 2 700

19. 下列有关审计工作底稿存在形式的表述中,正确的是( )。

    A. 应当以纸质或电子形式存在

B. 能以纸质和电子形式以外的形式存在

C. 可以纸质、电子形式或其他介质形式存在

D. 仅以纸质形式存在

20. 为了证实某公司所记录的资产是否均由该公司所有或控制，注册会计师采用下列（　　）能够获取充分、适当的审计证据。

A. 检查有形资产　　　　　　　　B. 询问

C. 分析程序　　　　　　　　　　D. 检查记录或文件

二、多项选择题

1. 按照审计证据的来源分类，可以将审计证据分为（　　）。

A. 口头证据　　　B. 内部证据　　　C. 外部证据　　　D. 实物证据

2. 下列有关审计证据的说法中，错误的是（　　）。

A. 审计证据包括被审计单位聘请的专家编制的信息

B. 注册会计师无须鉴定作为审计证据的文件记录的真伪

C. 注册会计师可以考虑获取审计证据的成本与所获取信息的有用性之间的关系

D. 如果审计证据的质量存在缺陷，注册会计师可以通过获取更多数量的审计证据弥补

3. 下列关于审计证据可靠性的表述中，正确的是（　　）。

A. 应收账款询证函原件比传真件可靠

B. 银行对账单比银行询证函回函可靠

C. 检查存货明细表比询问企业仓库管理员的口头表述可靠

D. 不同部门人员对同一问题回答一致的口头证据在得到不同信息证实后可靠性大大提高

4. 下列属于与交易和事项相关的认定的有（　　）。

A. 存在　　　B. 权利和义务　　　C. 完整性　　　D. 准确性

5. 注册会计师在审计时，发现的下列情况中，属于"完整性"认定的是（　　）。

A. 资产负债表所列的存货均存在并可供使用

B. 资产负债表所列的存货均包括了所有存货交易的结果

C. 当期的全部销售交易均已登记入账

D. 期末已按成本与可变现成本孰低的原则计提了存货跌价准备

6. 注册会计师在对会计师报表进行审计时，一般情况下，更应关注"完整性"认定的项目是（　　）。

A. 预付账款　　　B. 短期借款　　　C. 应付账款　　　D. 应收账款

7. 审计人员通过观察程序，可以取得（　　）。

A. 实物证据　　　B. 书面证据　　　C. 口头证据　　　D. 环境证据

8. 符合下列情况的内部证据，具有较高的可靠程度（　　）。

A. 被审计单位内部控制健全有效

B. 在外部流转并获得其他单位的认可

C. 预先进行了连续编号并按序号依次处理

D. 在形成过程中经过了不同部门、人员的核实、签章

9. 样本选取的方法有（　　）。

　　A. 随意选样　　　　　B. 系统选样　　　　C. 随机数表法　　D. 审计抽样

10. 审计证据的充分性是对证据数量的衡量，主要与（　　）有关。

　　A. 具体审计程序　　　　　　　　　B. 审计证据的质量

　　C. 是否使用分析程序　　　　　　　D. 重大错报风险

11. 下列关于审计证据的充分性和适当性的说法中正确的有（　　）。

　　A. 审计证据的适当性是对审计证据质量的衡量

　　B. 审计证据的充分性是对审计证据数量的衡量

　　C. 注册会计师可以依靠获取更多的审计证据来弥补其质量上的缺陷

　　D. 错报风险越大，需要的审计证据越多；审计证据质量越高，需要的审计证据越少

12. 在对甲公司短期借款实施相关审计程序后，需对所取得的审计证据进行评价。以下有关短期借款审计证据可靠性的论述中，正确的有（　　）。

　　A. 从第三方获取的有关短期借款的证据比直接从甲公司获得的相关证据更可靠

　　B. 为了证明短期借款的真实存在，注册会计师可以向债权方进行函证

　　C. 甲公司提供的短期借款合同尽管有借贷双方签章，但若没有其他证据佐证，也不可靠

　　D. 短期借款的重大错报风险为高水平时产生的会计数据比重大错报风险为低水平时产生的会计数据更为可靠

13. 书面证据获取的方法有（　　）。

　　A. 检查　　　　　　B. 监盘　　　　　　C. 函证　　　　　D. 分析程序

14. 下列证据中属于书面证据的有（　　）。

　　A. 董事会会议记录

　　B. 审计人员询问有关人员后，对回答所做的记录

　　C. 采购合同

　　D. 通过盘点取得的存货数量的证据

15. 以下资产中，适用突击盘点方式的有（　　）。

　　A. 固定资产　　　　　B. 贵重金属　　　　C. 原材料　　　　D. 现金

三、判断题（正确的打"√"，错误的打"×"）

1. 无论统计抽样还是非统计抽样，只要运用恰当，都能够获取充分、适当的审计证据。
　　　　　　　　　　　　　　　　　　　　　　　　　　　　　　　　（　　）

2. 验收单是支持资产或费用以及与采购有关负债的存在或发生认定的重要凭证。
　　　　　　　　　　　　　　　　　　　　　　　　　　　　　　　　（　　）

3. 统计抽样与非统计抽样的区别在于统计抽样无须审计人员的专业判断。　（　　）

4. 企业将 2018 年的收入记到 2019 年的收入账上，2018 年报表的这一处理违反了截止认定。　　　　　　　　　　　　　　　　　　　　　　　　　　　　　（　　）

5. 账簿的审阅，主要是审阅总账、明细账、日记账，其中以审阅总账为最重要。　（　　）

6. 盘点法能够证明实物资产的所有权，以及实物资产的数量和质量。　　　（　　）

7. 外部证据是由会计师事务所之外的机构或人士编制的书面证据，一般具有较强的证明力。　　　　　　　　　　　　　　　　　　　　　　　　　　　　　（　　）

8. 注册会计师发表的审计意见必须建立在有足够数量的审计证据基础之上,因此审计证据越多越好。　　　　　　　　　　　　　　　　　　　　　　　　　　　（　　）

9. 银行询证函回函和银行对账单虽然都属于外部证据,但证明力是不一样的。（　　）

10. 会计记录中含有的信息本身并不足以提供充分的审计证据作为对财务报表发表审计意见的基础,注册会计师还应当获取用作审计证据的其他信息。

四、思考与讨论

注册会计师在报表设计中为采购交易设计的部分审计程序包括以下内容。

(1) 将采购明细账中记录的交易同购货发票、验收单和其他证明文件比较。

(2) 根据购货发票反映内容,比较会计科目表上的分类。

(3) 从购货发票追查至采购明细账。

(4) 从验收单追查至采购明细账。

(5) 将验收单和购货发票上日期与采购明细账中的日期进行比较。

(6) 检查购货发票、验收单、订货单和请购单的合理性和真实性。

(7) 追查存货的采购至存货永续盘存记录。

问题:

(1) 审计目标是如何确定的? 确定目标与设计审计程序有着怎样的关系?

(2) 请根据表 3-3 给出的审计目标,填写对应的相关认定并选择相应的审计程序。

表 3-3　审计目标认定及相应的审计程序

认　定	审 计 目 标	实质性程序
	A. 所记录的采购交易和事项已发生,且与被审计单位有关	
	B. 所有应当记录的采购交易均已记录	
	C. 与采购交易有关的金额及其他数据已恰当记录	
	D. 采购交易和事项已记录于恰当的账户	
	E. 采购交易已记录于正确的会计期间	

任务4 计划审计工作

任务情境

在达成合作意向之后，信诚会计师事务所并没有马上与康诺公司签约，而是先与康诺公司管理层进行了会谈，详细询问了康诺公司近几年的经营情况，两天后才与康诺公司就审计的具体事宜达成协议。之后，信诚会计师事务所确定由李立负责该项审计工作。李立有着10年的审计工作经验，对制造业的审计业务非常熟悉。随后，李立组建了审计团队，进驻康诺公司开始审计工作。

丁一是刚刚步入职场的一名会计专业毕业生，因为对审计工作的兴趣加入了信诚会计师事务所成为一名审计助理。康诺公司的审计业务是他正式参与的第一个报表审计项目。丁一对这次工作机会感到既兴奋又紧张。一方面对自己能真正参与业务实践感到兴奋，另一方面因担心自己不能胜任工作、拖团队的后腿而紧张。丁一主动向项目负责人李立寻求帮助：怎样才能快速适应报表审计工作呢？李立提出，让丁一参与搜集康诺公司资料并协助整理初步业务活动及制定审计计划形成的工作底稿，以帮助丁一尽快进入角色。

计划审计工作是一项持续的过程。在审计计划工作时，注册会计师要进行初步业务活动、制定总体审计策略和具体审计计划；在此过程中，还需要作出很多关键决策，包括确定可接受的审计风险水平和重要性、配置项目人员等。下面我们就和丁一一起来看一下如何计划康诺公司的报表审计工作。

任务目标

知识目标：

了解总体审计策略与具体审计计划的内容，掌握理解重要性的含义，正确理解审计计划对审计工作的指导作用。

技能目标：

参与计划审计工作阶段的审计工作，能够完成初步业务活动中审计工作底稿的编写，能按审计计划的指导正确开展审计工作；具备从事审计工作基本的信息搜集能力、分析和判断能力。

素质目标：

以审计人员职业品格为主线，巩固专业思想、坚定职业自信，培养规范、严谨的工作态度，提升应用新技术、探索新方法的创新精神。

子任务 4.1　初步业务活动

任务要求

信诚会计师事务所并没有马上与康诺公司签约,而是先与康诺公司管理层进行了会谈,详细询问了康诺公司近几年的经营情况,两天后才与康诺公司就审计的具体事宜达成协议。在与康诺公司就报表审计正式签约前,信诚会计师事务所需完成哪些工作呢?

知识准备

一、初步业务活动的目的

在本期审计业务开始时,注册会计师需要开展初步业务活动,以实现以下三个主要目的。

(1) 具备执行业务所需的独立性和能力。

(2) 不存在因管理层诚信问题而可能影响注册会计师保持该项业务的意愿的事项。

(3) 与被审计单位之间不存在对业务约定条款的误解。

二、初步业务活动的内容

注册会计师在本期审计业务开始时应当开展下列初步业务活动。

(一) 针对保持客户关系和具体审计业务实施相应的质量控制程序

针对保持客户关系和具体审计业务实施质量控制程序,并且根据实施相应程序的结果作出适当的决策是注册会计师控制审计风险的重要环节。在确定是否接受新客户或现有客户的新业务时,审计准则要求会计师事务所根据具体情况获取必要的信息,下列信息可以帮助项目合伙人确定有关客户关系和审计业务的接受与保持是否恰当。

1. 被审计单位的主要股东、关键管理人员和治理层是否诚信

针对有关客户的诚信,会计师事务所应当考虑下列主要事项。

(1) 客户主要股东、关键管理人员、关联方及治理层的身份和商业信誉。

(2) 客户的经营性质。

(3) 客户主要股东、关键管理人员及治理层对内部控制环境和会计准则等的态度。

(4) 客户是否过分考虑将会计师事务所的收费维持在尽可能低的水平。

(5) 工作范围受到不适当限制的迹象。

(6) 客户可能涉嫌洗钱或其他刑事犯罪行为的迹象。

(7) 变更会计师事务所的原因。

会计师事务所可以通过下列途径,获取与客户诚信相关的信息:与为客户提供专业会计服务的现任或前任人员进行沟通,并与其讨论;向会计师事务所其他人员、监管机构、金融机构、法律顾问和客户的同行等第三方询问;从相关数据库中搜索客户的背景信息。

2. 项目组是否具有执行审计业务的专业胜任能力及必要的时间和资源

在确定是否具有接受新业务所需的必要素质、专业胜任能力、时间和资源时,会计师事务所应当考虑下列事项,以评价新业务的特定要求和所有相关级别的现有人员的基本情况。

（1）会计师事务所人员是否熟悉相关行业或业务对象。

（2）会计师事务所人员是否具有执行类似业务的经验,或是否具备有效获取必要技能和知识的能力。

（3）会计师事务所是否拥有足够的具有必要素质和专业胜任能力的人员。

（4）在需要时,是否能够得到专家的帮助。

（5）如果需要项目质量控制复核,是否具备符合标准和资格要求的项目质量控制复核人员。

（6）会计师事务所是否能够在提交报告的最后期限内完成业务。

（二）评价遵守相关职业道德要求的情况

评价遵守相关职业道德要求的情况也是一项非常重要的初步业务活动。职业道德规范要求项目组成员恪守独立、客观、公正的原则,保持专业胜任能力和应有的关注,并对审计过程中获知的信息保密。其中又以独立性的要求尤为重要。独立性是审计的灵魂,如果有损害独立性的因素,会计师事务所和注册会计师应当采取必要的措施以消除影响或将其降低至可接受水平,否则应当拒绝接受委托。

虽然保持客户关系及具体审计业务和评价职业道德的工作贯穿审计业务的全过程,但是这两项活动需要安排在其他审计工作之前,以确保注册会计师已具备执行业务所需要的独立性和专业胜任能力,且不存在因管理层诚信问题而影响注册会计师保持该项业务的意愿等情况。

（三）就审计业务约定条款达成一致意见

在作出接受或保持客户关系及具体审计业务的决策后,注册会计师应当按照《中国注册会计师审计准则第 1111 号——就审计业务约定条款达成一致意见》的规定,在审计业务开始前,与被审计单位就审计业务约定条款达成一致意见,签订或修改审计业务约定书,以避免双方对审计业务的理解产生分歧。

三、签订审计业务约定书

通过对客户和环境的了解,对确定要接受委托的客户,需要与其签订审计业务约定书,以明确和确认双方的权利与义务。

审计业务约定书是指会计师事务所与被审计单位签订的,用以记录和确认审计业务的委托与受托关系、审计目标和范围、双方的责任及报告的格式等事项的书面协议。

（一）审计业务约定书的作用

会计师事务所承接任何审计业务，都应与被审计单位签订审计业务约定书，以避免双方对审计业务的理解产生分歧。如果被审计单位不是委托人，在签订审计业务约定书前，注册会计师应当与委托人、被审计单位就审计业务约定相关条款进行充分沟通，并达成一致意见。审计业务约定书具有经济合同的性质，一经约定各方签字或盖章认可，即成为法律上生效的契约，对各方均具有法定约束力。

签署审计业务约定书的目的是明确约定各方的权利和义务，促使各方遵守约定事项并加强合作，保护签约各方的正当利益。审计业务约定书主要有以下作用。

（1）可增进会计师事务所与被审计单位之间的相互了解，尤其使被审计单位了解注册会计师的审计责任及需要提供的协助和合作。

（2）可作为被审计单位评价审计业务完成情况，及会计师事务所检查被审计单位约定义务履行情况的依据。

（3）出现法律诉讼时，是确定签约各方应负责任的重要证据。

（二）审计业务约定书的内容

审计业务约定书的具体内容可能因被审计单位的不同而不同，但应当包括以下主要内容。

（1）财务报表审计的目标与范围。

（2）注册会计师的责任。

（3）管理层对财务报表的责任。

（4）指出用于编制财务报表所适用的财务报告编制基础。

（5）提及注册会计师拟出具的审计报告的预期形式和内容，以及对在特定情况下出具的审计报告可能不同于预期形式和内容的说明。

任务指导

信诚会计师事务所在康诺公司审计业务签约前，需开展初步业务活动来评价被审计单位管理层的诚信问题对报表审计工作的影响，以及会计师事务所及注册会计师自身是否具备执行业务所需的独立性和能力。康诺公司报表审计的首次接受委托评析表（部分）见表4-1。

表4-1　首次接受委托评价表

被审计单位：康诺健身器材有限公司	索引号：AA-3	页次：
项目：首次接受委托评价表	编制人：李立	日期：2021.01.18
财务报表截止日/期间：2020.12.31	复核人：张磊	日期：2021.01.18

一、客户的其他背景资料		
（略）		

二、应予考虑的关键因素		
项　　目	是/否/不适用	有关原因说明
1. 该潜在客户的主要所有者及管理层主要成员的诚信		

续表

项　目	是/否/不适用	有关原因说明
(1) 基于所获得的信息(通过直接或间接联系),是否对客户主要股东、关键管理人员、治理层的正直或诚信感到怀疑?	否	
(2) 考虑客户的经营性质,是否使客户诚信度降低?	否	
(3) 客户主要股东、关键管理人员及治理层对内部控制环境和会计准则等是否重视?	是	
(4) 客户是否过分考虑将会计师事务所的收费维持在尽可能低的水平?	否	
(5) 是否存在工作范围受到不适当限制的迹象?	否	
(6) 客户或其任何高级管理人员是否正在受到任何司法调查?	否	
(7) 客户的管理层是否曾表示与前任注册会计师有意见的分歧或未解决事项?	否	
(8) 是否有迹象表明客户可能曾从事舞弊或非法行为?	否	
(9) 客户所属的行业是否曾有过舞弊或非法行为的曝光?	否	
(10) 是否有迹象表明客户从事洗钱活动,或客户所属行业曾有过洗钱活动的曝光?	否	
(11) 关键管理人员是否更换频繁?	否	
(12) 管理层是否很容易参与到具有冒险性的活动中,或接受极高的业务风险?	否	
(13) 对由前任注册会计师或内部审计师提出的改善内部控制的建议,管理层是否接受或拒绝?	不适用	
(14) 是否有任何其他理由怀疑管理层在与第三方或与我方交往过程中的诚信表现?	否	
2. 独立性与我们提供高质量服务的能力		
(1) 我们是否有任何理由怀疑自身的独立性(特别是商业关系、家族或个人关系等),以及为服务小组配备具有适当技能、专门经验和能力的人员,从而为新客户提供高质量服务的能力?	否	
(2) 独立性评价表的评价结果(完成"独立性评价表及其附件")	具备独立性	
(3) 承接此客户是否违反本所的独立性指导方针?	否	
(4) 专业胜任能力评价表的评估结果(完成"专业胜任能力评价表")	胜任	
3. 客户承接考虑的风险		
与该客户建立业务关系是否可能导致本所因诉讼或诉讼威胁,或受到监管机构处罚而蒙受财务损失,或导致声誉受到损害?	否	
4. 道德上的考虑		
承接此客户是否违反任何中国注册会计师执业道德规范或本所的道德指导方针?	否	

续表

项　　目	是/否/不适用	有关原因说明
5. 其他需要说明的事项:		
6. 风险评估汇总:		
总体来说我认为该潜在客户的风险程度为		低,可控制
三、项目经济回报和对其他关系的考虑		
(略)		
四、人员配备方面的需求		
是否已考虑人员配备方面的需求,我们是否有足够的人力开展工作?		是
五、前任注册会计师		
(略)		
六、预定完成日期		
(略)		
七、结论——签名		

项目合伙人:

　　我已考虑该潜在客户所有者及管理层的操守,为该客户提供审计服务对本所的(经济及声誉)风险,以及本所为其提供优质服务的能力,并考虑了与该约定项目相关的专业、商业及经济因素。目前我认为本所应对是否接受该客户作出下列决定。

(1) 接受 √			
(2) 拒绝		拒绝的理由:	
项目合伙人	李立	日期	2021.01.18

任务附注

　　4-1-1　初步业务活动程序表

　　4-1-2　审计业务约定书

初步业务活动程序表

审计业务约定书

思政小课堂

我国的审计监督体系

子任务 4.2 制订审计计划

任务要求

在与康诺公司签订审计业务约定书后,注册会计师李立制订了审计计划。李立对审计小组成员丁一提出要求,认真查阅审计计划,明确本次审计业务的范围、时间安排、重点审计方向、审计资源分配等情况,为下一步审计工作的实施做好准备。

审计计划包括哪些内容呢?

知识准备

一、审计计划的内容

在确定接受审计业务委托后,为保证审计工作的顺利开展,需要制订审计计划。合理的审计计划有助于注册会计师关注重点审计领域、及时发现和解决潜在问题并恰当地组织和管理审计工作,以便审计工作更加有效。同时,充分的审计计划可以帮助注册会计师对项目组成员进行恰当分工和指导监督,并复核其工作,还有助于协调其他注册会计师和专家的工作。

审计计划分为总体审计策略和具体审计计划两个层次。

二、总体审计策略

注册会计师应当为审计工作制定总体审计策略。总体审计策略用以确定审计范围、时间安排和方向,并指导制订具体审计计划,是整个审计工作的蓝图。在制定总体审计策略时,应当考虑以下主要事项。

(一)审计范围

在确定审计范围时,需要考虑下列具体事项。

(1)编制拟审计的财务信息所依据的财务报告编制基础,包括是否需要将财务信息调整至按照其他财务报告编制基础编制。

(2)特定行业的报告要求,如某些行业监管机构要求提交的报告。

(3)预期审计工作涵盖的范围,包括应涵盖的组成部分的数量及所在地点。

(4)母公司和集团组成部分之间存在的控制关系的性质,以确定如何编制合并财务报表。

(5)由组成部分注册会计师审计的组成部分的范围。

(6)拟审计的经营分部的性质,包括是否需要具备专门知识。

(7)外币折算,包括外币交易的会计处理、外币财务报表的折算和相关信息的披露。

（8）除为合并目的执行的审计工作之外，对个别财务报表进行法定审计的需求。

（9）内部审计工作的可获得性及注册会计师拟信赖内部审计工作的程度。

（10）被审计单位使用服务机构的情况，以及注册会计师如何取得有关服务机构内部控制设计和运行有效性的证据。

（11）对利用在以前审计工作中获取的审计证据（如获取的与风险评估程序和控制测试相关的审计证据）的预期。

（12）信息技术对审计程序的影响，包括数据的可获得性和对使用计算机辅助审计技术的预期。

（13）协调审计工作与中期财务信息审阅的预期涵盖范围和时间安排，以及中期审阅所获取的信息对审计工作的影响。

（14）与被审计单位人员的时间协调和相关数据的可获得性。

（二）报告目标、时间安排及所需沟通

为计划报告目标、时间安排和所需沟通，需要考虑下列事项。

（1）被审计单位对外报告的时间表，包括中间阶段和最终阶段。

（2）与管理层和治理层举行会谈，讨论审计工作的性质、时间安排和范围。

（3）与管理层和治理层讨论注册会计师拟出具报告的类型和时间安排及沟通的其他事项（口头或书面沟通），包括审计报告、管理建议书和向治理层通报的其他事项。

（4）与管理层讨论预期就整个审计业务中审计工作的进展进行的沟通。

（5）与组成部分注册会计师沟通拟出具报告的类型和时间安排，以及与组成部分审计相关的其他事项。

（6）项目组成员之间沟通的预期性质和时间安排，包括项目组会议的性质和时间安排，以及复核已执行工作的时间安排。

（7）预期是否需要和第三方进行其他沟通，包括与审计相关的法定或约定的报告责任。

（三）审计方向

总体审计策略的制定应当包括考虑影响审计业务的重要因素，以确定项目组工作方向，包括确定适当的重要性水平，初步识别可能存在较高的重大错报风险的领域，初步识别重要的组成部分和账户余额，评价是否需要针对内部控制的有效性获取审计证据，识别被审计单位、所处行业、财务报告要求及其他相关方面最近发生的重大变化等。

在确定审计方向时，注册会计师需要考虑下列事项。

（1）重要性方面。具体包括：①为计划目的确定重要性；②为组成部分确定重要性且与组成部分的注册会计师沟通；③在审计过程中重新考虑重要性；④识别重要的组成部分和账户余额。

（2）重大错报风险较高的审计领域。

（3）评估的财务报表层次的重大错报风险对指导、监督及复核的影响。

（4）项目组人员的选择（在必要时包括项目质量复核人员）和工作分工，包括向重大错

报风险较高的审计领域分派具备适当经验的人员。

（5）项目预算，包括考虑为重大错报风险可能较高的审计领域分配适当的工作时间。

（6）如何向项目组成员强调在收集和评价审计证据过程中保持职业怀疑的必要性。

（7）以往审计中对内部控制运行有效性进行评价的结果，包括所识别的控制缺陷的性质及应对措施。

（8）管理层重视设计和实施健全的内部控制的相关证据，包括这些内部控制得以适当记录的证据。

（9）业务交易量规模，以基于审计效率的考虑确定是否依赖内部控制。

（10）对内部控制重要性的重视程度。

（11）管理层用于识别和编制适用的财务报告编制基础所要求的披露（包括从除总账和明细账之外的其他途径获取的信息）的流程。

（12）影响被审计单位经营的重大发展变化，包括信息技术和业务流程的变化，关键管理人员变化，以及收购、兼并和分立。

（13）重大的行业发展情况，如行业法规变化和新的报告规定。

（14）会计准则及会计制度的变化，该变化可能涉及作出重大的新披露或对现有披露作出重大修改。

（15）其他重大变化，如影响被审计单位的法律环境的变化。

（四）审计资源

注册会计师应当在总体审计策略中清楚地说明审计资源的规划和调配，包括确定执行审计业务所必需的审计资源的性质、时间安排和范围。

（1）向具体审计领域调配的资源，包括向高风险领域分派有适当经验的项目组成员，就复杂的问题利用专家工作等。

（2）向具体审计领域分配资源的多少，包括分派到重要地点进行存货监盘的项目组成员的人数，在集团审计中复核组成部分注册会计师工作的范围，向高风险领域分配的审计时间预算等。

（3）何时调配这些资源，包括是在期中审计阶段还是在关键的截止日期调配资源等。

（4）如何管理、指导、监督这些资源，包括预期何时召开项目组预备会和总结会，预期项目合伙人和经理如何进行复核，是否需要实施项目质量复核等。

三、具体审计计划

注册会计师应当为审计工作制订具体审计计划。具体审计计划比总体审计策略更加详细，其内容包括为获取充分、适当的审计证据以将审计风险降至可接受的低水平，项目组成员拟实施的审计程序的性质、时间安排和范围。可以说，为获取充分、适当的审计证据，而确定审计程序的性质、时间安排和范围是具体审计计划的核心。具体审计计划应当包括风险评估程序、计划实施的进一步审计程序和计划的其他审计程序。

（一）风险评估程序

为了充分识别和评估财务报表重大错报风险,在具体审计计划中,审计人员应确定计划实施的风险评估程序性质、时间安排和范围。

（二）计划实施的进一步审计程序

针对评估认定层次的重大错报风险,审计人员应确定计划实施的进一步审计程序的性质、时间安排和范围。随着审计工作的推进,对审计程序的计划会逐步深入,并贯穿于整个审计过程。进一步审计程序可以分为进一步审计程序的总体方案和拟实施的具体审计程序两个层次。进一步审计程序的总体方案主要是针对各类交易、账户余额和列报决定采用的总体方案(包括实质性方案和综合性方案)。具体审计程序则是对进一步审计程序的总体方案的延伸和细化,它通常包括控制测试和实质性程序的性质、时间安排和范围。

（三）计划的其他审计程序

计划的其他审计程序可以包括上述进一步程序的计划中没有涵盖的、根据其他审计准则的要求应当执行的既定程序。

四、审计过程中对计划的更改

计划审计工作并非审计业务的一个孤立阶段,而是一个持续的、不断修正的过程,贯穿于整个审计业务的始终。由于未预期事项、条件的变化或在实施审计程序中获取的审计证据等原因,在审计过程中,注册会计师应当在必要时对总体审计策略和具体审计计划作出更新和修改。

虽然编制总体审计策略的过程通常在具体审计计划之前,但是两项计划活动并不是孤立的、不连续的过程,而是内在紧密联系的,对其中一项的决定可能会影响甚至改变对另外一项的决定。因此,审计人员应当根据实施风险评估程序的结果,对总体审计策略的内容予以调整。在实务中,审计人员将制定总体审计策略和具体审计计划相结合进行,可能会使计划审计工作更有效率及效果。

任务指导

审计小组成员丁一认真阅读了针对康诺公司审计业务的总体审计策略(表4-2),了解了报表审计业务的整体安排。通过阅读总体审计策略,丁一掌握了康诺公司审计业务的审计范围、审计目标、时间安排、审计方向(重要性水平等)、项目人员安排,以及对专家或有关人士工作的利用等重点问题;由此可以帮助丁一在审计实施阶段中关注重点领域及解决潜在问题,以便审计工作更加有效。在此基础上,丁一进一步阅读了审计具体计划,对自己具体负责的审计项目如何开展工作有了了解,从而增强了其圆满完成工作任务的信心。

表 4-2　总体审计策略

被审计单位:康诺健身器材有限公司	编制:李立	日期:2021 年 1 月 20 日	索引号:BE-001
报表截止日:2020 年 12 月 31 日	复核:张磊	日期:2021 年 1 月 21 日	

<table>
<tr><td colspan="2" align="center">审 计 范 围</td></tr>
<tr><td>1. 适用的会计准则或制度</td><td>按照财政部颁布的《企业会计准则——基本准则》和各项具体会计准则、企业会计准则应用指南、企业会计准则解释及其他相关规定</td></tr>
<tr><td>2. 适用的审计准则</td><td>《中国注册会计师执业准则(2020)》</td></tr>
<tr><td>3. 与财务报告相关的行业特别规定</td><td>例如:监管机构发布的有关信息披露法规,特定行业主管部门发布的与财务报告相关的法规等</td></tr>
<tr><td>4. 需审计的集团内组成部分的数量及所在地点</td><td></td></tr>
<tr><td>5. 需要阅读的含有已审计财务报表的文件中的其他信息</td><td>例如:上市公司年报</td></tr>
<tr><td>6. 制定审计策略需考虑的其他事项</td><td>例如:单独出具报告的子公司范围等</td></tr>
</table>

报告目标、时间安排和所需沟通

(一)对外报告时间安排:2021 年 2 月 28 日
(二)执行审计时间安排:

执行审计时间安排	时　间
1. 期中审计	
(1)制定总体审计策略	2021 年 1 月 18 日
(2)制订具体审计计划	2021 年 1 月 20 日
……	
2. 期末审计	
(1)存货监盘	2021 年 2 月 1 日
……	

所 需 沟 通	时　间
与管理层及治理层的会议	2021 年 1 月 20 日—2021 年 1 月 31 日
项目组会议(包括预备会和总结会)	2021 年 1 月 20 日
与专家或有关人士的沟通	2021 年 1 月 21 日—2021 年 1 月 31 日(是否执行视情况而定)
与前任注册会计师的沟通	
……	

影响审计业务的重要因素

确定的重要性水平	索引号
财务报表重要性 260567	BE-001-01

续表

可能存在较重大错报风险的领域	索引号
应收账款	ZA-003
……	

重要的组成部分和账户余额	索引号
1. 重要的组成部分(记录所审计的集团内重要的组成部分)	
2. 重要的账户余额(记录重要的账户余额,包括本身具有重要性的账户余额(如存货),以及评估出存在重大错报风险的账户余额)	

应收账款
存货
固定资产
销售与收款
成本、费用

人员安排

项目组主要成员的责任		
职　位	姓　名	主 要 职 责
项目经理	李立	了解并评估错报风险、内部控制、工作底稿复核、出具报告
项目合伙人	张磊	了解并评估错报风险、内部控制、工作底稿复核、出具报告
审计师	肖妍	报表项目审计
审计师	赵宇	报表项目审计
审计助理	丁一	报表项目审计
质量复核	王勤	项目质量控制复核
质量复核	杨帆	项目质量控制复核

与项目质量控制复核人员的沟通(如适用)
复核的范围:＿＿＿＿＿＿＿＿＿＿＿＿＿＿＿＿＿＿＿＿＿＿＿＿＿＿＿＿＿＿＿＿

沟通内容	负责沟通的项目组成员	计划沟通时间
风险评估、对审计计划的讨论	李立、张磊	2021 年 1 月 22 日
对工作底稿的复核	李立、张磊、王勤、杨帆	复核期间随时沟通
对审计报告的复核	李立、张磊、王勤、杨帆	2021 年 2 月 26 日

对专家或有关人士工作的利用(如适用)		

对内部审计工作的利用		
主要报表项目	拟利用的内部审计工作	索引号

续表

主要报表项目	拟利用的内部审计工作	索引号

对其他注册会计师工作的利用		
其他注册会计师名称	利用其工作范围及程度	索引号

对专家工作的利用			
主要报表项目	专家名称	主要职责及 工作范围	利用专家 工作的原因	索引号

对被审计单位使用服务机构的考虑		
主要报表项目	服务机构名称	服务机构提供的服务及其注册会计师 出具的审计报告意见及日期	索引号

任务附注

4-2-1 总体审计策略

4-2-2 具体审计计划

总体审计策略

具体审计计划

思政小课堂

我国审计职业规范的建立

子任务 4.3　确定审计重要性

任务要求

　　丁一在阅读康诺公司审计业务的总体审计策略时注意到：康诺公司财务报表重要性水平确定为 260 567 元。这个重要性水平是如何确定的呢？重要性水平对审计工作有什么作用呢？

知识准备

一、重要性的含义

　　《中国注册会计师审计准则第 1221 号——计划和执行审计工作时的重要性》要求注册会计师在制定总体审计策略时，确定财务报表整体的重要性和适用于这些交易、账户余额或披露的一个或多个重要性水平，并确定实际执行的重要性。

　　审计重要性是指在具体环境下，被审计单位财务报表错报的严重程度，如果合理预期错报（包括漏报）单独或汇总起来可能影响财务报表使用者依据财务报表作出的经济决策，则该项错报是重大的。重要性可视为财务报表中错报、漏报能否影响会计报表使用者决策的"临界点"，超过该"临界点"就会影响使用者的决策和判断，这种错报、漏报就应该被看作是"重要的"。

二、重要性的特征

　　重要性概念是基于成本效益原则的要求而产生的。由于现代企业经济活动日趋复杂，审计过程中所面对的会计信息量日益庞大，审计人员既没必要也不可能去审查全部的会计资料，只能在对内部控制和风险评价基础上采用抽查的方法来确认财务报表的合法性和公允性。因此，审计过程中必须抓住财务报表的重要方面和重要事项加以审查，在不增加审计成本的前提下，恰当地收集审计证据，更好地达到审计目标。在理解和运用这一概念时，应当注意审计重要性的以下特征。

　　（1）重要性的确定离不开具体环境。由于不同的被审计单位面临不同的环境，不同的报表使用者有着不同的信息需求，因此注册会计师确定的重要性也不相同。某一金额的错报对某被审计单位的财务报表来说是重要的，而对另一个被审计单位的财务报表来说可能是不重要的。例如，错报 10 万元对一个小公司来说可能是重要的，而对另一个大公司来说则可能是不重要的。

　　（2）重要性概念是针对财务报表使用者决策的信息需求而言的。判断一项错报重要与否，应视其对财务报表使用者依据财务报表作出经济决策的影响程度而定。如果财务报表中的某项错报足以改变或影响财务报表使用者的相关决策，则该项错报就是重要的，否则就不重要。另外,判断某事项对财务报表使用者是否重大,要在考虑财务报表使用者整体共同的财务信息需求的基础上作出。不同财务报表使用者对财务信息的需求可能差异很大,因此不考虑错报对个别财务报表使用者可能产生的影响。

(3) 重要性包括对数量和性质两个方面的考虑。所谓数量方面,是指错报的金额大小;而性质方面则是指错报的性质。一般而言,金额大的错报比金额小的错报更重要。需要注意的是,如果仅从数量角度考虑,重要性水平只是一个门槛或临界点。在该门槛或临界点之上的错报就是重要的;反之,该错报则不重要。在有些情况下,某些金额的错报从数量上看并不重要,但从性质上考虑,则可能是重要的。对于某些财务报表披露的错报,若难以从数量上判断是否重要,应从性质上考虑其是否重要。

(4) 对重要性的评估需要运用职业判断。重要性水平是一个经验值,审计人员只能通过职业判断确定重要性水平。影响重要性的因素很多,审计人员应当根据被审计单位面临的环境,并综合考虑其他因素,合理确定重要性水平。不同的审计人员在确定同一被审计单位财务报表层次和认定层次的重要性水平时,得出的结果可能不同。主要是因为对影响重要性的各因素的判断存在差异,因此需要运用职业判断来合理评估重要性。

三、重要性水平的确定

重要性水平的运用贯穿于整个审计过程。在计划和执行审计工作,评价识别出的错报对审计的影响,以及未更正错报对财务报表和审计意见的影响时,注册会计师都需要运用重要性概念。在计划审计工作时,审计人员应当确定一个可接受的重要性水平,以发现在金额上重大的错报。审计人员在确定计划的重要性水平时,需要考虑对被审计单位及其环境的了解、审计的目标、财务报表各项目的性质及其相互关系、财务报表项目的金额及其波动幅度。同时,还应当从性质和数量两个方面合理确定重要性水平。

(一) 财务报表整体的重要性

由于财务报表审计的目标是注册会计师通过执行审计工作对财务报表发表审计意见,所以注册会计师应当考虑财务报表整体的重要性。只有这样,才能得出财务报表是否公允反映的结论。注册会计师在制定总体审计策略时,应当确定财务报表整体的重要性。

1. 选定基准

确定重要性需要运用职业判断。确定财务报表整体重要性水平时,首先要选择一个恰当的基准;其次选用适当的百分比乘以该基准,从而得出财务报表整体的重要性水平。在选择基准时,需要考虑的因素包括以下几个。

(1) 财务报表要素(如资产、负债、所有者权益、收入和费用、利润)。

(2) 是否存在特定会计主体的财务报表使用者特别关注的项目(如为了评价财务业绩,使用者可能更关注利润、收入或净资产)。

(3) 被审计单位的性质、所处的生命周期阶段及所处行业和经济环境。

(4) 被审计单位的所有权结构和融资方式(例如,如果被审计单位仅通过债务而非权益进行融资,财务报表使用者可能更关注资产及资产的索偿权,而非被审计单位的收益)。

(5) 基准的相对波动性。

适当的基准取决于被审计单位的具体情况,包括各类报告收益(如税前利润、营业收入、毛利和费用总额),以及所有者权益或净资产。通常情况下,对于以营利为目的的企业,利润可能是大多数财务报表使用者最为关注的财务指标,因此,注册会计师通常考虑选取经常性业务的税前利润作为基准。但是在某些情况下,例如企业处于微利或微亏状态时,采用经常性业务的税前利润为基准确定重要性可能影响审计的效率和效果。此时,注册会计师就应该选择更适合企业情况的基准。实务中较为常用的基准可参见表 4-3。

表 4-3　常用的基准

被审计单位的情况	可能选择的基准
1. 企业的盈利水平保持稳定	经常性业务的税前利润
2. 企业近年来经营状况大幅度波动,盈利和亏损交替发生,或者由正常盈利变为微利或微亏,或者本年度税前利润因情况变化而出现意外增加或减少	过去 3～5 年经常性业务的平均税前利润或亏损(取绝对值),或其他基准,如营业收入
3. 企业为新设企业,处于开办期,尚未开始经营,目前正在建造厂房及购买机器设备	总资产
4. 企业处于新兴行业,目前侧重于抢占市场份额、扩大企业知名度和影响力	营业收入
5. 开放式基金,致力于优化投资组合、提高基金净值、为基金持有人创造投资价值	净资产
6. 国际企业集团设立的研发中心,主要为集团下属各企业提供研发服务,并以成本加成的方式向相关企业收取费用	成本与营业费用总额
7. 公益性质的基金会	捐赠收入或捐赠支出总额

注册会计师为被审计单位选择的基准各年度通常保持稳定,但是并非必须保持一贯不变。注册会计师可以根据经济形势、行业状况和被审计单位具体情况的变化对采用的基准作出调整。例如,被审计单位处在新设立阶段时注册会计师可以采用总资产作为基准,被审计单位处在成长期时注册会计师可以采用营业收入作为基准,被审计单位进入经营成熟期后注册会计师可以采用经常性业务的税前利润作为基准。

2. 为选定的基准确定百分比

为选定的基准确定百分比需要运用职业判断。百分比和选定的基准之间存在一定的联系,如经常性业务的税前利润对应的百分比通常比营业收入对应的百分比要高。例如,对以营利为目的的制造行业实体,注册会计师可能认为经常性业务的税前利润的 5% 是适当的;而对非营利性组织,注册会计师可能认为总收入或费用总额的 1% 是适当的。百分比无论是高一些还是低一些,只要符合具体情况,都是适当的。

百分比的确定可见表 4-4。

表 4-4　财务报表整体重要性百分比的确定

被审计单位	经验百分比（参考）
以营利为目的的实体	通常不超过税前利润的 5%
非营利性组织	通常不超过费用总额或营业收入的 1% 或不超过资产总额的 0.5%
基金	通常不超过净资产的 0.5%
以资产总额为基准的实体	通常不超过资产总额的 1%

（二）特定类别交易、账户余额或披露的重要性水平

根据被审计单位的特定情况，下列因素可能表明存在一个或多个特定类别的交易、账户余额或披露，其发生的错报金额虽然低于财务报表整体的重要性，但合理预期将影响财务报表使用者依据财务报表作出的经济决策。

（1）法律、法规或适用的财务报告编制基础是否影响财务报表使用者对特定项目（如关联方交易、管理层和治理层的薪酬）计量或披露的预期。

（2）与被审计单位所处行业相关的关键性披露（如制药企业的研究与开发成本）。

（3）财务报表使用者是否特别关注财务报表中单独披露的业务的特定方面（如新收购的业务）。

在根据被审计单位的特定情况考虑是否存在上述交易、账户余额或披露时，了解治理层和管理层的看法和预期通常是有用的。

（三）从性质方面考虑重要性

在某些情况下，金额相对较少的错报可能会对财务报表产生重大影响。例如，一项不重大的违法支付或者没有遵循某项法律规定，但该支付或违法行为可能导致一项重大的或有负债、重大的资产损失或者收入损失，则应认为上述事项是重要的。再如，某项错报虽然金额不大，但使被审计单位的获利趋势发生了扭转，这样的错报可能会影响信息使用者的决策，因此这样的错报也应认为是重大的。

可能构成重要性的因素包括以下内容。

（1）对财务报表使用者需求的感知，即他们对财务报表的哪一方面最感兴趣。

（2）获利能力趋势。

（3）因没有遵守贷款契约、合同约定、法规条款和法定的或常规的报告要求而产生错报的影响。

（4）计算管理层报酬（资金等）的依据。

（5）由于错误或舞弊而使一些账户项目对损失的敏感性。

（6）重大或有负债。

（7）通过一个账户处理大量的、复杂的和相同性质的个别交易。

（8）关联方交易。

（9）可能的违法行为、违约和利益冲突。

（10）财务报表项目的重要性、性质、复杂性和组成。

（11）可能包含了高度主观性的估计、分配或不确定性。

（12）管理层的偏见，管理层是否有动机将收益最大化或者最小化。

（13）管理层一直不愿意纠正已报告的与财务报告相关的内部控制的缺陷。

（14）与账户相关联的核算与报告的复杂性。

（15）自前一个会计期间以来账户特征发生的改变（如新的复杂性、主观性或交易的种类）。

（16）个别极其重大但不同的错报抵消产生的影响。

做中学 4-1

审计人员接受委托对昭阳有限责任公司2019年财务报表进行审计。该公司报表显示2019年年末资产总额为5 000万元，全年实现利润1 000万元。确定的报表层次重要性水平为20万元。审计人员在审阅财务资料时发现下列问题。

（1）该公司10月份虚报冒领工资3 000元，被会计人员占为己有。

（2）11月出售边角废料收入4 000元，列入小金库。

要求：请指出发现的以上问题是否重要。

（四）确定实际执行的重要性

实际执行的重要性是指注册会计师确定的低于财务报表整体重要性的一个或多个金额，旨在将财务报表中未更正和未发现错报的汇总数超过财务报表整体重要性的可能性降至适当的低水平。审计工作往往是抽查，这就决定了不可能发现所有的错漏报。因此，审计工作中实际执行的重要性水平要比计划的重要性水平低。

确定实际执行的重要性并非简单机械的计算，需要注册会计师运用职业判断，并考虑下列因素的影响：①对被审计单位的了解（这些了解在实施风险评估程序的过程中得到更新）；②前期审计工作中识别出的错报的性质和范围；③根据前期识别出的错报对本期错报作出的预期。

通常而言，实际执行的重要性通常为财务报表整体重要性的50%~75%。

存在下列情况，注册会计师可能考虑选择较低的百分比来确定实际执行的重要性。

（1）首次接受委托的审计项目。

（2）经常性审计，以前年度审计调整较多。

（3）项目总体风险较高（如处于高风险行业、管理层能力欠缺、面临较大市场竞争压力或业绩压力等）。

（4）存在或预期存在值得关注的内部控制缺陷。

存在下列情况，注册会计师可能考虑选择较高的百分比来确定实际执行的重要性。

（1）经常性审计，以前年度审计调整较少。

（2）项目总体风险较低（例如处于非高风险行业、管理层有足够能力、面临较低的业绩压力等）。

（3）以前期间的审计经验表明内部控制运行有效。

审计准则要求注册会计师确定低于财务报表整体重要性的一个或多个金额作为实际执行的重要性，注册会计师无须通过将财务报表整体的重要性平均分配或按比例分配至各个报表项目的方法来确定实际执行的重要性，而是根据对报表项目的风险评估结果，确定如何确定一个或多个实际执行的重要性。例如，根据以前期间的审计经验和本期审计计划阶段的风险评估结果，注册会计师认为可以以财务报表整体重要性的75%作为大多数报表项目的实际执行的重要性;与营业收入项目相关的内部控制存在控制缺陷,而且以前年度审计中存在审计调整,因此考虑以财务报表整体重要性的 50% 作为营业收入项目的实际执行的重要性,从而有针对性地对高风险领域执行更多的审计工作。

(五) 重要性水平的调整

由于存在下列原因,注册会计师可能需要修改财务报表整体的重要性和特定类别的交易、账户余额或披露的重要性水平(如适用):①审计过程中情况发生重大变化;②获取新信息;③通过实施进一步审计程序,注册会计师对被审计单位及其经营所了解的情况发生变化。例如,注册会计师在审计过程中发现,实际财务成果与最初确定财务报表整体的重要性时使用的预期本期财务成果相比存在着很大差异,则需要修改重要性。

任务指导

康诺公司重要性水平的确定可以见重要性水平确定表(表 4-5)。

表 4-5　重要性性水平确定表

被审计单位:康诺健身器材有限公司		索引号:AE-001-01	页次:
财务报表截止日:2020 年 12 月 31 日		编制人:李立	编制日期:2021 年 1 月 20 日
项目:重要性水平确定表		复核人:张磊	复核日期:2021 年 1 月 21 日

一、重要性水平计量基础的考虑

基础项目	采用该基础确定整体重要性时考虑因素	金　额

二、财务报表整体重要性的确定

1. 确定基准

基础项目	当年未审数/元	适用比率
税前利润	8 852 824	3%～5%
总收入	58 081 388	0.5%～1%
总资产	81 131 761	0.5%～1%
净资产	26 056 679	1%～2%

2. 定性因素对整体重要性的影响

定性因素	影响说明

3. 最终确定的整体重要性金额/元	260 567

三、特定类别的交易、账户余额或披露的重要性的确定(如适用)

特定类别的交易、账户余额或披露	确定的重要性	考虑因素

续表

四、实际执行的重要性的确定

考虑因素	确定的整体重要性金额/元	参考比率	适用比率	计算数值/元
如整体审计风险为低		75%		
如整体审计风险为高	260 567	50%	50%	130 284
最终确定的实际执行的重要性金额(取整数)/元		130 284		

五、实际执行的特定类别的交易、账户余额或披露的重要性的确定(如适用)

特定类别的交易、账户余额或披露	确定的实际执行的重要性	考虑因素

六、未更正错报名义金额的确定

……

七、审计过程中对重要性的修改(如适用)

……

在确定计划的重要性水平时,如果同一期间各会计报表的重要性水平不同,取其较低者;如果某项错误涉及不同的项目,应该采用同一的、这些项目中最小的重要性标准来评价该项错误。上表中,康诺公司资产、收入金额较大,采用这两种办法确定重要性水平金额偏大;而该公司尚处于拓展阶段,各年利润不均衡;净资产法下重要性水平较低,审计质量更有保障,因此采用净资产法确定重要性水平。另外,由于本次审计为首次审计,所以实际执行的重要性水平采用较低水平来确定。

在计划审计工作时确定重要性水平对下一步审计工作的意义在于:①决定风险评估程序的性质、时间安排和范围;②识别和评估重大错报风险;③确定进一步审计程序的性质、时间安排和范围。

任务附注

重要性水平确定表

重要性确定表

思政小课堂

我国会计师事务所的转制

同 步 练 习

一、单项选择题

1. 审计计划包括（　　）两个层次。

　　A. 资产负债表审计计划和利润表审计计划

　　B. 总体审计策略和具体审计计划

　　C. 项目审计计划和总体审计计划

　　D. 报表审计计划和账户审计计划

2.（　　）用以确定审计范围、时间安排和方向。

　　A. 总体审计策略　　　　　　　　　B. 具体审计计划

　　C. 审计业务约定书　　　　　　　　D. 审计依据

3. 不同的审计人员在确定同一被审计单位财务报表层次和认定层次的重要性水平时，得出的结果可能不同，这体现了审计人员在确定重要性水平时需要运用（　　）。

　　A. 分析程序　　　　　　　　　　　B. 重要性水平的两个层次

　　C. 独立性　　　　　　　　　　　　D. 职业判断

4. 理解和应用重要性概念应站在（　　）的角度去判断。

　　A. 被审计单位管理层　　　　　　　B. 注册会计师

　　C. 财务报表使用者　　　　　　　　D. 被审计单位全体员工

5. 在对会计报表进行分析后，确定资产负债表的重要性水平为 200 万元，利润表的重要性水平为 100 万元，注册会计师应确定的会计报表层次重要性水平为（　　）万元。

　　A. 100　　　　　　B. 150　　　　　　C. 200　　　　　　D. 300

6. 在确定报表层次重要性水平时，下列不适宜作为计算重要性水平基准的是（　　）。

　　A. 持续经营产生的利润　　　　　　B. 非经常性收益

　　C. 资产总额　　　　　　　　　　　D. 营业收入

7. 下列应该纳入具体审计计划内容的是（　　）。

　　A. 审计目的、审计范围及审计策略　　B. 审计程序

　　C. 重要性的确定　　　　　　　　　D. 初步确定计划的审计风险

8. 关于重要性概念，下列说法不正确的是（　　）。

　　A. 实际执行的重要性高于计划的重要性

　　B. 实际执行的重要性低于计划的重要性

　　C. 在计划审计工作时，应当确定财务报表整体的重要性水平

　　D. 审计人员需要在审计执行过程中修正计划的重要性水平

9. 关于审计业务约定书，下列说法正确的是（　　）。

　　A. 可以采用书面形式，也可以采用口头形式

　　B. 签约以后事务所可以随意终止约定业务

　　C. 审计结束业务约定书随即失效

　　D. 业务约定书具有法律效力

10. 在对审计计划的表述中,不正确的是(   )。

    A. 具体审计计划依据总体审计策略制定

    B. 审计过程中不能修改审计计划

    C. 在计划审计工作时,要考虑重要性和审计风险

    D. 计划审计工作是一个持续的过程

二、多项选择题

1. 在制定总体审计策略时,审计人员应注意考虑的主要事项有(   )。

    A. 审计工作范围   B. 报告目标、时间安排和所需沟通

    C. 审计工作方向   D. 风险评估程序

2. 审计业务约定书的基本内容包括(   )。

    A. 财务报表审计的目标与范围

    B. 编制财务报表所适用的财务报告编制基础

    C. 注册会计师的责任

    D. 管理层对财务报表的责任

3. 具体审计计划的主要内容有(   )。

    A. 项目组成员的分工   B. 风险评估程序

    C. 计划实施的进一步审计程序   D. 计划的其他审计程序

4. 计划审计工作阶段的主要工作有(   )。

    A. 制定总体审计策略   B. 制订具体计划

    C. 与被审计单位签订业务约定书   D. 了解被审计单位及其环境

5. 会计师事务所与被审计单位签署审计业务约定书,具有(   )的作用。

    A. 可以增进会计师事务所与被审计单位之间的了解

    B. 可作为被审计单位评价审计业务完成情况的依据

    C. 可作为会计师事务所检查被审计单位约定义务履行情况的依据

    D. 出现法律诉讼时,是确定签约各方应负责任的主要依据

6. 审计人员在运用重要性原则时,应从错报的(   )两个方面去考虑。

    A. 行业状况   B. 内部控制情况   C. 数量   D. 性质

7. 在注册会计师进行财务报表审计时,由于(   )相对稳定、可预测且能够反映被审计单位正常规模,审计人员经常将其用作确定计划重要性水平的基准。

    A. 销售收入   B. 营业外收入   C. 总资产   D. 存货

8. 下列关于重要性的论断中,正确的有(   )。

    A. 无论是笔误还是舞弊,金额小于重要性水平时均不重要

    B. 恰当运用重要性有助于提高审计效率和保证审计质量

    C. 不同环境下对重要性的判断可能是不同的

    D. 重要性概念是从注册会计师的角度来考虑的

9. 在理解重要性概念时,下列表述中正确的是(   )。

    A. 重要性取决于在具体环境下对错报金额和性质的判断

    B. 如果一项错报单独或连同其他错报可能影响财务报表使用者依据财务报表作出的经济决策,则该项错报是重大的

C. 判断一项错报对财务报表是否重大,应考虑对个别特定财务报表使用者产生的影响

D. 较小金额错报的累计结果,可能对财务报表产生重大影响

10. 在评价审计结果时,如果被审计单位尚未调整的错报的汇总数超过重要性水平,审计人员应当采取的措施包括(　　)。

A. 扩大审计程序的范围　　　　　　　　B. 扩大控制测试

C. 提请管理层调整财务报表　　　　　　D. 修改审计计划,调高重要性水平

三、判断题(正确的打"√",错误的打"×")

1. 所谓审计重要性,是指重要的账户余额。　　　　　　　　　　　　　　　　(　　)

2. 如果财务报表中的某项错误足以改变或影响财务报表使用者依据财务报表作出的经济决策,则该项错报就是重要的。　　　　　　　　　　　　　　　　　　　　　(　　)

3. 审计业务约定书具有经济合同性质,一旦约定双方签字认可,即成为会计师事务所与被审计单位之间在法律上生效的合同。　　　　　　　　　　　　　　　　　　　(　　)

4. 小额错报即使经常发生,其对财务报表的累计影响也不可能重大。　　　　　(　　)

5. 会计师事务所在签订审计业务约定书前,应评价事务所的胜任能力。如果不具备胜任能力,可向外界专家寻求帮助。　　　　　　　　　　　　　　　　　　　　　(　　)

6. 判断一项错报对财务报表是否重大,应当考虑对个别特定财务报表使用者产生的影响。
　　　　　　　　　　　　　　　　　　　　　　　　　　　　　　　　　　　(　　)

7. 为了保持审计的连续性和审计结果的可比性,注册会计师对同一客户所进行的多年度会计报表审计,应使用相同的重要性水平。　　　　　　　　　　　　　　　　　(　　)

8. 会计师事务所对任何一个审计委托项目,不论其繁简和规模大小都应该制订审计计划。　　　　　　　　　　　　　　　　　　　　　　　　　　　　　　　　　　(　　)

9. 确定重要性水平是在审计实施阶段进行的。　　　　　　　　　　　　　　　(　　)

10. 无论何种审计方式,审计主体都要与被审计单位签订审计业务约定书。　　(　　)

四、思考与讨论

2019 年,大地公司因无法按时偿还巨额债务而宣告破产。为其提供贷款的债权人状告为其审计的会计师事务所。其诉讼理由是大地公司 2018 年度的财务报表中存在严重错误,而注册会计师发表了无保留意见,从而误导了报表使用人。会计师事务所对此提出了抗辩,认为审计中发现的被审计单位大地公司财务报表中存在的重大错报都已经要求大地公司调整,并且大地公司也接受了调整建议,未调整的错报是不重要的,且在审计报告中发表意见时使用了"在所有重大方面公允地反映了大地公司 2018 年 12 月 31 日的财务状况以及 2018 年度的经营成果和现金流量"这一表述。

法院经过审理认定:大地公司错误报表中存在将 2019 年的销售收入提前记入 2018 年的财务报表中,造成 2018 年虚增收入 9.8 万元与高估资产 11.466 万元,以及漏计与少计负债 18.1 万元的错报。对于销售额近千万元、资产近千万元的大地公司来说,这些错报虽然从金额上来看并不重要,却导致大地公司的盈利能力保持持续增长的状态,偿债能力的指标恰巧达到了银行贷款门槛。

问题:该笔业务中会计师事务所提出的抗辩是否成立? 会计师事务所是否应当承担赔偿责任呢?

任务5 评估与应对审计风险

任务情境

信诚会计师事务所注册会计师李立负责康诺公司2020年财务报表的审计工作。在完成审计计划相关工作后,李立召集项目组成员对前期了解的康诺公司的基本情况进行讨论。康诺公司报表审计的项目组共五名成员,除李立外还包括一名项目合伙人、两名注册会计师,以及一名助理人员。大家讨论的内容主要包括康诺公司面临的经营风险及容易发生错报的风险领域等问题。

讨论中大家普遍认为:康诺公司发展情况良好,经营活动顺畅,从这方面来看错报风险较小。但也有项目组成员提出,康诺公司发展迅速,扩张太快,资金需求量较大,整体负债率偏高;虽然康诺公司承诺其流动资金一直保持充足,但对其偿债能力方面的评估仍要引起重视。另外,审计小组对康诺公司的收入核算也提出了关注。从康诺公司负责人那里了解到,康诺公司近几年的销售收入保持了每年近20%的增长,但应收账款增长超过了40%,大大超过了收入的增长幅度,其中可能存在一定的错报风险。同时,李立提出,康诺公司成立时间较短,管理团队及会计人员普遍年轻且经验不足,这在审计工作中也要引起关注。经过讨论,大家对康诺公司的基本情况统一了认识。随后,项目负责人李立安排项目组成员分别针对康诺公司报表可能存在的重大错报风险进行评估,以便为下一步审计程序的开展确定方向。

风险导向审计是目前审计工作模式的主流,要求审计人员围绕重大错报风险的识别、评估和应对开展工作,以提高审计效率和效果。下面我们就来看一下如何进行康诺公司报表审计的风险评估与应对工作。

任务目标

知识目标:

掌握审计风险的含义及构成要素,理解风险导向审计下审计工作的基本思路和要求,进而掌握审计风险评估及应对的工作内容。

技能目标:

能够采用恰当的方法针对被审计单位情况开展风险评估工作;能够对被审计单位内外部环境及内部控制进行正确的评价并根据评价结果确定进一步审计程序的内容;进而具备审计工作中必要的沟通、分析、判断、决策能力。

素质目标:

建立风险导向审计的基本思维,具备风险意识和责任意识;能够主动关注经济生活和社会热点问题,增强社会责任感及对专业的认同感;独立思考并敢于提出解决问题的方法,提升学思结合、知行统一的学习及实践能力。

子任务 5.1 评 估 风 险

任务要求

审计小组在对康诺公司进行初步了解后认为:康诺公司发展情况良好,经营活动顺畅,从这方面来看错报风险较小。但也提出,康诺公司尚处于成长初期,扩张太快,管理团队及会计人员又普遍年轻且经验不足,也给本次报表审计工作带来了潜在的审计风险。

审计人员应如何进行康诺公司报表审计的风险识别与评估工作呢?

知识准备

一、审计风险的含义

审计风险是指财务报表存在重大错报而审计人员发表不恰当审计意见的可能性。由于审计工作的固有限制,审计对报表整体不存在重大错报的保证程度不可能达到 100%。比如说,审计业务的保证程度达到 99%,那意味着仍然有 1% 的可能性报表存在重大错报而审计人员未能发现。这个 1% 的可能就是审计风险。可见,保证程度与审计风险互为补数,即保证程度与审计风险之和等于 100%。

审计风险取决于重大错报风险和检查风险。

(一)重大错报风险

重大错报风险是指财务报表在审计前存在重大错报的可能性。重大错报风险与被审计单位的风险相关,且独立于财务报表审计而存在。在设计审计程序以确定财务报表整体是否存在重大错报时,审计人员应当从财务报表层次和各类交易、账户余额、列报认定层次方面考虑重大错报风险。

1. 财务报表层次的重大错报风险

财务报表层次重大错报风险与财务报表整体存在广泛联系,可能影响多项认定。此类风险通常与控制环境有关,如管理层缺乏诚信、治理层形同虚设而不能对管理层进行有效监督等;但也可能与其他因素有关,如经济萧条、企业所处行业处于衰退期。此类风险难以界定某类交易、账户余额、列报的具体认定;相反,此类风险增大了一个或多个不同认定发生重大错报的可能性。此类风险与考虑由舞弊引起的风险尤为相关。

2. 认定层次的重大错报风险

各类交易、账户余额、列报认定层次的重大错报风险,与特定的某类交易、账户余额、列报的认定相关。例如,技术进步可能导致某项产品陈旧,进而导致存货易于发生高估错报(计价认定);对高价值的、易转移的存货缺乏实物安全控制,可能导致存货的存在性认定出错。审计人员应当考虑各类交易、账户余额、列报认定层次的重大错报风险,以便于针对认定层次计划和实施进一步审计程序。认定层次的重大错报风险又可以进一步细分为固有风险和控制风险。

(1) 固有风险是指在考虑相关的内部控制之前,某类交易、账户余额或披露的某一认定易于发生错报(该错报单独或连同其他错报可能是重大的)的可能性。例如,复杂的计算比简单的计算更可能出错;受重大计量不确定性影响的会计估计发生错报的可能性较大。

(2) 控制风险是指某类交易、账户余额或披露的某一认定发生错报,该错报单独或连同其他错报是重大的,但没有被内部控制及时防止或发现并纠正的可能性。控制风险取决于与财务报表编制有关的内部控制的设计和运行的有效性。由于控制的固有局限性,某种程度的控制风险始终存在。

由于固有风险和控制风险通常不可分割地交织在一起,注册会计师既可以对两者进行单独评估,也可以对两者进行合并评估。

(二) 检查风险

检查风险是指某一认定存在错报,该错报单独或连同其他错报是重大的,但审计人员未能发现这种错报的可能性。检查风险取决于审计程序设计的合理性和执行的有效性。通常,检查风险不能降低为零,主要原因是:①审计人员并不对所有的交易、账户余额和列报进行检查;②审计人员可能选择了不恰当的审计程序,或者审计过程执行不当,或者错误解读了审计结论。其中,第二方面的问题可以通过适当计划,在项目组成员之间进行恰当的职责分配,保持职业怀疑态度,以及通过监督、指导和复核助理人员所执行的审计工作得以解决。

(三) 检查风险与重大错报风险的关系

在既定的审计风险水平下,可接受的检查风险水平与认定层次重大错报风险的评估结果呈反向关系。这种反向关系用数学模型表示如下:

$$审计风险 = 重大错报风险 \times 检查风险$$

做中学 5-1

审计人员评估应收账款存在的重大错报风险水平为 50%,估计检查风险水平为 10%,则审计风险为多少?

在计划阶段,审计人员必须对每个审计项目确定合适的可接受的审计风险水平。在既定的可接受审计风险水平下,运用审计风险模型可以确定可接受的检查风险水平。在此,审计风险模型可以变形为

$$可接受的检查风险水平 = 可接受的审计风险 \div 重大错报风险$$

一般情况下,审计人员应当实施适当的审计程序,了解被审计单位及其环境(包括内部控制),以评估重大错报风险。然后根据上述审计风险模型来确定可接受的检查风险水平,并据以设计和实施进一步审计程序,确定审计证据的数量,从而将检查风险控制在可接受的水平。

做中学 5-2

审计人员确定存货存在重大错报的可接受的审计风险水平为 3%,确定存货余额存在重

大错报的风险水平为 30%,则可接受的检查风险水平应为多少?

应当注意的是,在审计实务中,审计风险难以精确量化,通常采用高、中、低定性评估风险。重大错报风险是客观存在的,在评估时不能偏离实际水平。重大错报风险估计水平过高或过低都是不利的,偏高会导致审计成本加大,偏低则会导致审计风险加大。此外,审计人员也无法将检查风险降低为零。

(四)重要性、审计风险和审计证据之间的关系

重要性与审计风险之间存在反向变动关系。在审计证据量不变的情况下,重要性水平越高,审计风险越低;重要性水平越低,审计风险越高。这里所说的重要性水平高低指的是金额的大小。需要注意的是,注册会计师不能通过不合理的人为调高重要性水平来降低审计风险。因为重要性是依据重要性概念中所述的判断标准确定的,而不是由主观期望的审计风险水平决定的。

审计风险与审计证据之间存在反向变动关系。在一定的重要性水平下,一方面可接受的审计风险水平越低,要求审计人员必须收集更多、更有效的审计证据,以将审计风险降至可接受的低水平;另一方面实际收集的审计证据越多、越有效,审计风险实际水平就越低。

重要性与审计证据之间也是反向变动关系。在一定的审计风险水平下,重要性水平越高,需要的审计证据量就越少。

注册会计师对重要性水平与审计风险的关系的考虑贯穿于审计工作的全过程。在审计计划阶段,注册会计师在确定审计程序的性质、时间安排和范围时应考虑重要性与审计风险之间的反向关系。

做中学 5-3

表 5-1 中是注册会计师进行甲公司报表审计时确定审计风险考虑的几种情况。

表 5-1　审计风险的确定

项　目	风　险			
	1	2	3	4
审计风险/%	5	4	6	3
重大错报风险/%	80	100	50	60
检查风险/%				

要求:

(1)按照上述资料,计算每种情况下的检查风险。

(2)若审计风险一定,评估的重大错报风险越高,则检查风险会怎样?

(3)哪一种情况需要审计证据最多?哪一种情况需要审计证据最少?

二、风险识别和评估概述

(一)风险识别和评估的概念及作用

自 2006 年起,财政部发布的中国注册会计师执业准则体系全面贯彻了风险导向审计思

想和方法的要求。风险导向审计要求审计人员围绕重大错报风险的识别、评估和应对开展工作,以提高审计效率和效果。

风险识别和评估是指注册会计师通过实施风险评估程序,识别和评估财务报表层次和认定层次的重大错报风险。其中,风险识别是指找出财务报表层次和认定层次的重大错报风险;风险评估是指对重大错报发生的可能性和后果严重程度进行评估。

注册会计师应当了解被审计单位及其环境,以充分识别和评估财务报表重大错报风险,设计和实施进一步审计程序。了解被审计单位及其环境是必要程序,特别是为注册会计师在下列关键环节作出职业判断提供重要基础。

(1) 确定重要性水平,并随着审计工作的进程评估对重要性水平的判断是否仍然适当。

(2) 考虑会计政策的选择和运用是否恰当,以及财务报表的列报(包括披露,下同)是否适当。

(3) 识别需要特别考虑的领域,包括关联方交易、管理层运用持续经营假设的合理性,或交易是否具有合理的商业目的等。

(4) 确定在实施分析程序时所使用的预期值。

(5) 设计和实施进一步审计程序,以将审计风险降至可接受的低水平。

(6) 评价所获取审计证据的充分性和适当性。

了解被审计单位及其环境是一个连续和动态地收集、更新与分析信息的过程,贯穿于整个审计过程的始终。注册会计师应当运用职业判断确定需要了解被审计单位及其环境的程度。评价对被审计单位及其环境了解的程度是否恰当,关键是看注册会计师对被审计单位及其环境的了解是否足以识别和评估财务报表重大错报风险。如果了解被审计单位及其环境获得的信息足以识别和评估财务报表重大错报风险、设计和实施进一步审计程序,那么了解的程度就是恰当的。

(二) 风险评估程序和信息来源

为了解被审计单位及其环境而实施的程序称为"风险评估程序"。注册会计师应当依据实施这些程序所获取的信息,评估重大错报风险。

注册会计师应当实施下列风险评估程序,以了解被审计单位及其环境:①询问被审计单位管理层和内部其他相关人员;②分析程序;③观察和检查;④其他审计程序和信息来源。

1. 询问被审计单位管理层和内部其他相关人员

询问被审计单位管理层和内部其他相关人员是注册会计师了解被审计单位及其环境的一个重要信息来源。注册会计师可以考虑向管理层和财务负责人询问下列事项。

(1) 管理层所关注的主要问题。如新的竞争对手、主要客户和供应商的流失、新的税收法规的实施,以及经营目标或战略的变化等。

(2) 被审计单位最近的财务状况、经营成果和现金流量。

(3) 可能影响财务报告的交易和事项,或者目前发生的重大会计处理问题,如重大的购并事宜等。

(4) 被审计单位发生的其他重要变化。如所有权结构、组织结构的变化,以及内部控制的变化等。

注册会计师通过询问管理层和财务负责人可获取大部分信息,而通过询问被审计单位内部的其他人士也可能为注册会计师提供不同层面和视角的信息,有助于识别重大错报风险。因此,注册会计师除了询问管理层和对财务报告负有责任的人员外,还应当考虑询问内部审计人员、采购人员、生产人员、销售人员等其他人员,并考虑询问不同级别的员工,以获取对识别重大错报风险有用的信息。

2. 实施分析程序

分析程序是指注册会计师通过研究不同财务数据之间,以及财务数据与非财务数据之间的内在关系,对财务信息作出评价。分析程序还包括调查识别出的、与其他相关信息不一致或与预期数据严重偏离的波动和关系。

分析程序既可用作风险评估程序和实质性程序,也可用于对财务报表的总体复核。注册会计师实施分析程序有助于识别异常的交易或事项,以及对财务报表和审计产生影响的金额、比率和趋势。

3. 观察和检查

观察和检查程序可以印证对管理层和其他相关人员的询问结果,并可提供有关被审计单位及其环境的信息,注册会计师应当实施下列观察和检查程序。

(1)观察被审计单位的生产经营活动。例如,观察被审计单位人员正在从事的生产活动和内部控制活动,增加注册会计师对被审计单位人员如何进行生产经营活动及实施内部控制的了解。

(2)检查文件、记录和内部控制手册。例如,检查被审计单位的章程,与其他单位签订的合同、协议,各业务流程操作指引和内部控制手册等,了解被审计单位组织结构和内部控制制度的建立健全情况。

(3)阅读由管理层和治理层编制的报告。例如,阅读被审计单位年度和中期财务报告,股东大会、董事会会议、高级管理层会议的会议记录或纪要,管理层的讨论和分析资料,经营计划和战略,对重要经营环节和外部因素的评价,被审计单位内部管理报告及其他特殊目的报告(如新投资项目的可行性分析报告)等,了解自上一审计结束至本期审计期间被审计单位发生的重大事项。

(4)实地察看被审计单位的生产经营场所和设备。通过现场访问和实地察看被审计单位的生产经营场所和设备,可以帮助注册会计师了解被审计单位的性质及其经营活动。在实地察看被审计单位的厂房和办公场所的过程中,注册会计师有机会与被审计单位的管理层和担任不同职责的员工进行交流,可以增强注册会计师对被审计单位的经营活动及其重大影响因素的了解。

(5)追踪交易在财务报告信息系统中的处理过程(穿行测试)。这是注册会计师了解被审计单位业务流程及其相关控制时经常使用的审计程序。通过追踪某笔或某几笔交易在业务流程中如何生成、记录、处理和报告,以及相关内部控制如何执行,注册会计师可以确定被审计单位的交易流程和相关控制是否与之前通过其他程序所获得的了解一致,并确定相关控制是否得到执行。

4. 其他审计程序和信息来源

除了采用上述程序从被审计单位内部获取信息以外,如果根据职业判断认为从被审计单位外部获取的信息有助于识别重大错报风险,注册会计师应当实施其他审计程序以获取这些信息。例如,询问被审计单位聘请的外部法律顾问、专业评估师、投资顾问和财务顾问等。

阅读外部信息也可能有助于注册会计师了解被审计单位及其环境。外部信息包括证券分析师、银行、评级机构出具的有关被审计单位及其所处行业的经济或市场环境等状况的报告，贸易与经济方面的期刊，法规或金融出版物，以及政府部门或民间组织发布的行业报告和统计数据等。

需要说明的是，注册会计师了解被审计单位及其环境时，无须在每个方面都实施以上所有的风险评估程序。例如，在了解内部控制时通常不用分析程序。但是，在按照审计准则的要求对被审计单位及其环境获取了解的整个过程中，注册会计师通常会实施上述所有的风险评估程序。

（三）了解被审计单位及其环境

注册会计师了解被审计单位及其环境，目的是识别和评估财务报表重大错报风险。注册会计师应当从下列方面了解被审计单位及其环境。

1. 行业状况、法律环境与监管环境及其他外部因素

注册会计师应当了解被审计单位的行业状况，主要包括：①所处行业的市场与竞争，包括市场需求、生产能力和价格竞争；②生产经营的季节性和周期性；③与被审计单位产品相关的生产技术；④能源供应与成本；⑤行业的关键指标和统计数据。

注册会计师应当了解被审计单位所处的法律环境与监管环境，主要包括：①会计原则和行业特定惯例；②受管制行业的法规框架，包括披露要求；③对被审计单位经营活动产生重大影响的法律法规，包括直接的监管活动；④税收政策（关于企业所得税和其他税种的政策）；⑤目前对被审计单位开展经营活动产生影响的政府政策，如货币政策、财政政策、财政刺激措施、关税或贸易限制政策等；⑥影响行业和被审计单位经营活动的环保要求。

注册会计师应当了解影响被审计单位经营的其他外部因素，主要包括总体经济情况、利率、融资的可获得性、通货膨胀水平或币值变动等。

2. 被审计单位的性质

了解被审计单位的性质，主要包括：被审计单位的所有权结构、治理结构、组织结构、经营活动、投资活动、筹资活动等内容。

3. 被审计单位对会计政策的选择和运用

对被审计单位会计政策的选择和运用，注册会计师主要了解以下内容：重大和异常交易的会计处理方法；在缺乏权威性标准或共识、有争议的或新兴领域采用重要会计政策产生的影响；会计政策的变更；新颁布的财务报告准则、法律法规，以及被审计单位何时采用、如何采用这些规定。

除上述与会计政策的选择和运用相关的事项外，注册会计师还应对被审计单位下列与会计政策运用相关的情况予以关注：①是否采用激进的会计政策、方法、估计和判断；②财会人员是否拥有足够的运用会计准则的知识、经验和能力；③是否拥有足够的资源支持会计政策的运用，如人力资源及培训、信息技术的采用、数据和信息的采集等。

4. 被审计单位的目标、战略及相关经营风险

目标是企业经营活动的指针。企业管理层或治理层一般会根据企业经营面临的外部环境和内部各种因素，制定合理可行的经营目标。战略是管理层为实现经营目标采用的方法。为了实现某一既定的经营目标，企业可能有多个可行战略。经营风险是指可能对被审计单位实现目标和实施战略的能力产生不利影响的重要状况、事项、情况、作为(或不作为)所导致的风险,或由于制定不恰当的目标和战略而导致的风险。不同的企业可能面临不同的经营风险,这取决于企业经营的性质、所处行业、外部监管环境、企业的规模和复杂程度。管理层有责任识别和应对这些风险。

注册会计师应当了解被审计单位是否存在与下列方面有关的目标和战略,并考虑相应的经营风险、行业发展、业务扩张、新的会计要求、监管要求、本期及未来的融资条件、信息技术的运用、实施战略的影响,特别是由此产生的需要运用新的会计准则的影响。

经营风险与财务报表重大错报风险是既有联系又相互区别的两个概念,前者比后者范围更广。注册会计师了解被审计单位的经营风险有助于其识别财务报表重大错报风险,但并非所有的经营风险都与财务报表相关,多数经营风险最终都会产生财务后果,从而影响财务报表;而且并非所有的经营风险都会导致重大错报风险。注册会计师没有责任识别或评估对财务报表没有重大影响的经营风险。

5. 被审计单位财务业绩的衡量和评价

被审计单位管理层经常会衡量和评价关键业绩指标(包括财务的和非财务的)、预算及差异分析、分部信息和分支机构、部门或其他层次的业绩报告,以及与竞争对手的业绩比较。此外,外部机构也会衡量和评价被审计单位的财务业绩,如分析师的报告和信用评级机构的报告。注册会计师在了解被审计单位财务业绩衡量和评价情况时,应当关注下列信息:①关键业绩指标(财务的或非财务的)、关键比率,趋势和经营统计数据;②同期财务业绩比较分析;③预算、预测、差异分析,分部信息与分部、部门或其他不同层次的业绩报告;④员工业绩考核与激励性报酬政策;⑤被审计单位与竞争对手的业绩比较。

6. 被审计单位的内部控制

在风险评估过程中,审计人员需要确定被审计单位的内部控制中可能存在的薄弱环节,并且对其控制风险作出评价。由于内部控制对审计工作的重要性,注册会计师对被审计单位内部控制的了解将在下面详细介绍。

上述六项内容,第1项是被审计单位的外部环境,第2项至第4项及第6项是被审计单位的内部因素,第5项则既有外部因素也有内部因素。值得注意的是,被审计单位及其环境的各个方面可能会互相影响。例如,被审计单位的行业状况、法律环境与监管环境及其他外部因素可能影响到被审计单位的目标、战略及相关经营风险,而被审计单位的性质、目标、战略及相关经营风险可能影响到被审计单位对会计政策的选择和运用,以及内部控制的设计和执行。因此,注册会计师在对被审计单位及其环境的各个方面进行了解和评估时,应当考虑各因素之间的相互关系。

(四) 了解被审计单位内部控制

1. 内部控制的含义与目标

内部控制是被审计单位为了合理保证财务报告的可靠性、经营的效率和效果,以及对法律、法规的遵守,由治理层、管理层和其他人员设计与执行的政策及程序。

内部控制旨在合理保证财务报告的可靠性、经营的效率和效果及对法律法规的遵守。注册会计师审计的目标是对财务报表是否不存在重大错报发表审计意见,尽管要求注册会计师在财务报表审计中考虑与审计相关的内部控制,但目的并非对被审计单位内部控制的有效性发表意见。因此,注册会计师需要了解和评价的内部控制只是与财务报表审计相关的内部控制,并非被审计单位所有的内部控制。例如,被审计单位可能依靠某一复杂的自动化控制提高经营活动的效率和效果(如航空公司用于维护航班时间表的自动化控制系统),但这些控制通常与审计无关,注册会计师无须对其加以考虑。

2. 内部控制的固有局限性

内部控制无论如何有效,都只能为被审计单位实现财务报告目标提供合理保证。内部控制实现目标的可能性受其固有限制的影响。这些限制包括以下方面。

(1)在决策时人为判断可能出现错误和因人为失误而导致内部控制失效。例如,控制的设计和修改可能存在失误。同样地,控制的运行可能无效。例如,由于负责复核信息的人员不了解复核的目的或没有采取适当的措施,内部控制生成的信息(如例外报告)没有得到有效使用。

(2)控制可能由于两个或更多的人员串通或管理层不当地凌驾于内部控制之上而被规避。例如,管理层可能与客户签订"背后协议",修改标准的销售合同条款和条件,从而导致不适当的收入确认。

此外,如果被审计单位内部行使控制职能的人员素质不适应岗位要求,也会影响内部控制功能的正常发挥。被审计单位实施内部控制的成本效益问题也会影响其效能,当实施某项控制成本大于控制效果而发生损失时,就没有必要设置该控制环节或控制措施。内部控制一般都是针对经常而重复发生的业务设置的,如果出现不经常发生或未预计到的业务,原有控制就可能不适用。

注册会计师在对小型企业开展审计业务时,在识别重大错报风险时要考虑以下情况:小型被审计单位拥有的员工通常较少,限制了其职责分离的程度。但是在业主管理的小型被审计单位,业主兼经理可以实施比大型被审计单位更有效的监督,这种监督可以弥补职责分离有限的局限性。另外,由于内部控制系统较为简单,业主兼经理更有可能凌驾于控制之上。

3. 内部控制的要素

内部控制包括下列要素:控制环境、风险评估过程、与财务报告相关的信息系统与沟通、控制活动、对控制的监督。控制包括上述的一项或多项要素,或要素表现出的各个方面。

(1)控制环境包括治理职能和管理职能,以及治理层和管理层对内部控制及其重要性的态度、认识和措施。控制环境设定了被审计单位的内部控制基调,影响员工对内部控制的认识和态度。良好的控制环境是实施有效内部控制的基础。在评价控制环境的设计和实施情况时,注册会计师应当了解管理层在治理层的监督下,是否营造并保持了诚实守信和合乎道德的文化,以及是否建立了防止或发现并纠正舞弊和错误的恰当控制。

(2)风险评估过程包括被审计单位管理层识别与财务报告相关的经营风险,以及针对这些风险所采取的措施。任何经济组织在经营活动中都会面临各种各样的风险,风险对其生存和竞争能力产生影响。很多风险并不为经济组织所控制,但管理层应当确定可以承受的风险水平,识别这些风险并采取一定的应对措施。在评价被审计单位风险评估过程的设计和执行时,注册会计师应当确定管理层如何识别与财务报告相关的经营风险,如何估计该风险的重要性,如何评估风险发生的可能性,以及如何采取措施管理这些风险。如果被审计单位的风险评估过程符合其具体情况，了解被审计单位的风险评估过程和结果有助于注册会计师识别财务报表的重大错报风险。

（3）与财务报告相关的信息系统与沟通，包括用以生成、记录、处理和报告交易、事项和情况，对相关资产、负债和所有者权益履行经营管理责任的程序和记录。与财务报告相关的信息系统应当与业务流程相适应。与财务报告相关的沟通包括使员工了解各自在与财务报告有关的内部控制方面的角色和职责，员工之间的工作联系，以及向适当级别的管理层报告例外事项的方式。注册会计师应当了解与财务报告相关的信息系统（包括相关业务流程），了解被审计单位内部如何对财务报告的岗位职责及与财务报告相关的重大事项进行沟通，了解管理层与治理层（特别是审计委员会）之间的沟通，以及被审计单位与外部（包括与监管部门）的沟通。

（4）控制活动是指有助于确保管理层的指令得以执行的政策和程序。它包括与授权、业绩评价、信息处理、实物控制和职责分离等相关的活动。

① 授权。授权的目的在于保证交易在管理层授权范围内进行。授权包括一般授权和特别授权。一般授权是指管理层制定的要求组织内部遵守的普遍适用于某类交易或活动的政策。特别授权是指管理层针对特定类别的交易或活动逐一设置的授权，如重大资本支出和股票发行等。特别授权也可能用于超过一般授权限制的常规交易。

② 业绩评价。与业绩评价有关的控制活动主要包括被审计单位分析评价实际业绩与预算（或预测、前期业绩）的差异，综合分析财务数据与经营数据的内在关系，将内部数据与外部信息来源相比较，评价职能部门、分支机构或项目活动的业绩，以及对发现的异常差异或关系采取必要的调查与纠正措施。

③ 信息处理。与信息处理有关的控制活动包括信息技术的一般控制和应用控制。信息技术一般控制是指与多个应用系统有关的政策和程序，通常包括数据中心和网络运行控制，系统软件的购置、修改及维护控制，接触或访问权限控制，应用系统的购置、开发及维护控制。信息技术应用控制是指主要在业务流程层次运行的人工或自动化程序，与用于生成、记录、处理、报告交易或其他财务数据的程序相关，通常包括检查数据计算的准确性，审核账户和试算平衡表，设置对输入数据和数字序号的自动检查，以及对例外报告进行人工干预。

④ 实物控制。实物控制主要包括对资产和记录采取适当的安全保护措施，对访问计算机程序和数据文件设置授权，以及定期盘点并将盘点记录与会计记录相核对。

⑤ 职责分离。职责分离主要包括被审计单位如何将交易授权、交易记录及资产保管等职责分配给不同员工，以防范同一员工由于兼任不相容职务而可能发生的舞弊或错误。所谓不相容职务，是指由同一人办理会增加发生错误或舞弊的可能性，或者增加了发生错误或舞弊以后进行掩饰的可能性的那些职务。

通常情况下，以下不相容职务应实行职责分离：某项经济业务授权批准的职责与该项经济业务执行的职责应分离；执行某项经济业务的职责和审查该项经济业务的职责应分离；执行某项经济业务的职责与该项经济业务的记录职责应分离；保管某项财产物资的职责与该项财产物资的记录职责应分离；保管某项财产物资的职责与对该项财产物资进行清查的职责应分离；登记总账的职责与登记明细账、日记账的职责应分离。

做中学 5-4

康诺公司有以下一些工作。

(1) 批准物资采购的工作。

(2) 执行物资采购的工作。

(3) 对采购的物资进行验收的工作。

(4) 物资保管和发放的工作。

(5) 物资保管账的记录工作。

(6) 物资明细账的记录工作。

(7) 物资总分类账的记录工作。

(8) 物资的定期清查工作。

要求：上述工作中哪些是不相容职务呢？

在了解控制活动时，注册会计师应当重点考虑一项控制活动单独或连同其他控制活动，是否能够及如何防止或发现并纠正各类交易、账户余额和披露存在的重大错报。注册会计师的工作重点是识别和了解针对重大错报可能发生的领域的控制活动。如果多项控制活动能够实现同一目标，注册会计师就不必了解与该目标相关的每项控制活动。

(5) 对控制的监督是指被审计单位评价内部控制在一段时间内运行有效性的过程，该过程包括及时评价控制的设计和运行，以及根据情况的变化采取必要的纠正措施。通常，管理层通过持续的监督活动、单独的评价活动或两者相结合实现对控制的监督。注册会计师应当了解与被审计单位监督活动相关的信息来源，以及管理层认为信息具有可靠性的依据。如果拟利用被审计单位监督活动使用的信息（包括内部审计报告），注册会计师应当考虑该信息是否具有可靠的基础，是否足以实现审计目标。

内部控制的某些要素（如控制环境）更多地对被审计单位整体层面产生影响，而其他要素（如信息系统与沟通、控制活动）则可能更多地与特定业务流程相关。在实务中，注册会计师应当从被审计单位整体层面和业务流程层面分别了解和评价被审计单位的内部控制。

4. 在整体层面和业务流程层面了解内部控制

整体层面的控制（包括对管理层凌驾于内部控制之上的控制）和信息技术一般控制通常在所有业务活动中普遍存在。整体层面的控制对内部控制在所有业务流程得到严格的设计和执行具有重要影响。整体层面的控制较差甚至可能使最好的业务流程层面控制失效。例如，被审计单位可能有一个有效的采购系统，但如果会计人员不胜任，仍然会发生大量错误，且其中一些错误可能导致财务报表存在重大错报。而且，管理层凌驾于内部控制之上也是不好的公司行为中的普遍问题。

在初步计划审计工作时，注册会计师需要确定在被审计单位财务报表中可能存在重大错报风险的重大账户及其相关认定。为实现此目的，通常采取下列步骤。

(1) 确定被审计单位的重要业务流程和重要交易类别。在实务中，将被审计单位的整个经营活动划分为几个重要的业务循环，有助于注册会计师更有效地了解和评估重要业务流程及相关控制。通常，对制造业企业，可以划分为销售与收款循环、采购与付款循环、生产与存货循环、人力资源与工薪循环、投资与筹资循环等。重要交易类别是指可能对被审计单位财务报表产生重大影响的各类交易。重要交易类别应与相关账户及其认定相联系。例如，对于一般制造业企业,销售收入和应收账款通常是重大账户,销售和收款都是重要交易类别。

(2) 了解重要交易流程,并记录获得的了解。在确定重要的业务流程和交易类别后,注册会计师要了解每一类重要交易在信息技术或人工系统中生成、记录、处理及在财务报表中报告的程序,即重要交易流程。这是确定在哪个环节或哪些环节可能发生错报的基础。例如,在销售循环中,注册会计师了解重要交易相关流程包括输入销售订单、编制货运单据和发票、更新应收账款信息记录等活动。

(3) 确定可能发生错报的环节。注册会计师需要确认和了解被审计单位应在哪些环节设置控制,以防止或发现并纠正各重要业务流程可能发生的错报。注册会计师所关注的控制,是那些能通过防止错报的发生,或者通过发现和纠正已有错报,从而确保每个流程中业务活动的具体流程能够顺利运转的人工或自动化控制程序。

(4) 识别和了解相关控制。通过对被审计单位的了解,包括在被审计单位整体层面对内部控制各要素的了解,以及在上述程序中对重要业务流程的了解,注册会计师可以确定是否有必要进一步了解在业务流程层面的控制。在某些情况下,注册会计师之前的了解可能表明被审计单位在业务流程层面针对某些重要交易流程所设计的控制是无效的,或者注册会计师并不打算信赖控制,这时注册会计师没有必要进一步了解在业务流程层面的控制。如果注册会计师计划对业务流程层面的有关控制进行进一步的了解和评价,那么针对业务流程中容易发生错报的环节,注册会计师应当确定:①被审计单位是否建立了有效的控制,以防止或发现并纠正这些错报;②被审计单位是否遗漏了必要的控制;③是否识别了可以最有效测试的控制。

(5) 执行穿行测试,证实对交易流程和相关控制的了解。为了解各类重要交易在业务流程中发生、处理和记录的过程,注册会计师通常采用的审计程序包括:询问被审计单位人员、观察特定控制的运用、检查文件和报告、执行穿行测试。穿行测试指在风险管理中,在正常运行条件下,将初始数据输入内控流程,穿越全流程和所有关键环节,把运行结果与设计要求对比,以发现内控流程缺陷的审计程序。执行穿行测试可获得下列方面的证据:①确认对业务流程的了解;②确认对重要交易的了解是完整的,即在交易流程中所有与财务报表认定相关的可能发生错报的环节都已识别;③确认所获取的有关流程中的控制信息的准确性;④评估控制设计的有效性;⑤确认控制是否得到执行;⑥确认之前所做的书面记录的准确性。需要注意的是,如果不拟信赖控制,注册会计师仍需执行适当的审计程序,以确认以前对业务流程及可能发生错报环节了解的准确性和完整性。

(6) 进行初步评价和风险评估。在识别和了解控制后,根据执行上述程序及获取的审计证据,注册会计师需要评价控制设计的合理性并确定其是否得到执行。注册会计师对控制的评价结论可能是:①所设计的控制单独或连同其他控制能够防止或发现并纠正重大错报,并得到执行;②控制本身的设计是合理的,但没有得到执行;③控制本身的设计就是无效的或缺乏必要的控制。对控制的了解和评价是在穿行测试完成后但又在测试控制运行有效性之前进行的,因此,上述评价结论只是初步结论,仍可能随控制测试后实施实质性程序的结果而发生变化。除非存在某些可以使控制得到一贯运行的自动化控制,注册会计师对控制的了解和评价并不能够代替对控制运行有效性的测试。

（五）项目组内部的讨论

项目组内部的讨论在所有业务阶段都非常必要,可以保证所有事项得到恰当的考虑。项目合伙人和项目组其他关键成员应当讨论被审计单位财务报表存在重大错报的可能性,以及如何根据被审计单位的具体情况运用适用的财务报告编制基础。作为项目组内部讨论的一部分,考虑适用的财务报告编制基础中的披露要求,有助于注册会计师在审计工作的早期识别可能存在的与披露相关的重大错报风险领域。

项目组内部就财务报表发生重大错报的可能性进行的讨论可以达到下列目的。

（1）使经验较丰富的项目组成员（包括项目合伙人）有机会分享其根据对被审计单位的了解形成的见解。

（2）使项目组成员可以交流与被审计单位面临的经营风险、财务报表容易发生错报的领域,以及发生错报的方式相关的信息。

（3）帮助项目组成员更好地了解在各自负责的领域中,由于舞弊或错误导致财务报表重大错报的可能性,并了解各自实施审计程序的结果如何影响审计的其他方面,包括对确定进一步审计程序的性质、时间安排和范围的影响。

（4）为项目组成员交流和分享在审计过程中获取的新信息提供基础,这些信息可能影响重大错报风险的评估或应对这些风险的审计程序。

讨论的内容和范围受项目组成员的职位、经验和所需要的信息的影响。可能涉及的主要领域和可能涉及的信息见表 5-2。

表 5-2　项目组讨论内容示例

讨论的目的	讨论的内容
分享了解的信息	（1）被审计单位的性质。管理层对内部控制的态度,从以往审计业务中获得的经验、重大经营风险因素。 （2）已了解的被审计单位的外部和内部舞弊因素。可能为管理层或其他人员实施下列行为提供动机或压力: ① 实施舞弊; ② 为实施构成犯罪的舞弊提供机会; ③ 利用企业文化或环境,寻找使舞弊行为合理化的理由; ④ 侵占资产（考虑管理层对接触现金或其他易被侵占资产的员工实施监督的情况）。 （3）确定财务报表哪些项目易于发生重大错报,表明管理层倾向于高估或低估收入的迹象
分享审计思路和方法	（1）管理层可能如何编报和隐藏虚假财务报告,如管理层凌驾于内部控制之上。根据对识别的舞弊风险因素的评估,设想可能的舞弊场景对审计很有帮助。例如,销售经理可能通过高估收入实现达到奖励水平的目的。这可能通过修改收入确认政策或进行不恰当的收入截止来实现。 （2）出于个人目的侵占或挪用被审计单位的资产行为如何发生。 （3）考虑: ① 管理层进行高估或低估账目的方法,包括对准备和估计进行操纵及变更会计政策等; ② 用于应对评估风险可能的审计程序

续表

讨论的目的	讨论的内容
为项目组指明 审计方向	（1）强调在审计过程中保持职业怀疑态度的重要性。不应将管理层当成完全诚实，也不应将其作为罪犯对待。 （2）列示表明可能存在舞弊可能性的迹象。例如： ① 识别警示信号（红旗），并于以追踪； ② 一个不重要的金额（如增长的费用）可能表明存在很大的问题，如管理层诚信。 （3）决定如何增加拟实施审计程序的性质、时间安排和范围的不可预见性。 （4）总体考虑：每个项目组成员拟执行的审计工作部分，需要的审计方法，特殊考虑、时间、记录要求，如果出现问题应联系的人员，审计工作底稿复核，以及其他预期事项。 （5）强调对表明管理层不诚实的迹象保持警觉的重要性

三、评估重大错报风险

评估重大错报风险是风险评估阶段的最后一个步骤。获取的关于风险因素和控制对相关风险的抵消信息（通过实施风险评估程序），通常将全部用于对财务报表层次，以及各类交易、账户余额和披露认定层次评估重大错报风险。

在评估重大错报风险时，注册会计师应当实施下列审计程序。

（1）在了解被审计单位及其环境（包括与风险相关的控制）的整个过程中，结合对财务报表中各类交易、账户余额和披露（包括定量披露和定性披露）的考虑识别风险。例如，被审计单位因相关环境法规的实施需要更新设备，可能面临原有设备闲置或贬值的风险；宏观经济的低迷可能预示应收账款的回收存在问题；竞争者开发的新产品上市，可能导致被审计单位的主要产品在短期内过时，预示将出现存货跌价和长期资产（如固定资产等）的减值。

（2）结合对拟测试的相关控制的考虑，将识别出的风险与认定层次可能发生错报的领域相联系。例如，销售困难使产品的市场价格下降，可能导致年末存货成本高于其可变现净值而需要计提存货跌价准备，这显示存货的计价认定可能发生错报。

（3）评估识别出的风险，并评价其是否更广泛地与财务报表整体相关，进而潜在地影响多项认定。

（4）考虑发生错报的可能性（包括发生多项错报的可能性），以及潜在错报的重大程度是否足以导致重大错报。

注册会计师应当利用实施风险评估程序获取的信息，包括在评价控制设计和确定其是否得到执行时获取的审计证据，作为支持风险评估结果的审计证据。

评估重大错报风险与了解被审计单位及其环境一样，也是一个连续和动态地收集、更新与分析信息的过程，贯穿于整个审计过程的始终。

任务指导

风险评估是报表审计的必要程序，通过实施风险评估可以帮助审计人员确定下一步实施审计程序的性质、时间安排和范围，为以后的审计工作指明方向，从而提高报表审计的效率和质量。风险评估工作实施的基本流程可见图 5-1。

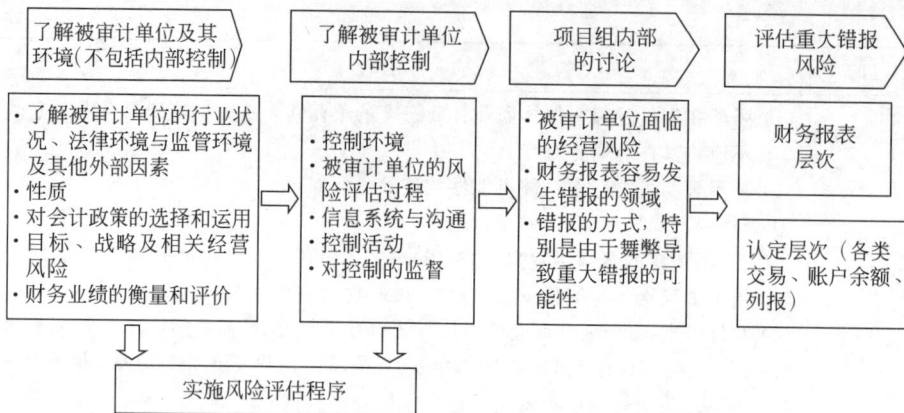

图 5-1　风险评估工作实施的基本流程

　　信诚会计师事务所审计人员在对康诺公司财务报表审计过程中,查阅了康诺公司相关业务数据,了解了其所在行业的市场供求与竞争、生产经营的季节性和周期性、产品生产技术的变化、材料供应与成本、行业的关键指标和统计数据、法律监管环境等内容,完成了被审计单位业务、主要会计政策、会计估计调查表、执行财务报表风险评估分析性程序底稿的编制。

　　审计人员对康诺公司总经理、财务部、销售部等部门相关负责人进行了访谈,通过访谈了解到公司根据《企业内部控制基本规范》及其配套指引的规定制定了公司的内控管理制度。审计人员查阅了有关资料并通过观察、穿行测试等方法掌握了公司内部控制的整体情况。通过了解,审计人员认为康诺公司报表层次重大错报风险评估为低水平。

任务附注

　　5-1-1　了解被审计单位业务工作底稿
　　5-1-2　了解被审计单位整体层面内部控制工作底稿

了解被审计单位业务工作底稿　　　　了解被审计单位整体层面内部控制工作底稿

思政小课堂

审计方法的演进

子任务 5.2　应 对 风 险

任务要求

注册会计师李立在对康诺公司的内外部经营环境进行了全面了解并与审计小组成员进行充分讨论后,对康诺公司财务报表层次及各类交易、账户余额和披露认定层次的重大错报风险有了初步的评估。下一步,李立及其团队需要确定应对风险的措施。如何根据风险评估的结果,设计和实施进一步审计程序来应对审计工作中面临的重大错报风险呢?

知识准备

注册会计师通过实施风险评估程序,识别和评估财务报表层次,以及各类交易、账户余额、列报认定层次的重大错报风险后,应针对已评估的财务报表层次重大错报风险,确定总体应对措施;针对评估的认定层次重大错报风险设计和实施进一步审计程序。

一、针对风险的总体应对措施

注册会计师应当针对评估的财务报表层次重大错报风险确定下列总体应对措施。

(1) 向项目组强调在收集和评价审计证据过程中保持职业怀疑态度的必要性。

(2) 分派更有经验或具有特殊技能的审计人员,或利用专家的工作。由于各行业在经营业务、经营风险、财务报告、法规要求等方面具有特殊性,审计人员的专业分工细化成为一种趋势。审计项目组成员中应有一定比例的人员曾经参与过被审计单位以前年度的审计,或具有被审计单位所处特定行业的相关审计经验。必要时,要考虑利用信息技术、税务、评估、精算师等方面的专家的工作。

(3) 提供更多的督导。对于财务报表层次重大错报风险较高的审计项目,项目组的高级别成员,如项目负责人、项目经理等经验较丰富的人员,要对其他成员提供更详细、更经常、更及时的指导和监督并加强项目质量复核。

(4) 在选择进一步审计程序时,应当注意使某些程序不被管理层预见或事先了解。在设计拟实施审计程序的性质、时间安排和范围时,为了避免既定思维对审计方案的限制,避免对审计效果的人为干涉,从而使得针对重大错报风险的进一步审计程序更加有效,注册会计师要考虑使某些程序不被被审计单位管理层预见或事先了解。比如,可以调整实施审计程序的时间、采取不同的审计抽样方法、选取不同的地点实施审计程序等方式提高审计程序的不可预见性。

(5) 对拟实施审计程序的性质、时间安排和范围作出总体修改。财务报表层次的重大错报风险很可能源于薄弱的控制环境。注册会计师对控制环境的了解也影响其对财务报表层次重大错报风险的评估。有效的控制环境可以使注册会计师增强对内部控制和被审计单位内部产生的证据的信赖程度。如果控制环境存在缺陷,注册会计师在对拟实施审计程序的性质、时间安排和范围作出总体修改时应当考虑以下几方面。

① 在期末而非期中实施更多的审计程序。控制环境的缺陷通常会削弱期中获得的审计证据的可信赖程度。

② 主要依赖实质性程序获取审计证据。良好的控制环境是其他控制要素发挥作用的基础。控制环境存在缺陷通常会削弱其他控制要素的作用,导致注册会计师可能无法信赖内部控制,而主要依赖实施实质性程序获取审计证据。

③ 增加拟纳入审计范围的经营地点的数量。

二、进一步审计程序的总体方案

财务报表层次重大错报风险难以限于某类交易、账户余额、列报的特点,意味着此类风险可能对财务报表的多项认定产生广泛影响,并相应增加注册会计师对认定层次重大错报风险的评估难度。因此,注册会计师评估的财务报表层次重大错报风险及采取的总体应对措施,对拟实施进一步审计程序的总体方案具有重大影响。拟实施进一步审计程序的总体方案包括实质性方案和综合性方案。其中,实质性方案是指注册会计师实施的进一步审计程序以实质性程序为主;综合性方案是指注册会计师在实施进一步审计程序时,将控制测试与实质性程序结合使用。当评估的财务报表层次重大错报风险属于高风险水平时,拟实施进一步审计程序的总体方案往往更倾向于实质性方案。

三、实施进一步审计程序

进一步审计程序相对风险评估程序而言,是指注册会计师针对评估的各类交易、账户余额、列报认定层次重大错报风险实施的审计程序,包括控制测试和实质性程序。

(一)控制测试

1. 控制测试的含义

控制测试指的是测试控制运行有效性的审计程序,这一概念需要与"了解内部控制"进行区分。"了解内部控制"包含两层含义:一是评价控制的设计;二是确定控制是否得到执行。测试控制运行的有效性与确定控制是否得到执行所需获取的审计证据是不同的。

在实施风险评估程序以获取控制是否得到执行的审计证据时,注册会计师应当确定某项控制是否存在,被审计单位是否正在使用。

在测试控制运行的有效性时,注册会计师应当从下列方面获取关于控制是否有效运行的审计证据:①控制在所审计期间的不同时点是如何运行的;②控制是否得到一贯执行;③控制由谁执行;④控制以何种方式运行(如人工控制或自动化控制)。从这四个方面来看,控制运行有效性强调的是控制能够在各个不同时点按照既定设计得以一贯执行。因此,在了解控制是否得到执行时,注册会计师只需抽取少量的交易进行检查或观察某几个时点。但在测试控制运行的有效性时,注册会计师需要抽取足够数量的交易进行检查或对多个不同时点进行观察。

测试控制运行的有效性与确定控制是否得到执行所需获取的审计证据虽然存在差异,但两者也有联系。为评价控制设计和确定控制是否得到执行而实施的程序也可以提供有关控制运行有效性的审计证据。因此,注册会计师可以考虑在评价控制设计和获取其得到执行的审计证据的同时测试控制运行有效性,以提高审计效率。

2. 控制测试的要求

作为进一步审计程序的类型之一,控制测试并非在任何情况下都需要实施。有时,注册会计师也可能认为控制是无效的,包括控制本身设计不合理,不能实现控制目标,或者尽管控制设计合理,但没有得到执行。这时,注册会计师不需要测试控制运行的有效性,而直接实施实质性程序。

当存在下列情形之一时,注册会计师应当实施控制测试:①在评估认定层次重大错报风险时,预期控制的运行是有效的;②仅实施实质性程序不足以提供认定层次充分、适当的审计证据。

注册会计师通过实施风险评估程序,可能发现某项控制的设计是存在的,也是合理的,同时得到了执行。如果再通过控制测试证明相关控制在不同时点都得到了一贯执行,那么与该项控制有关的财务报表认定发生重大错报的可能性就不会很大,也就不需要实施很多的实质性程序。出于成本效益的考虑,注册会计师会认为值得对相关控制实施控制测试。因此,只有认为控制设计合理、能够防止或发现和纠正认定层次的重大错报,注册会计师才有必要对控制运行的有效性实施测试。

有时,对有些重大错报风险,注册会计师仅通过实质性程序无法获取充分适当的审计证据。例如,在被审计单位对日常交易或与财务报表相关的其他数据采用高度自动化处理的情况下,审计证据可能仅以电子形式存在,此时审计证据是否充分和适当通常取决于自动化信息系统相关控制的有效性。在认为仅通过实施实质性程序不能获取充分、适当的审计证据的情况下,注册会计师必须实施控制测试,且这种测试已经不再是单纯出于成本效益的考虑,而是必须获取的一类审计证据。

3. 控制测试的性质

控制测试的性质是指控制测试所使用的审计程序的类型及其组合。注册会计师应当选择适当类型的审计程序以获取有关控制运行有效性的保证。虽然控制测试与了解内部控制的目的不同,但两者采用审计程序的类型大体相同,包括询问、观察、检查和穿行测试。此外,控制测试的程序还包括重新执行。

(1)询问。注册会计师可以向被审计单位适当员工询问,获取与内部控制运行情况相关的信息。例如,向负责复核银行存款余额调节表的人员询问如何进行复核,包括复核的要点是什么、发现不符事项如何处理等。虽然询问是一种有用的手段,但它必须和其他测试手段结合使用才能发挥作用,注册会计师通常需要印证被询问者的答复。在询问过程中,注册会计师应当保持职业怀疑态度。

(2)观察。观察是测试不留下书面记录的控制(如职责分离)的运行情况的有效方法,如观察存货盘点控制的执行情况。观察也可运用于实物控制,如查看仓库门是否锁好,或空白支票是否妥善保管。通常情况下,注册会计师通过观察直接获取的证据比间接获取的证据更可靠。

(3)检查。对运行情况留有书面证据的控制,检查非常适用。书面说明、复核时留下的记号,都可以被当作控制运行情况的证据。

(4)重新执行。通常只有当询问、观察和检查程序结合在一起仍无法获得充分的证据时,注册会计师才考虑通过重新执行来证实控制是否有效运行。例如,被审计单位的一项控制要求复核人员核对销售发票上的价格与统一价格单上的价格是否一致。要检查复核人员有没有认真执行核对,仅仅检查复核人员是否在相关文件上签字是不够的,注册会计师还需要自己选取一部分销售发票进行核对,这就是重新执行程序。

(5) 穿行测试。除了上述四类控制测试常用的审计程序以外,实施穿行测试也是一种重要的审计程序。穿行测试更多地在了解内部控制时运用。但在执行穿行测试时,注册会计师可能获取部分控制运行有效性的审计证据。

以上的审计的程序结合使用会有更好的效果。询问本身并不足以测试控制运行的有效性,注册会计师应将询问与其他审计程序结合使用,以获取有关控制运行有效性的审计证据。观察提供的证据仅限于观察发生的时点,本身也不足以测试控制运行的有效性;将询问与检查或重新执行结合使用,通常能够比仅实施询问和观察获取更高的保证。

4. 控制测试的时间

控制测试的时间包含两层含义:一是何时实施控制测试;二是测试所针对的控制适用的时点或期间。一个基本的原理是,如果测试特定时点的控制,注册会计师仅得到该时点控制运行有效性的审计证据;如果测试某一期间的控制,注册会计师可获取控制在该期间有效运行的审计证据,即测试相关控制在所有相关时点都运行有效的审计证据。因此,注册会计师应当根据控制测试的目的确定控制测试的时间,并确定拟信赖的相关控制的时点或期间。

5. 控制测试的范围

控制测试的范围主要是指某项控制活动的测试次数。当针对控制运行的有效性需要获取更具说服力的审计证据时,可能需要扩大控制测试的范围。在确定控制测试的范围时,除考虑对控制的信赖程度外,注册会计师还可能考虑以下因素。

(1) 在拟信赖期间,被审计单位执行控制的频率。控制执行的频率越高,控制测试的范围越大。

(2) 在所审计期间,注册会计师拟信赖控制运行有效性的时间长度。拟信赖控制运行有效性的时间长度不同,在该时间长度内发生的控制活动次数也不同。注册会计师需要根据拟信赖控制的时间长度确定控制测试的范围。拟信赖期间越长,控制测试的范围越大。

(3) 控制的预期偏差。预期偏差可以用控制未得到执行的预期次数占控制应当得到执行次数的比率加以衡量(也可称为预期偏差率)。考虑该因素,是因为在考虑测试结果是否可以得出控制运行有效性的结论时,不可能只要出现任何控制执行偏差就认定控制运行无效,所以需要确定一个合理水平的预期偏差率。控制的预期偏差率越高,需要实施控制测试的范围越大。如果控制的预期偏差率过高,注册会计师应当考虑控制可能不足以将认定层次的重大错报风险降至可接受的低水平,从而针对某一认定实施的控制测试可能是无效的。

(4) 通过测试与认定相关的其他控制获取的审计证据的范围。针对同一认定,可能存在不同的控制。当针对其他控制获取审计证据的充分性和适当性较高时,测试该控制的范围可适当缩小。

(5) 拟获取的有关认定层次控制运行有效性的审计证据的相关性和可靠性。如拟获取的有关证据的相关性和可靠性较高,测试该控制的范围可适当缩小。

（二）实质性程序

1. 实质性程序的含义

实质性程序是指注册会计师针对评估的重大错报风险实施的直接用以发现认定层次重大错报的审计程序。注册会计师应当针对评估的重大错报风险设计和实施实质性程序，以发现认定层次的重大错报。

注册会计师实施的实质性程序应当包括下列与财务报表编制完成阶段相关的审计程序。

（1）将财务报表与其所依据的会计记录相核对或调节。

（2）检查财务报表编制过程中作出的重大会计分录和其他会计调整。

由于注册会计师对重大错报风险的评估是一种判断，可能无法充分识别所有的重大错报风险，并且由于内部控制存在固有局限性，无论评估的重大错报风险结果如何，注册会计师都应当针对所有重大的各类交易、账户余额、列报实施实质性程序。

2. 实质性程序的性质

实质性程序的性质，是指实质性程序的类型及其组合。实质性程序包括细节测试和实质性分析程序。

（1）细节测试是对各类交易、账户余额、列报的具体细节进行测试，目的在于直接识别财务报表认定是否存在错报。细节测试被用于获取与某些认定相关的审计证据，如存在、准确性、计价等。

（2）实质性分析程序从技术特征上仍然是分析程序，主要是通过研究数据间关系评价信息，只是将该技术方法用作实质性程序，即用以识别各类交易、账户余额、列报及相关认定是否存在错报。

细节测试和实质性分析程序的目的、技术手段存在一定差异，因此各自有不同的适用领域。注册会计师应当根据各类交易、账户余额、列报的性质选择实质性程序的类型。细节测试适用于对各类交易、账户余额、列报认定的测试，尤其是对存在或发生、计价认定的测试；对在一段时期内存在可预期关系的大量交易，注册会计师可以考虑实施实质性分析程序。

3. 实质性程序的时间

实质性程序的时间选择与控制测试的时间选择有共同点，也有很大差异。共同点在于：两类程序都面临着对期中审计证据和对以前审计获取的审计证据的考虑。两者的差异如下。

（1）在控制测试中，期中实施控制测试并获取期中关于控制运行有效性审计证据的做法更具有一种"常态"；而由于实质性程序的目的在于更直接地发现重大错报，在期中实施实质性程序时更需要考虑其成本效益的权衡。

（2）在本期控制测试中拟信赖以前审计获取的有关控制运行有效性的审计证据，已经受到了很大的限制；而对于以前审计中通过实质性程序获取的审计证据，则采取了更加慎重的态度和更严格的限制。

4. 实质性程序的范围

评估的认定层次重大错报风险和实施控制测试的结果是注册会计师在确定实质性程序

的范围时的重要考虑因素。因此,在确定实质性程序的范围时,注册会计师应当考虑评估的认定层次重大错报风险和实施控制测试的结果。注册会计师评估的认定层次的重大错报风险越高,需要实施实质性程序的范围越广。如果对控制测试结果不满意,注册会计师应当考虑扩大实质性程序的范围。

做中学 5-5

以下是注册会计师对康诺公司报表审计拟采取的审计程序。

(1) 函证所有银行存款账户余额。

(2) 盘点库存现金,并倒挤出期末截止日库存现金的真正余额。

(3) 抽取大额现金支票存根,检查是否都经签字批准。

(4) 检查银行存款收支是否按规定的程序和权限办理。

(5) 对银行存款实施分析程序。

(6) 取得银行存款余额调节表并检查未达账项的真实性。

(7) 检查银行存款收支的正确截止。

(8) 检查是否定期取得银行对账单并编制银行存款调节表。

(9) 检查出纳和会计的职责是否分离。

(10) 银行存款的日记账与总账核对相符。

要求:指出这些审计程序哪些属于控制测试,哪些属于实质性程序。

任务指导

在应对重大错报风险时,审计人员可以通过确定总体应对措施来应对已评估的财务报表层次重大错报风险;通过进一步审计程序来应对评估的认定层次重大错报风险。其中又以进一步审计程序的设计更为重要。拟实施进一步审计程序的总体方案又可分为综合性方案和实质性方案,可根据被审计单位的具体情况进行选择。

从康诺公司的报表审计业务来看,康诺公司虽是初次审计,但企业发展内外部环境良好,除个别业务外,报表整体重大错报风险不大。因此,康诺公司报表审计的进一步审计程序可选择综合性方案,即实施进一步审计程序时,将控制测试与实质性程序结合使用以降低审计的成本,提高工作效率。

任务附注

风险评估与应对程序表

风险评估与应对程序表

思政小课堂

银广夏舞弊与风险导向审计

同 步 练 习

一、单项选择题

1. 在审计风险要素中,( )是客观存在的,审计人员无法改变。

 A. 审计风险
 B. 检查风险
 C. 重大错报风险
 D. 被审计单位的经营风险

2. 重要性与审计风险之间( )。

 A. 呈同向变动 B. 呈反向变动 C. 呈比例关系 D. 不存在关系

3. 在特定的审计风险水平下,检查风险与重大错报风险之间的关系是( )。

 A. 呈同向变动 B. 呈反向变动 C. 呈比例关系 D. 不存在关系

4. 如果审计人员可接受的审计风险为 5%,固有风险估计为 80%,控制风险估计为 50%,则检查风险的可接受水平为( )。

 A. 10% B. 12.5% C. 20% D. 30%

5. ( )是指某一认定存在错报,该错报单独或连同其他错报是重大的,但审计人员未能发现这种错报的可能性。

 A. 重大错报风险 B. 检查风险 C. 非抽样风险 D. 抽样风险

6. 下列不属于内部控制要素的是( )。

 A. 控制风险 B. 控制活动 C. 对控制的监督 D. 控制环境

7. 下列职务中,不属于不相容职务的是( )。

 A. 授权业务与执行业务
 B. 记录业务与审核业务
 C. 记录资产与保管资产
 D. 授权业务与审核业务

8. 在测试控制运行的有效性时,下列审计程序中可能无法实现这一目的的是( )。

 A. 询问员工执行控制活动的情况
 B. 使用高度汇总的数据实施分析程序
 C. 观察员工执行的控制活动
 D. 检查文件和记录

9. 在对重大错报风险进行评价后,注册会计师确定可接受的检查风险水平为低水平,则选择实质性程序的策略应为( )。

 A. 以分析程序为主
 B. 以控制测试为主

    C. 以细节测试为主   D. 以分析程序和细节测试为主

10. 下列业务属于不相容职务的是( )。

    A. 经理和董事长   B. 采购员与供销科长

    C. 保管员与车间主任   D. 记录日记账和总账的人员

11. 注册会计师了解被审计单位及其环境的目的是( )。

    A. 进行风险评估程序   B. 收集充分适当的审计证据

    C. 识别和评估财务报表重大错报风险   D. 控制检查风险

12. 下列关于认定层次风险的说法正确的是( )。

    A. 通常与控制环境有关

    B. 当评估为高风险时,拟实施进一步审计程序的总体方案往往更倾向于实质性方案

    C. 可以界定于某类交易、账户余额、列报的具体认定,通常实施的审计程序包括控制测试和实质性程序

    D. 可能影响多项认定

13. 了解重要内部控制时,不应实施的程序是( )。

    A. 询问被审计单位的有关人员,并查阅相关内部控制文件

    B. 检查内部控制生成的文件和记录

    C. 选择若干具有代表性的交易和事项进行穿行测试

    D. 重新执行被审计单位的重要内部控制

14. 下列说法正确的是( )。

    A. 内部控制可以对财务报告的可靠性提供合理的保证,也可以提供绝对的保证

    B. 在了解被审计单位的内部控制时,只需关注控制的设计

    C. 在了解被审计单位的内部控制时,只需关注控制的执行

    D. 在某些情况下,仅通过实施实质性程序不能获取充分、适当的审计证据时,注册会计师应当实施控制测试

15. 实质性程序的类型包括( )。

    A. 控制测试和细节测试   B. 控制测试和实质性测试

    C. 细节测试和实质性分析程序   D. 控制测试和实质性分析程序

16. 下列属于控制测试常用的审计程序有( )。

    A. 询问、观察、检查、穿行测试和重新执行

    B. 询问、观察、检查、重新执行和重新计算

    C. 观察、检查、穿行测试、重新执行和函证

    D. 询问、观察、检查、穿行测试和分析程序

17. 提高审计程序的不可预见性是注册会计师应对财务报表层次重大错报风险的重要措施。但在实务中,注册会计师不可以通过( )方式提高审计程序的不可预见性。

    A. 调整实施审计程序的时间,使被审计单位不可预期

    B. 调整实施审计程序的人员,由助理人员担任关键项目的审计工作

    C. 采取不同的审计抽样方法,使当期抽取的测试样本与以前有所不同

    D. 选取不同的地点实施审计程序,或预先不告知被审计单位所选定的测试地点

18. 注册会计师拟对 H 公司与借款活动相关的内部控制进行测试,下列程序中不属于控制测试程序的是(　　)。

A. 索取借款的授权批准文件,检查批准的权限是否恰当、手续是否齐全

B. 观察借款业务的职责分工,并将职责分工的有关情况记录于审计工作底稿中

C. 抽取借款明细账的部分会计记录,按原始凭证到明细账再到总账的顺序核对有关数据和情况,判断其会计处理工作流程是否合规

D. 计算短期借款,长期借款在各个月份的平均余额,选取适用的利率匡算利息支出总额,并与财务费用等项目的相关记录核对

19. 下列各项中,属于内部控制中控制活动内容的是(　　)。

A. 人事政策　　　　B. 组织结构设置　　　C. 风险评估　　　　D. 实物控制

20. 下列各项中,属于认定层次重大错报风险的是(　　)。

A. 被审计单位治理层和管理层不重视内部控制

B. 被审计单位管理层凌驾于内部控制之上

C. 被审计单位大额应收账款可收回性具有高度不确定性

D. 被审计单位所处行业陷入严重衰退

二、多项选择题

1. 下列(　　)事项表明被审计单位可能存在重大错报风险。

A. 复杂的联营或合资　　　　　　　　B. 在高度波动的市场开展业务

C. 存在未决诉讼　　　　　　　　　　D. 重大的关联方交易

2. 下列说法正确的是(　　)。

A. 重要性水平越高,审计风险越低

B. 重要性水平越低,应当获取的审计证据越多

C. 样本量越大,抽样风险越大

D. 可容忍误差越小,需选取的样本量越大

3. 对于特定被审计单位而言,审计风险和审计证据之间的关系表述正确的有(　　)。

A. 要求的审计风险越低,所需的审计证据量就越多

B. 要求的检查风险越高,所需的审计证据量就越少

C. 评估的重大错报风险越低,所需的审计证据量就越少

D. 评估的重大错报风险越低,所需的审计证据量就越多

4. 审计风险构成要素包括(　　)。

A. 审计风险　　　　　B. 检查风险　　　　C. 重大错报风险　　D. 抽样风险

5. 审计人员需要获取的审计证据的数量受错报风险的影响,下列表述中错误的是(　　)。

A. 评估的错报风险越高,则可接受的检查风险越低,需要的审计证据可能越多

B. 评估的错报风险越高,则可接受的检查风险越高,需要的审计证据可能越少

C. 评估的错报风险越低,则可接受的检查风险越低,需要的审计证据可能越少

D. 评估的错报风险越低,则可接受的检查风险越高,需要的审计证据可能越多

6. 下列属于针对财务报表层次重大错报风险的总体应对措施的是(　　)。

A. 提供更多的督导

B. 向项目组强调在收集和评价审计过程中保持职业怀疑态度

C. 选择实质性方案实施进一步审计程序

D. 只在期末实施实质性程序

7. 了解被审计单位及其环境时,注册会计师可能实施的风险评估程序有(   )。

   A. 询问被审计单位管理层和内部其他人员

   B. 实地察看被审计单位生产经营场所和设备

   C. 检查文件、记录和内部控制手册

   D. 实施分析程序

8. 在测试控制运行的有效性时,注册会计师应当获取的审计证据有(   )。

   A. 控制在所审计期间不同时点是如何运行的

   B. 控制是否得到一贯执行

   C. 控制由谁执行

   D. 控制以何种方式运行

9. 下列关于进一步审计程序的表述中,正确的是(   )。

   A. 进一步审计程序的类型包括检查、观察、询问、函证、重新计算、重新执行和分析程序

   B. 注册会计师计划的进一步审计程序可以分为进一步审计程序的总体方案和拟实施的具体审计程序两个层次

   C. 确定的重要性水平越低,注册会计师实施进一步审计程序的范围越广

   D. 进一步审计程序属于总体审计策略

10. 下列各项审计程序,必须执行的是(   )。

   A. 了解被审计单位的基本情况   B. 控制测试

   C. 实质性程序   D. 风险评估程序

11. 关于内部控制的目标,下列表述正确的是(   )。

   A. 合理保证财务报告的可靠性

   B. 绝对保证财务报告的可靠性

   C. 合理保证经济有效地使用企业资源

   D. 合理保证在法律法规的框架下从事经营活动

12. 审计人员实施控制测试的情形不包括(   )。

   A. 在评估认定层次重大错报风险时,预期控制的运行是有效的

   B. 仅实施实质性程序不足以提供认定层次充分、适当的审计证据

   C. 在评估财务报表层次重大错报风险时,预期控制的运行是有效的

   D. 仅实施实质性程序不足以提供内部控制有效运行的充分、适当的审计证据

13. 下面有关了解被审计单位内部控制的提法正确的是(   )。

   A. 注册会计师通过了解确定控制设计不当,就不需要再考虑控制是否得到执行

   B. 注册会计师可使用询问程序来获得其设计的证据及确定其是否得到执行

   C. 注册会计师需要了解和评价的内部控制只是与财务报表审计相关的内部控制,并非被审计单位所有的内部控制

   D. 穿行测试既可获得其设计的证据也可确定其是否得到执行

14. 在识别和评估重大错报风险时,审计人员可能实施的审计程序有(   )。

   A. 识别公司的所有经营风险

B. 考虑识别的错报风险是否重大

C. 将识别的错报风险与认定层次可能发生错报的领域相联系

D. 考虑识别的错报风险导致财务报表发生重大错报的可能性

15. 进一步审计程序是指注册会计师针对评估的各类交易、账户余额、列报认定层次重大错报风险实施的审计程序,包括(　　　　)。

A. 控制测试　　　　B. 实质性程序　　　　C. 分析程序　　　　D. 综合性程序

三、判断题(正确的打"√",错误的打"×")

1. 审计风险与合理保证之和等于 100%,如果审计人员将审计风险降到可接受的低水平,则对财务报表不存在重大错报获取了合理保证。　　　　　　　　　　　　　　(　　　)

2. 控制测试是指审计人员针对评估的重大错报风险实施的直接用以发现认定层次重大错报的审计程序。　　　　　　　　　　　　　　　　　　　　　　　　　　　　(　　　)

3. 当评估的财务报表层次重大错报风险属于高水平时,拟实施进一步审计程序的总体方案往往更倾向于实质性方案。　　　　　　　　　　　　　　　　　　　　　(　　　)

4. 财务报表层次的重大错误风险与财务报表整体相关。　　　　　　　　　(　　　)

5. 注册会计师应当针对所评估的认定层次重大错误风险来设计和实施进一步的审计程序。　　　　　　　　　　　　　　　　　　　　　　　　　　　　　　　(　　　)

6. 控制测试进一步审计程序的类型包括检查、观察、监盘、询问、函证、重新计算、重新执行和分析程序。　　　　　　　　　　　　　　　　　　　　　　　　　　(　　　)

7. 注册会计师无须了解被审计单位的所有内部控制,而只需了解与审计相关的内部控制。　　　　　　　　　　　　　　　　　　　　　　　　　　　　　　　　(　　　)

8. 在评估认定层次重大错报风险时,如果预期控制的运行是有效的,则审计人员不必实施实质性程序,只需实施控制测试。　　　　　　　　　　　　　　　　　　(　　　)

9. 只有当询问、观察和检查程序结合在一起仍无法获得充分的证据时,注册会计师才考虑通过重新执行来证实控制是否有效运行。　　　　　　　　　　　　　　　(　　　)

10. 审计人员实施风险评估程序,可以确定重大错报风险的实际水平。　　(　　　)

11. 注册会计师审查控制是否得到执行所获取的审计证据也可以证明控制运行的有效性。　　　　　　　　　　　　　　　　　　　　　　　　　　　　　　　　(　　　)

12. 认定层次的重大错报风险通常与控制环境有关,可能影响多项认定。　(　　　)

13. 内部控制只能对财务报告的可靠性提供合理的保证,而非绝对的保证。(　　　)

14. 在了解被审计单位的内部控制时,只需关注控制的设计。　　　　　(　　　)

15. 实施控制测试与了解内部控制所采用的审计程序大体相同,主要区别在于了解内部控制所采用的审计程序中通常不包括重新执行。　　　　　　　　　　　(　　　)

四、思考与讨论

华兴公司主要从事小型电子消费品的生产和销售。注册会计师 A 和 B 负责审计华兴公司 2020 年度财务报表。在了解了华兴公司及其环境后,注册会计师注意到如下情况。

(1) 2019 年实现销售收入增长 10%的基础上,华兴公司董事会确定的 2020 年销售收入增长目标为 20%。华兴公司管理层实行年薪制,总体薪酬水平根据上述目标的完成情况上下浮动。华兴公司所处行业 2020 年的平均销售增长率为 12%。

(2) 华兴公司财务总监已为华兴公司工作 6 年多,于 2020 年 9 月劳动合同到期后被华兴公司的竞争对手高薪聘请。由于工作压力大,华兴公司会计部门人员流动频繁,除会计主管服务期超过 4 年外,其余人员的平均服务期少于 2 年。

（3）华兴公司的产品面临更新换代的压力。公司于 2020 年 4 月将主要产品 C 的售价下调了 8%～10%,C 产品在 2020 年的毛利率为 8.1%。另外,2020 年 8 月推出了新产品 D,市场表现良好,计划 2021 年全面扩大产量,并在 2021 年 1 月停产 C 产品。为加快资金流转,华兴公司于 2021 年 1 月对 C 产品实施新一轮降价,平均降价幅度为 10%。

问题:判断以上情况中是否存在重大错报风险?

任务6 对销售与收款循环的审计

任务情境

康诺公司报表审计的项目组成员注册会计师肖妍负责销售与收款业务的审计。康诺公司生产小型健身器材,主要产品包括三个系列的十余种产品。随着生活水平的提高,人们对健康的追求日益增长。康诺公司准确地抓住了商机,开发出适合家庭健身的器械,因产品新颖、质量过硬,受到消费者欢迎。公司发展势头良好,销售收入连年增长,下一步还将有新产品上市,公司扩张的意愿强烈。本次审计也是为了吸收新的投资者为企业注资,扩大企业的生产规模。考虑到投资者对会计信息的需求,肖妍认为销售业务的审计应该是重点审计领域。

销售与收款循环是企业经营活动的主要业务循环之一,在企业的整个经营活动中占有重要地位;同时也是财务信息舞弊、错报的高发环节。因此,报表审计中都非常重视销售与收款相关业务的审计。下面我们就来看一下注册会计师如何进行康诺公司销售与收款业务循环的审计。

任务目标

知识目标:

具备报表审计中进一步审计程序的必备知识,了解销售与收款循环的主要业务活动,掌握销售与收款循环控制测试的要求,掌握销售与收款业务中主要账户的审计目标,以及围绕审计目标开展实质性程序的内容及方法。

技能目标:

具备开展业务循环审计的专业胜任能力,能进行销售与收款循环的控制测试及主要账户的实质性测试,将审计过程恰当记录于审计工作底稿并能依据获取的审计证据作出正确的审计结论。

素质目标:

具备实事求是的工作作风和科学严谨的工作态度,培养精益求精的工匠精神;激发独立思考、解决问题的探究精神;提升知行统一的学习、实践能力及勇于应用新技术的创新意识。

子任务 6.1　了解销售与收款循环的主要业务活动

任务要求

　　为了确定进一步审计程序该如何开展,肖妍首先对康诺公司销售业务进行了解。康诺公司是首次接受审计,销售情况良好,收入连年高速增长;同时,康诺公司的销售以赊销为主,应收账款余额大且客户遍布全国。

　　通过对销售与收款流程业务活动的了解,销售与收款活动中可能存在哪些错报风险呢?

知识准备

一、销售与收款循环的主要业务活动

　　了解企业在销售与收款循环中的典型活动,对该业务循环的审计非常必要。销售与收款业务循环一般包括以下主要业务过程。

　　(1) 接受顾客订单。顾客向企业寄送订单,提出订货要求是整个销售与收款循环的起点。企业接受顾客订单后,应对顾客订单内容是否符合企业的销售政策(比如是否符合该产品的销售单价、运费支付方式、交货地点、三包承诺等)进行审批。订单管理部门应区分现购和赊购,赊购订单只有在符合企业管理当局授权批准的情况下,才能接受。企业管理当局一般都列出了已准予赊销的顾客名单,订单管理部门的职员在决定是否同意接受某顾客的订单之前,应追查该顾客是否已被列在该名单中。如果顾客未被列入该名单,则通常需要订单管理部门的主管来决定是否接受该订单。

　　企业在批准了顾客订单之后,通常应编制一式多联的销售单。销售单是证明销售交易"发生"的有效凭据之一,也是此笔销售交易轨迹的起点之一。此外,由于客户订购单是来自外部的引发销售交易的文件之一,有时也能为有关销售交易的"发生"认定提供补充证据。

　　(2) 信用管理部门进行赊销信用批准。赊销批准是由信用管理部门根据企业管理当局的赊销政策,以及对每个顾客已授权的信用额度进行的。信用管理部门的职员在收到订单管理部门的销售单后,应将销售单的金额与该顾客已取得的赊销信用额度扣除其迄今尚欠应收账款余额后的差额进行比较,决定是否继续予以赊销。信用管理部门与销售部门不能是同一个部门,要实施职责分离。批准或不批准赊销,都要求被授权的信用管理部门人员在销售单上签署意见,其后再将签署意见后的销售单返回销售单管理部门。

　　设计信用批准控制的目的是降低坏账风险,因此,这些控制与应收账款账面余额的"计价和分摊"认定有关。

　　(3) 仓库部门按批准的销售单供货。通常情况下,仓库只有在收到经过批准的销售单时,才能供货。设计这项控制程序的目的是防止仓库在未经授权的情况下擅自发货。因此,已批准销售单的副联通常应送达仓库,作为仓库按销售单供货和发货给装运部门的授权依据。

（4）装运部门按销售单装运货物。装运部门职员应在经授权的情况下装运产品，装运部门应与仓库分离，使企业按销售单装运与按销售单供货的职责相分离。装运部门职员在装运之前，还必须进行独立验证，以确定从仓库收到的商品都附有已批准的销售单，并且所装运商品与销售单相符。装运凭证是一式多联的、连续编号的提货单，按序归档的装运凭证通常由装运部门保管。装运凭证提供了商品确实已装运的证据，是证明销售交易是否发生的另一有效凭据。

（5）向客户开具账单。开具账单包括编制和向顾客寄送事先连续编号的销售发票。为防止出现遗漏、重复、错误计价或其他差错，开具账单时应注意：编制每张销售发票前，应独立检查是否存在装运凭证和相应的经批准的销售单；依据已授权批准的商品价目表编制销售发票；独立检查销售发票计价和计算的正确性；将装运凭证上的商品总数与相对应的销售发票上的商品总数进行比较。

开具账单的这些要求与销售交易的"发生""完整性"及"准确性"认定有关。销售发票副联通常由开具账单部门保管。

（6）记录销售。在手工会计系统中，记录销售的过程包括区分赊销、现销，按销售发票编制转账凭证或现金、银行存款收款凭证，再据以登记销售明细账和应收账款明细账或现金、银行存款日记账。记录销售的控制程序包括以下内容。

① 只依据附有有效装运凭证和销售单的销售发票记录销售。这些装运凭证和销售单应能证明销售交易的发生及其发生的日期。

② 使用并监控所有事先连续编号的销售发票。

③ 独立检查已处理销售发票上的销售金额与会计记录金额的一致性。

④ 记录销售的职责应与处理销售交易的其他功能相分离。

⑤ 对记录过程中所涉及的有关记录的接触予以限制，以减少未经授权批准的记录发生。

⑥ 定期独立检查应收账款的明细账与总账的一致性。

⑦ 定期向客户寄送对账单，并要求客户将任何例外情况直接向指定的未执行或记录销售交易的会计主管报告。

以上这些控制要求与"发生""完整性""准确性"及"计价和分摊"认定有关。

（7）办理和记录现金、银行存款收入。这项流程涉及有关货款收回，现金、银行存款的记录以及应收账款减少的活动。处理货币资金收入时最重要的是要保证全部货币资金及时记入现金、银行存款日记账或应收账款明细账，并及时将现金存入银行。在这方面汇款通知单起着很重要的作用。

（8）办理和记录销货退回、销货折扣与折让。顾客如果对商品不满意，销货企业一般都会同意接受退货，或给予一定的销货折让；顾客如果提前支付货款，销货企业则可能会给予一定的销货折扣。发生此类事项时，必须经授权批准，并应确保与办理此事有关的部门和职务各司其职，分别控制实务流和会计处理。在此环节，严格使用贷项通知单起到重要作用。

（9）注销坏账。不管赊销部门的工作如何主动，顾客因宣告破产、死亡等原因而不支付货款的事仍时有发生。销货企业若认为某项货款再也无法收回，就必须注销这笔货款。对这些坏账，正确的处理方法应该是获取货款无法收回的确凿证据，经适当审批后及时进行会计调整。

（10）提取坏账准备。坏账准备的提取数必须能抵补企业以后无法收回的本期销货款。

我们可以用表 6-1 来说明在销售与收款循环中各经济业务和相关凭证记录之间的关系。

表 6-1　销售与收款循环的主要凭证与记录

业 务 内 容	原始凭证与记录	记账凭证与账簿	会 计 分 录
销售业务（赊销）			
订单处理	顾客订单（外部凭证） 销售单（内部凭证）		
核准赊销	销售单（有关人员签字）；核准赊销的顾客名单（内部记录）		
发货	发运凭证		
开票	销售发票（内部凭证） 价目表		
会计记录		记账凭证、应收账款明细账与总账、主营业务收入明细账与总账、应交税费明细账与总账、库存商品明细账与总账、主营业务成本明细账与总账	借：应收账款 　贷：主营业务收入 　　　应交税费 借：主营业务成本 　贷：库存商品
收款业务			
收款	支票、银行本票、银行汇票等（外部凭证） 汇款通知单（内部凭证）	记账凭证、银行存款日记账与总账、应收账款明细账与总账	借：银行存款 　贷：应收账款
销售调整业务			
销售退回	入库单（内部凭证）贷项通知单（内部凭证）	记账凭证、应收账款明细账或银行存款日记账与总账、主营业务收入、主营业务成本明细账与总账、应交税费明细账与总账、库存商品明细账与总账	借：主营业务收入 　　　应交税费 　贷：银行存款 　　　（应收账款） 借：库存商品 　贷：主营业务成本

二、销售与收款循环涉及的主要报表项目

根据财务报表项目与业务循环的相关程度，销售与收款循环涉及的报表项目见表 6-2。

表 6-2　销售与收款循环与主要财务报表项目对照表

业务循环	资产负债表项目	利润表项目
销售与收款循环	应收票据、应收账款、长期应收款、预收账款、应交税费	营业收入、税金及附加

任务指导

被审计单位可能有各种各样的收入来源,处于不同的控制环境,存在复杂的合同安排,这些情况对收入交易的会计核算可能存在诸多影响,比如不同交易安排下的收入确认的时间和依据可能不尽相同。

注册会计师应当考虑销售与收款循环中发生错报的可能性,以及潜在错报的重大程度是否足以导致重大错报,从而评估销售与收款循环的相关交易和余额存在的重大错报风险,以此作为设计和实施进一步审计程序的基础。

与销售、收款循环相关的财务报表项目主要为营业收入和应收账款,此外还有应收票据、预收账款、长期应收款、应交税费、税金及附加等。以一般制造业的赊销为例,相关交易和余额存在的重大错报风险通常如下。

(1)收入确认存在的舞弊风险。收入是利润的来源,直接关系到企业的财务状况和经营成果。有些企业往往为了达到粉饰财务报表的目的而采用虚增(发生认定)或隐瞒收入(完整性认定)等方式实施舞弊。在财务报表舞弊案件中,涉及收入确认的舞弊占有很大比例,收入确认已成为注册会计师审计的高风险领域。

(2)收入的复杂性。例如,被审计单位可能针对一些特定的产品或者服务提供一些特殊的交易安排(例如特殊的退货约定、特殊的服务期限安排等),但管理层可能对这些不同安排下所涉及的交易风险的判断缺乏经验,收入确认上就容易发生错误。

(3)发生的收入交易未能得到准确记录。

(4)期末收入交易和收款交易可能未计入正确的期间,包括销售退回交易的截止错误。

(5)收款未及时入账或记入不正确的账户,因而导致应收账款(或应收票据/银行存款)的错报。

(6)应收账款坏账准备的计提不准确。

注册会计师应当评价通过实施风险评估程序和执行其他相关活动获取的信息是否表明存在舞弊风险因素。例如,如果注册会计师通过实施风险评估程序了解到,被审计单位所处行业竞争激烈并伴随着利润率的下降,而管理层过于强调提高被审计单位利润水平的目标,则注册会计师需要警惕管理层通过实施舞弊高估收入,从而高估利润的风险。

某些重大错报风险可能与财务报表整体广泛相关,进而影响多项认定,如舞弊风险;某些重大错报风险可能与特定的某类交易、账户余额和披露的认定相关,如会计期末的收入交易和收款交易的截止错误(截止),或应收账款坏账准备的计提(计价)。在评估重大错报风险时,注册会计师应当落实到该风险所涉及的相关认定,从而更有针对性地设计进一步的审计程序。

了解销售与收款及执行穿行测试工作底稿

了解销售与收款及执行穿行测试工作底稿

思政小课堂

管仲的审计思想——"明法审数"

子任务 6.2　进行销售与收款循环的控制测试

任务要求

信诚会计师事务所注册会计师肖妍在审查康诺公司有关销售与收款的内部控制时,了解情况如下。

(1)业务部门收到订货单后,首先进行登记,然后审核订货单的内容和数量,确定能够如期供货后,编制一式三联的销售单,自留一联,一联交会计,另一联传给信用部门。

(2)信用部门根据销售单进行资信调查,并批准赊销,在销售单上签字后传送给运输部门。

(3)仓库部门根据运输部门持有的经信用部门批准的销售单核发货物。填制出库单一式三联,自留一联并登记有关存货账簿,传给会计部门和业务部门各一联。

(4)运输部门办理托运,取得运单并交给开票部门。

(5)会计部门根据销售单、出库单和运单开具销货发票,并根据销售单、销货发票及出库单和运单编制记账凭证、登记收入和应收账款明细账,并进行总分类核算。

(6)出纳人员收到货款时,应登记银行存款日记账;收到商业汇票时,应登记应收票据登记簿,然后交会计人员制单、记账。

(7)会计部门及时催收尚未付清的应收账款。对确已无法收回的,经批准后可作为坏账处理。对已冲销的坏账,进行登记并加以控制,以免已冲销坏账日后收回时被有关人员贪污。

　　根据对康诺公司销售与收款循环内部控制的了解,销售与收款循环的控制测试应如何开展?

知识准备

　　完成对被审计单位销售与收款业务流程内部控制的了解后,对内部控制的有效性作出初步判断,以确定是否进一步实施控制测试程序来判断被审计单位内部控制活动是否得到有效执行。注册会计师可以选取关键控制点对被审计单位的销售与收款流程进行测试,按照业务发生频率随机抽取样本进行书面证据检查,以确定销售与收款循环与之有关的内部控制活动是否有效执行。销售与收款循环的关键控制点分别涉及销售合同、客户管理、销售订单、销售发货、收款、发票、财务管理和退回与折扣折让等几个方面。

一、销售合同测试

　　(1)获取被审计单位所审计期间的销售合同台账,根据销售业务控制频率或控制运行总次数确定样本量。

　　(2)根据确定的样本量,抽取销售合同进行检查。销售合同测试的主要检查点如下。

　　① 有销售合同,且业已经管理层核准。

　　② 按订单签署销售合同。

　　③ 销售合同连续编号。

　　④ 销售合同经双方确认后盖章、签字。

　　⑤ 其他(结合实际情况描述)。

　　控制测试的样本量需要根据业务发生的频率来确定,具体如表6-3所示。

表6-3　控制测试样本量确定

控制频率	控制运行总次数	全面测试数	有限测试数量
每日多次	>250	25~60	15~20
日	250	20~40	10~15
周	52	5~15	2~5
月	12	2~5	1~2
季	4	2	1
年	1	1	1

　　(3)检查所抽取样本,根据检查的结果填写测试说明和测试结论,通过控制测试,确定销售与收款循环与销售合同有关的内部控制活动是否有效执行。

二、客户管理测试

　　(1)获取被审计单位所审计期间的全部客户档案,根据业务控制频率或控制运行总次数确定样本量。

（2）根据确定的样本量，抽取客户档案进行检查。客户管理测试的主要检查点如下。

① 顾客档案的变更真实有效。

② 所有顾客档案变更均已进行输入及处理。

③ 顾客档案变更后更准确。

④ 对顾客档案变更均已于适当期间进行处理。

⑤ 确保顾客档案数据及时更新。

⑥ 其他（结合实际情况描述）。

（3）检查所抽取样本，根据检查的结果填写测试说明和测试结论，通过控制测试，确定销售与收款循环中与客户管理有关内部控制活动是否有效执行。

三、销售订单测试

（1）获取被审计单位所审计期间的全部销售订单，根据业务控制频率或控制运行总次数确定样本量。

（2）根据确定的样本量，抽取销售订单进行检查。销售订单测试的主要检查点如下。

① 符合企业管理层的授权标准、在信用额度内的订单直接接受。

② 有销售订货单及销售合同，且业已经管理层核准。

③ 赊销业务有信用管理部门对客户信用状况的审核手续。

④ 销售订单均已完整且准确地转入发货及开具发票环节。

⑤ 顾客未被列入已批准销售的顾客名单，由销售单管理部门的主管来决定是否同意销售。

⑥ 已记录的销售订单内容准确。

⑦ 收到的订单及取消的订单已准确记录。

⑧ 其他（结合实际情况描述）。

（3）检查所抽取样本，根据检查的结果填写测试说明和测试结论，通过控制测试，确定销售与收款循环及销售订单有关的内部控制活动是否有效执行。

四、销售发货测试

（1）获取被审计单位所审计期间的全部提货单，根据业务控制频率或控制运行总次数确定样本量。

（2）根据确定的样本量，抽取提货单进行检查。销售发货测试的主要检查点如下。

① 仓库只有在收到经过批准的销售单时才能供货。

② 提货单一式多联、连续编号。

③ 已审批的销货审批单和销售通知单与客户订单内容一致。

④ 装运部门职员在装运之前独立验证，从仓库提取的商品都附有经批准的销售单。

⑤ 装运部门职员在装运之前独立验证，从仓库提取的商品内容与销售单和出库单一致。

⑥ 装运凭证由装运部门保管。

⑦ 提货单与仓储保管账核对一致。

⑧ 其他(结合实际情况描述)。

(3) 检查所抽取样本,根据检查的结果填写测试说明和测试结论,通过控制测试,确定销售与收款循环与销售发货有关的内部控制活动是否有效执行。

五、收款测试

(1) 获取被审计单位所审计期间的全部收款凭证,根据业务控制频率或控制运行总次数确定样本量。

(2) 根据确定的样本量,抽取收款凭证进行检查。收款测试的主要检查点如下。

① 独立检查已签收支票的总额与所开具发票总额的一致性。

② 被授权签署收取支票的人员应确定收取支票付款人姓名和金额与发票内容一致。

③ 收款均已记录。

④ 准确记录收款。

⑤ 收取的全部货币资金如数、及时地记入库存现金、银行存款日记账。

⑥ 应由被授权的财务部门的人员负责收取支票。

⑦ 收款业务是真实发生的且仅记录一次。

⑧ 所有收取款项均已记录于收到的期间内。

⑨ 准确计提坏账准备和核销坏账,并记录于恰当期间。

⑩ 其他(结合实际情况描述)。

(3) 检查所抽取样本,根据检查的结果填写测试说明和测试结论,通过控制测试,确定销售与收款循环与收款有关的内部控制活动是否有效执行。

六、发票测试

(1) 获取被审计单位所审计期间的开具的全部发票,根据业务控制频率或控制运行总次数确定样本量。

(2) 根据确定的样本量,抽取销售发票进行检查。发票测试的主要检查点如下。

① 开具发票部门职员在开具每张销售发票之前,独立检查是否存在装运凭证和相应的经批准的销售单。

② 注意销售折扣及折让是否合理。

③ 将装运凭证上的商品总数与相对应的销售发票上的商品总数进行比较。

④ 已开具的销售发票中所列商品的单价与商品价目表核对。

⑤ 独立检查销售发票计价和计算的正确性。

⑥ 其他(结合实际情况描述)。

(3) 检查所抽取样本,根据检查的结果填写测试说明和测试结论,通过控制测试,确定销售与收款循环与发票有关的内部控制活动是否有效执行。

七、财务管理测试

（1）获取被审计单位所审计期间的销售记录，根据业务控制频率或控制运行总次数确定样本量。

（2）根据确定的样本量，抽取销售记录进行检查。财务管理测试的主要检查点如下。

① 依据附有有效装运凭证和销售单的销售发票记录销售。

② 独立检查已处理销售发票上的销售金额同会计记录金额的一致性。

③ 定期独立检查应收账款的明细账与总账的一致性。

④ 控制销售发票的连续编号。

⑤ 记录销售的职责应与处理销售交易的其他功能相分离。

⑥ 定期向顾客寄送对账单，并要求顾客将任何例外情况直接向指定的未执行或记录销售交易的会计主管报告。

⑦ 其他（结合实际情况描述）。

（3）检查所抽取样本，根据检查的结果填写测试说明和测试结论，通过控制测试，确定销售与收款循环及财务管理有关的内部控制活动是否有效执行。

八、退回与折扣、折让测试

（1）获取被审计单位所审计期间的销售退回凭证、销售折扣与折让记录，根据业务控制频率或控制运行总次数确定样本量。

（2）根据确定的样本量，抽取销售退回凭证、销售折扣与折让记录进行检查。测试的主要检查点如下。

① 销售退回、折扣与折让的调整均已经按照政策执行。

② 已记录的销售退回、折扣与折让经管理层核准。

③ 退回的商品具有质检部门签发的验收单。

④ 退回的商品具有仓库签发的退货入库单。

⑤ 开具的红字发票业经管理层核准。

⑥ 已发生的销售退回、折扣与折让均确已准确记录。

任务指导

通过对康诺公司销售与收款循环业务的了解，注册会计师以识别的重大错报风险为起点，选取拟测试的控制并实施控制测试，开展对销售与收款循环的审计。在此次控制测试的过程中，注册会计师选取关键控制点对被审计单位的销售与收款流程进行测试，按照业务发生频率随机抽取样本进行书面证据检查。针对康诺公司情况，选取关键控制点进行的测试包括：销售合同测试、客户管理测试、销售订单测试、销售发货测试、收款测试、财务管理测试几个方面。控制测试所使用的审计程序的类型主要包括询问、观察、检查和重新执行，注册会计师可以根据所测试的内部控制的特征及需要获得的保证程度选用适当的测试程序。根据选取的关键控制点及对控制点的检查情况,将检查结果填写在控制测试工作底稿中。经测试康诺公司销售与收款循环内部控制活动执行有效。

任务附注

销售与收款流程控制测试工作底稿

销售与收款流程控制测试工作底稿

思政小课堂

企业内部控制与审计

子任务 6.3　进行销售与收款循环的实质性测试

任务要求

信诚会计师事务所注册会计师肖妍在对康诺公司全年各月销售收入进行对比时发现12月的销售收入增长幅度较大,超出平时月份的计划收入很多。为了查明这一异常情况,肖妍审阅并核对了12月的主营业务收入明细账和有关凭证,并对应收账款进行了函证。发现12月25日康诺公司销售给广发商贸有限公司一批商品,不含税销售额200万元已计入12月主营业务收入,但该批商品于2021年1月5日发出。

针对发现的情况,注册会计师应如何进行处理?

知识准备

一、营业收入的实质性测试

(一)营业收入的审计目标

营业收入项目核算企业在销售商品、提供劳务等活动中所产生的收入,包括主营业务收入和其他业务收入。其审计目标的确定见表6-4。

表6-4 营业收入审计目标确定

被审计单位： 索引号： 页次：
项目：营业收入 编制人： 日期：
报表期间： 复核人： 日期：

审 计 目 标	财务报表认定					
	发生	完整性	准确性	截止	分类	列报
A. 利润表中记录的营业收入已发生，且与被审计单位有关	√					
B. 所有应当记录的营业收入均已记录		√				
C. 与营业收入有关的金额及其他数据已恰当记录			√			
D. 营业收入已记录于正确的会计期间				√		
E. 营业收入已记录于恰当的账户					√	
F. 营业收入已按照企业会计准则的规定在财务报表中作出恰当的列报						√

（二）营业收入的实质性测试程序

以下以主营业务收入为例介绍营业收入的实质性测试程序。

（1）取得或编制主营业务收入项目明细表，复核加计正确，并与报表数、总账数和明细账合计数核对相符。

（2）实施实质性分析程序。审计人员应实施分析程序，检查主营业务收入是否有异常变动和重大波动，从而在总体上对主营业务收入的真实性作出初步判断。审计人员通常在以下几方面进行比较分析。

① 将本期与上期的主营业务收入进行比较，分析产品销售的结构和价格的变动是否正常，并分析异常变动的原因。

② 比较本期各月各种主营业务收入的波动情况，分析其变动趋势是否正常，并查明异常现象和重大波动的原因。

③ 计算本期重要产品的毛利率，分析比较本期与上期同类产品毛利率变化情况，注意收入与成本是否配比，并查清重大波动和异常情况的原因。

④ 计算重要客户的销售额及其产品毛利率，分析比较本期与上期有无异常变化。

⑤ 将上述分析结果与同行业企业本期相关资料进行对比分析，检查是否存在异常。

（3）检查主营业务收入确认方法是否符合《企业会计准则》的规定。

根据《企业会计准则第14号——收入》的规定，企业应当在履行了合同中的履约义务，以及在客户取得相关商品控制权时确认收入。当企业与客户之间的合同同时满足下列条件时，企业应当在客户取得商品控制权时确认收入。

① 合同各方已批准该合同并承诺将履行各自义务。

② 该合同明确了合同各方与所转让商品或提供劳务相关的权利和义务。

③ 该合同有明确的与所转让的商品相关的支付条款。

④ 该合同具有商业实质,即履行该合同将改变企业未来现金流量的风险、时间分布或金额。

⑤ 企业因向客户转让商品而有权取得的对价很可能收回。

《企业会计准则》分别对"在某一时段内履行的履约义务"和"在某一时点履行的履约义务"的收入确认作出了规定。对于在某一时段内履行的履约义务,企业应当在该段时间内按照履约进度确认收入。对于在某一时点履行的履约义务,企业应当在客户取得相关商品的控制权时确认收入。注册会计师需要基于对被审计单位商业模式和日常经营活动的了解,判断被审计单位的合同履约义务是在某一时段内履行还是某一时点履行的,据以评估被审计单位确认产品销售收入的会计政策是否符合《企业会计准则》,并测试被审计单位是否按照其既定的会计政策确认产品销售收入。

注册会计师通常对所选取的交易,追查至原始的销售合同及与履行合同相关的单据和文件记录,以评价收入确认方法是否符合《企业会计准则》的规定。

做中学 6-1

审计人员对某企业 2020 年度利润表进行审计时,抽查了 12 月份的有关账簿,发现下列情况。

(1) 企业销售甲产品,采用预收款项方式,12 月 5 日收到货款 58 500 元,货物尚未发出。企业收到货款时的账务处理是:借记"银行存款"58 500 元,贷记"主营业务收入"50 000 元,贷记"应交税费——应交增值税(销项税额)"8 500 元。

(2) 12 月 11 日,企业采用托收承付结算方式销售甲产品 60 台,已到银行办妥结算手续,货物已发出,但企业未作账务处理。

(3) 12 月 20 日,采用交款提货方式销售给某单位乙产品 100 台,但仅在主营业务收入明细账中作了记录,主营业务成本明细账未记录。

(4) 12 月 25 日,上月售出的乙产品 50 台,由于质量原因全部退回。产品已入库,但企业未作账务处理。

要求:指出该企业在销售业务核算中存在的问题。

(4) 检查收入是否真实发生。

以主营业务收入明细账中的会计分录为起点,检查相关原始凭证如订购单、销售单、发运凭证、发票等,评价已入账的营业收入是否真实发生。检查订购单和销售单,用以确认存在真实的客户购买要求,销售交易已经过适当的授权批准。销售发票存根上所列的单价,通常还要与经过批准的商品价目表进行比较核对,对其金额小计和合计数也要进行复算。发票中列出的商品的规格、数量和客户代码等,则应与发运凭证进行比较核对,尤其是由客户签收商品的一联,确定已按合同约定履行了履约义务,可以确认收入。同时,还要检查原始凭证中的交易日期(客户取得商品控制权的日期),确认收入计入了正确的会计期间。

(5) 检查收入记录的完整性。

以发运凭证为起点,从发运凭证(客户签收联)中选取样本,追查至主营业务收入明细账,确定是否存在遗漏事项(完整性认定)。为使这一程序成为一项有意义的测试,注册会计师需要确认全部发运凭证均已归档,这一点一般可以通过检查发运凭证的顺序编号来查明。

(6) 实施销售截止测试。

对主营业务收入实施截止测试,其目的主要在于确定被审计单位主营业务收入的会计记录归属期是否正确;应记入本期或下期的主营业务收入是否被推延至下期或提前至本期。实施截止测试的前提是注册会计师充分了解被审计单位的收入确认会计实务,并识别能够证明某笔销售符合收入确认条件的关键单据。例如,货物出库时,与货物相关的风险和报酬可能尚未转移,不符合收入确认的条件,因此,发货单可能不是实现收入的充分证据;又如,销售发票与收入相关,但是发票开具日期不一定与收入实现的日期一致。假定一般制造业企业在货物送达客户并由客户签收时确认收入,注册会计师可以考虑选择两条审计路径实施主营业务收入的截止测试,具体内容见表 6-5。

表 6-5　收入截止测试的两条审计路线对比

起点	路　线	目　的	优　点	缺　点
账簿记录	从报表日前后若干天的账簿记录查至记账凭证,检查发票存根与发货凭证	证实已入账收入是否在同一期间已开具发票发货,有无多记收入,防止高估营业收入	比较直观,容易追查至相关凭证记录	缺乏全面性和连贯性,只能查多记,无法查漏记
发运凭证	从报表日前后若干天的发货凭证查至发票开具情况与账簿记录	确认收入是否已计入适当的会计期间,防止低估收入	较全面、连贯,容易发现漏记收入	较费时、费力,尤其难以查找相应的发货及账簿记录,不易发现多记收入

　　上述两条审计路径在实务中均被广泛采用,它们并不是孤立的,注册会计师可以考虑并用这两条路径,甚至可以在同一主营业务收入科目审计中并用。实际上,由于被审计单位的具体情况各异,管理层意图各不相同,有的为了完成利润目标、承包指标,更多地享受税收等优惠政策,便于筹资等目的,可能会多计收入;有的则为了以丰补歉、留有余地、推迟缴税时间等目的而少计收入。因此,为提高审计效率,注册会计师应当凭借专业经验和所掌握的信息、资料作出正确判断,选择适当的审计路径实施有效的收入截止测试。

做中学 6-2

　　华兴公司在销售时要求必须有预先编号的出库单。出货时,发货人员要在出库单上填上日期。截至 12 月 31 日,最后一张出库单号码为 2167。会计部门按收到的出库单先后开立发票。

　　华兴公司 12 月底和次年 1 月的部分账簿记录如表 6-6 所示。

表 6-6　华兴公司 12 月底和次年 1 月的部分账簿记录

日　期	出库单号码	销售发票号码	交易金额/元
12.30	2164	4326	726.11
12.30	2169	4329	1 914.30
12.31	2165	4327	417.83
12.31	2168	4328	2 620.22
12.31	2166	4330	47.74
01.01	2163	4332	641.31
01.01	2167	4331	106.39

续表

日　　期	出库单号码	销售发票号码	交易金额/元
01.01	2170	4333	852.06
01.02	2171	4335	1 250.50
01.02	2172	4334	646.58

要求：根据以上资料判断该企业账面记录是否存在问题并分析对财务报表的影响。

（7）检查销售折扣、销售退回与折让业务是否真实，内容是否完整，相关手续是否符合规定，折扣与折让的计算和会计处理是否正确。

企业在销售业务中，往往会因产品品种不符、质量不符合要求，以及结算方面的原因发生销售折扣、销售退回与折让业务。尽管引起销售折扣、退回与折让的原因不尽相同，其表现形式也不尽一致，但都是对收入的抵减，直接影响收入的确认和计量。因此，审计人员应重视折扣与折让的审计。重点检查以下内容。

① 获取或编制折扣与折让明细表，复核加计正确，并与明细账合计数核对相符。

② 取得被审计单位有关折扣与折让的具体规定和其他文件资料，并抽查较大的折扣与折让发生额的授权批准情况，与实际执行情况进行核对，检查其是否经授权批准，是否合法、真实。

③ 将销售退回、折让或折扣的账面金额与贷项通知单的记录进行核对。

④ 销售折让与折扣是否及时足额提交对方，有无虚设中介、转移收入、私设账外"小金库"等情况。

⑤ 确定退回、折让、折扣的会计记录是否合理。

⑥ 检查销售退回的商品是否已验收入库并登记入账。

（8）检查有无特殊的销售行为，如委托代销、分期收款销售、商品需要安装和检验的销售、附有退回条件的销售、售后租回、售后回购、以旧换新、出口销售等，选择恰当的审计程序进行审核。

（9）确定主营业务收入是否在利润表上恰当披露。

完成主营业务收入实质性程序后，审计结果要记录于主营业务收入审定表 6-7。

表 6-7　主营业务收入审定表

单位名称：　　　　　　　　　　　编制人：　　　　　日期：　　　　　　　　索引号：

所属期间：　　　年度　　　　　　复核人：　　　　　日期：

上期审定数	本期未审数	同比增减	调　整		其中滚调		审定数
			借	贷	借	贷	
审计说明							
审计结论							

二、应收账款的实质性测试

（一）应收账款的审计目标

应收账款是指企业因销售商品、提供劳务而形成的债权，即由于企业销售商品、提供劳务等原因，应向购货客户或接受劳务的客户收取的款项或代垫的运杂费等，是企业在信用活动中所形成的各种债权性资产。企业的应收账款是在销货业务中产生的。企业在销售实现时若没有立即收取现款，而是获得了要求客户在一定条件下和一定时间内支付货款的权利，就产生了应收账款。因此，应收账款的审计应结合销货业务来进行。应收账款余额一般包括应收账款账面余额和相应的坏账准备两部分。

应收账款审计目标的确定见表 6-8。

表 6-8　应收账款审计目标的确定

被审计单位：　　　　　　　　　索引号：　　　　　　　　页次：
项目：应收账款　　　　　　　　编制人：　　　　　　　　日期：
报表期间：　　　　　　　　　　复核人：　　　　　　　　日期：

审计目标	财务报表认定					
	存在	完整性	权利与义务	准确性、计价与分摊	分类	列报
A. 资产负债表中记录的应收账款是存在的	√					
B. 所有应当记录的应收账款均已记录		√				
C. 记录的应收账款由被审计单位拥有或控制			√			
D. 应收账款以恰当的金额包括在财务报表中，与之相关的计价调整已恰当记录				√		
E. 确定应收账款记录于恰当的账户					√	
F. 应收账款已按照企业会计准则的规定在财务报表中作出恰当列报						√

（二）应收账款的实质性程序

1）获取或编制应收账款明细表，复核加计是否正确，并与总账数和明细账合计数核对相符；结合坏账准备科目与报表数核对是否相符。

2）实施分析性程序。

对应收账款实施分析性程序，主要考虑以下一些方面。

（1）将本期应收账款余额与本企业历史数据及同行业的平均水平进行比较。

（2）进行比率分析，计算本期应收账款周转率、应收账款与流动资产总额之比、坏账费用与赊销净额之比等比率，并与企业的历史数据及同行业的平均水平进行比较。

通过分析性程序，审计人员可以分析企业应收账款的构成及变化是否正常，并发现潜在的错报与漏报。

3）分析应收账款账龄。

审计人员可以通过分析应收账款的账龄，以便了解应收账款的可收回性。应收账款的账龄是指资产负债表中的应收账款从销售实现，产生应收账款之日起，至资产负债表日止所经历的时间。

注册会计师可以通过查看应收账款账龄分析表了解和评估应收账款的可回收性；将应收账款账龄分析表中的合计数与应收账款总分类账余额相比较，并调查重点调节项目。从账龄分析表中抽取一定数量的项目，追查至原始凭证，如销售发票、运输记录等，测试账龄核算的准确性。

4）实施函证程序。

对应收账款来说，函证是非常重要的审计程序。应收账款函证就是直接发函给被审计单位的债务人，要求核实被审计单位应收账款的记录是否正确的一种审计方法。通过函证应收账款，可以有效地证明被询证者的存在和被审计单位记录的可靠性。除非有充分证据表明应收账款对被审计单位财务报表而言是不重要的，或者函证很可能是无效的，否则，审计人员应当对应收账款进行函证。询证函由审计人员利用被审计单位提供的应收账款明细账户名称及地址编制，询证函的寄发一定要由审计人员亲自进行。

（1）函证的范围的选择。

审计人员不需要对被审计单位所有的应收账款进行函证。函证数量的大小、范围是由诸多因素决定的，主要有以下方面。

① 应收账款在全部资产中的比重。如果应收账款在全部资产中所占的比重较大，则函证的范围应相应大一些。

② 被审计单位内部控制的强弱。如果内部控制系统较健全，则可以相应减少函证量。

③ 以前期间的函证结果。若以前期间函证中发现过重大差异，或纠纷较多，则函证范围应相应扩大。

④ 函证的方式。若采用积极的函证方式，则可以相应减少函证量；若采用消极的函证方式，则要相应增加函证量。

（2）函证对象的选择。

注册会计师选择函证项目时，除了考虑金额较大的项目，也需要考虑风险较高的项目，例如：账龄较长的项目；与债务人发生纠纷的项目；重大关联方项目；主要客户（包括关系密切的客户）项目；新增客户项目；交易频繁但期末余额较小甚至余额为零的项目；可能产生重大错报或舞弊的非正常的项目。这种基于一定的标准选取样本的方法具有针对性，比较适用于应收账款余额金额和性质差异较大的情况。如果应收账款余额由大量金额较小且性质类似的项目构成，则注册会计师通常采用抽样技术选取函证样本。

（3）函证的方式。

注册会计师可采用积极的函证方式或消极的函证方式实施函证。

① 积极的函证方式。如果采用积极的函证方式，注册会计师应当要求被询证者在所有情况下必须回函，确认询证函所列示信息是否正确，或填列询证函要求的信息。积极的函证方式又分为两种：一种是在询证函中列明拟函证的账户余额或其他信息，要求被询证者确认所函证的款项是否正确。通常认为，对这种询证函的回复能够提供可靠的审计证据。但是，其缺点是被询证者可能对所列示信息根本不加以验证就予以回函确认。注册会计师通常难

以发觉是否发生了这种情形。为了避免这种风险,注册会计师可以采用另外一种询证函,即在询证函中不列明账户余额或其他信息,而要求被询证者填写有关信息或提供进一步信息。由于这种询证函要求被询证者作出更多的努力,可能会导致回函率降低,进而导致注册会计师执行更多的替代程序。

在采用积极的函证方式时,只有注册会计师收到回函,才能为财务报表认定提供审计证据。注册会计师没有收到回函,可能是由于被询证者根本不存在,或是由于被询证者没有收到询证函,也可能是由于询证者没有理会询证函,因此,无法证明所函证信息是否正确。

当债务人符合下列情况时,采用肯定式函证较好:a.个别账户的欠款金额较大;b.有理由相信欠款可能存在争议、差错等问题。

图 6-1 系常用积极式询证函的格式,供参考。

企业询证函

编号:

××(公司):

本公司聘请的××会计师事务所正在对本公司××年度财务报表进行审计,按照《中国注册会计师审计准则》的要求,应当询证本公司与贵公司的往来账项等事项。下列数据出自本公司账簿记录,如与贵公司记录相符,请在本函下端"信息证明无误"处签章证明;如有不符,请在"信息不符"处列明不符金额。回函请直接寄至××会计师事务所。

回函地址:

邮编:　　电话:　　传真:　　联系人:

1. 贵公司与本公司的往来账项列示如下。

单位:元

截止日期	贵公司欠	欠贵公司	备　注

2. 其他事项。

本函仅为复核账目之用,并非催款结算。若款项在上述日期之后已经付清,仍请及时函复为盼。

(公司盖章)

年　月　日

结论:

1. 信息证明无误。

(公司盖章)

年　月　日

经办人:

2. 信息不符,请列明不符的详细情况。

(公司盖章)

年　月　日

经办人:

图 6-1　常用积极式询证函的格式

② 消极的函证方式。如果采用消极的函证方式,注册会计师只要求被询证者仅在不同意询证函列示信息的情况下才予以回函。对消极式询证函而言,未收到回函并不能明确表明预期的被询证者已经收到询证函或已经核实了询证函中包含的信息的准确性。因此,未收到消极式询证函的回函提供的审计证据,远不如积极式询证函的回函提供的审计证据有说服力。如果询证函中的信息对被询证者不利,则被询证者更有可能回函表示其不同意;相反,如果询证函中的信息对被询证者有利,回函的可能性就会相对较小。

当债务人符合以下条件时,可以采用否定式函证:a. 相关的内部控制是有效的,固有风险和控制风险评估为低水平;b. 预计差错率较低;c. 欠款余额小的债务人数量很多;d. 审计人员有理由确信大多数被函证者能认真对待询证函,并对不正确的情况予以反馈。

图 6-2 系常用消极式询证函的格式,供参考。

企业询证函

编号:

××(公司):

　　本公司聘请的××会计师事务所正在对本公司××年度财务报表进行审计,按照《中国注册会计师审计准则》的要求,应当询证本公司与贵公司的往来账项等事项。下列数据出自本公司账簿记录,如与贵公司记录相符,则无须回复;如有不符,请直接通知会计师事务所,并请在空白处列明贵公司认为是正确的信息。回函请直接寄至××会计师事务所。

　　回函地址:

　　邮编:　　　　电话:　　　传真:　　　　联系人:

　　1. 本公司与贵公司的往来账项列示如下。

单位:元

截止日期	贵公司欠	欠贵公司	备　注
			.

　　2. 其他事项。

　　本函仅为复核账目之用,并非催款结算。若款项在上述日期之后已经付清,仍请及时核对为盼。

(公司盖章)

年　月　日

××会计师事务所:

　　上面的信息不正确,差异如下。

(公司盖章)

年　月　日

经办人:

图 6-2　常用消极式询证函的格式

③ 两种方式的结合使用。在实务中,注册会计师也可将这两种方式结合使用。以应收账款为例,当应收账款的余额是由少量的大额应收账款和大量的小额应收账款构成时,注册会计师可以对所有的或抽取的大额应收账款样本项目采用积极的函证方式,而对抽取的小

额应收账款样本项目采用消极的函证方式。

（4）函证时间的选择。

注册会计师通常以资产负债表日为截止日，在资产负债表日后适当时间内实施函证。如果重大错报风险评估为低水平，注册会计师可选择资产负债表日前适当日期为截止日实施函证，并对所函证项目自该截止日起至资产负债表日止发生的变动实施其他实质性程序。

（5）函证的控制。

注册会计师通常利用被审计单位提供的应收账款明细账户名称及客户地址等资料据以编制询证函，但注册会计师应当对函证全过程保持控制。询证函应由注册会计师直接收发；被询证者以传真、电子邮件等方式回函的，应要求被询证者寄回询证函原件；如果未能收到积极式函证回函，应当考虑与被询证者联系，要求对方作出回应或再次寄发询证函。

审计人员可通过函证结果汇总表的方式对询证函的收回情况加以控制。函证结果汇总表如表 6-9 所示。

表 6-9　应收账款函证结果汇总表

被审计单位名称：　　　　　　　　　　编制：　　　　　　　　　　　　日期：

结账日：　　年　月　日　　　　　　　复核：　　　　　　　　　　　　日期：

询证函编号	客户名称	地址及联系方式	账面金额	函证方式	函证日期		回函日期	替代程序	确认余额	差异金额及说明	备注
					第一次	第二次					

（6）对不符事项的处理。

对回函中出现的不符事项，注册会计师需要调查核实原因，确定其是否构成错报。注册会计师不能仅通过询问被审计单位相关人员对不符事项的性质和原因得出结论，而是要在询问原因的基础上，检查相关的原始凭证和文件资料予以证实。必要时与被询证方联系，获取相关信息和解释。对应收账款而言，登记入账的时间不同而产生的不符事项主要表现为：

① 客户已经付款，被审计单位尚未收到货款。

② 被审计单位的货物已经发出并已做销售记录，但货物仍在途中，客户尚未收到货物。

③ 客户由于某种原因将货物退回，而被审计单位尚未收到。

④ 客户对收到的货物的数量、质量及价格等方面有异议而全部或部分拒付货款等。

（7）对未回函项目实施替代程序。

如果采用积极的函证方式实施函证而未能收到回函，注册会计师应当考虑与被询证者联系，要求对方作出回应或再次寄发询证函。如果未能得到被询证者的回应，注册会计师应当实施替代审计程序。例如：

① 检查资产负债表日后收回的货款，值得注意的是，注册会计师不能仅查看应收账款的贷方发生额，而是要查看相关的收款单据，以证实付款方确为该客户且确与资产负债表日的应收账款相关。

② 检查相关的销售合同、销售单、发运凭证等文件,注册会计师需要根据被审计单位的收入确认条件和时点,确定能够证明收入发生的凭证。

③ 检查被审计单位与客户之间的往来邮件,如有关发货、对账、催款等事宜邮件。

在某些情况下,注册会计师可能认为取得积极式函证回函是获取充分、适当的审计证据的必要程序,尤其是识别出有关收入确认的舞弊风险,导致注册会计师不能信赖从被审计单位取得的审计证据,则替代程序不能提供注册会计师需要的审计证据。在这种情况下,如果未获取回函,注册会计师应当确定其对审计工作和审计意见的影响。

注册会计师应当将询证函回函作为审计证据,纳入审计工作底稿管理,询证函回函的所有权归属所在会计师事务所。

✍ 做中学 6-3

A 注册会计师是甲公司 2020 年度财务报表审计项目负责人,决定从表 6-10 中所列甲公司的应收账款明细账中选择 3 家进行肯定式函证,其中 E 公司属于甲公司的子公司。

表 6-10　甲公司客户情况

客户名称	金额/元	账　龄	回函情况
A 公司	30 000 000	6 个月	
B 公司	50 000	1.5 年	
C 公司	800	6 个月	
D 公司	10 000	3.5 年	
E 公司	234 000	1 年	

要求:请指出应选择哪三家企业进行函证,并分别说明理由。

5) 检查坏账的冲销和转回。

首先,注册会计师检查有无债务人破产或者死亡的,以及破产或以遗产清偿后仍无法收回的,或者债务人长期未履行清偿义务的应收账款;其次,应检查被审计单位坏账的处理是否经授权批准,有关会计处理是否正确。

6) 抽查有无不属于结算业务的债权。

不属于结算业务的债权,不应在应收账款中进行核算。因此,审计人员应抽查应收账款明细账,并追查有关原始凭证,查证被审计单位应收账款中有无不属于结算业务的债权。如有,应作出记录或建议被审计单位进行适当调整。

7) 确定应收账款的列报是否恰当。

会计准则规定:应收账款项目应根据“应收账款”和“预收账款”科目所属各明细科目的期末借方余额合计数,减去“坏账准备”科目中有关应收账款计提的坏账准备期末余额后的金额填列。如“应收账款”科目所属明细科目期末有贷方余额的,应在资产负债表“预收账款”项目中列示。

(三) 坏账准备的实质性程序

企业通常应当定期或者至少于每年年度终了,对应收款项进行全面检查,预计各项应收款项可能发生的坏账,相应计提坏账准备。坏账准备审计常用的实质性程序如下。

(1)取得或编制坏账准备明细表,复核加计正确,与坏账准备总账数、明细账合计数核对相符。

(2)将应收账款坏账准备本期计提数与资产减值损失相应明细账目的发生数核对相符。

(3)检查应收账款坏账准备计提和核销的批准程序,取得书面报告等证明文件。评价计提坏账准备所依据的资料、假设及方法;复核应收账款坏账准备是否按经股东(大)会或董事会批准的既定方法和比例提取,其计算和会计处理是否正确。

企业应根据所持应收账款的实际可收回情况,合理计提坏账准备,不得多提或少提,否则应视为滥用会计估计,按照重大会计差错更正的方法进行会计处理。

(4)实际发生坏账损失的,检查转销依据是否符合有关规定,会计处理是否正确。对于被审计单位在被审计期间内发生的坏账损失,注册会计师应检查其原因是否清楚,是否符合有关规定,有无授权批准,相应的会计处理是否正确。对有确凿证据表明确实无法收回的应收账款,如债务单位已撤销、破产、资不抵债、现金流量严重不足等,企业应根据管理权限,经股东(大)会或董事会,或经理(厂长)办公会或类似机构批准作为坏账损失,冲销提取的坏账准备。

(5)已经确认并转销的坏账重新收回的,检查其会计处理是否正确。

(6)确定坏账准备的披露是否恰当。企业应当在财务报表附注中清晰地说明坏账的确认标准、坏账准备的计提方法和计提比例。

做中学 6-4

甲公司 2020 年 12 月 31 日应收账款总账余额为 20 000 万元,其所属明细账中借方余额的合计数为 21 000 万元,贷方余额的合计数为 1 000 万元;其他应收款总账余额为 3 000 万元,该公司采用余额百分比法计提坏账准备,计提比例为 1‰,计提金额为 230 万元。坏账准备的账户记录如表 6-11 所示。

表 6-11 坏账准备明细账 单位:万元

日 期	凭证字号	摘 要	借 方	贷 方	余 额
1/1		上年结转			100(贷方)
5/6	转字 37	核销坏账	50		50(贷方)
8/11	转字 87	核销坏账	60		−10(借方)
12/31	转字 98	计提本年的坏账准备		230	220(贷方)

要求:根据上述资料,指出坏账准备计提中存在的问题。

任务指导

信诚会计师事务所注册会计师肖妍在对康诺公司 12 月销售收入审计中,采取的部分审计程序如下。

(1)进行截止测试,编制截止测试表(表 6-12)。

表 6-12 截止测试表(从明细账到发货单) 单位:万元

编号	明细账				发票					发货单		是否跨期 √(×)
	日期	凭证号	主营业务	应交税金收入	发票号	日期	客户名称	销售额	税额	日期	号码	
1	12/25	221	200	26	567890	12/25	广发商贸	200	26	01/05	YD234	√

(2)对广发商贸有限公司进行函证,收到对方回函,如图 6-3 所示。

企业询证函

编号:

广发商贸有限公司(公司):

本公司聘请的信诚会计师事务所正在对本公司 2020 年度财务报表进行审计,按照中国注册会计师审计准则的要求,应当询证本公司与贵公司的往来账项等事项。下列数据出自本公司账簿记录,如与贵公司记录相符,请在本函下端"信息证明无误"处签章证明;如有不符,请在"信息不符"处列明不符金额。回函请直接寄至信诚会计师事务所。

回函地址:××市国贸大厦 7 层 7001 室信诚会计师事务所

邮编:200000 电话:13800011111 传真:×××66666666 联系人:肖妍

1. 贵公司与本公司的往来账项列示如下。

单位:元

截止日期	贵公司欠	欠贵公司	备 注
2020/12/31	3 390 000		

2. 其他事项。

本函仅为复核账目之用,并非催款结算。若款项在上述日期之后已经付清,仍请及时函复为盼。

(公司盖章)

2021 年 1 月 21 日

结论:

1. 信息证明无误。

(公司盖章)

年 月 日

2. 信息不符,请列明不符的详细情况:

截至 2020 年 12 月 31 日,本公司欠贵公司金额为人民币 1 130 000 元。

经办人:

(公司盖章)

年 月 日

经办人:

图 6-3 询证函回函

由以上程序可以看出,康诺公司存在将广发商贸有限公司销售业务提前入账的问题,使本年度12月份收入虚增,应进行调整。

(3) 审计人员将调整事项计入主营业务收入及应收账款审定表(表6-13、表6-14)。

表6-13 主营业务收入审定表

单位名称:康诺健身器材有限公司　　编制人:肖妍　　日期:2021.02.05　　索引号:S1-1
所属期间:2020 年度　　复核人:李立　　日期:2021.02.05

| 上期审定数 | 本期未审数 | 同比增减 | 调整 | | 其中滚调 | | 审定数 |
			借	贷	借	贷	
略	略		2 000 000				略
审计说明	存在提前入账销售收入 经审计调整如下。 借:主营业务收入　　　　　　　　　　　　　　　　2 000 000 　　应交税费——应交增值税(销项税额)　　　260 000 　　贷:应收账款——广发公司　　　　　　　　　　　　　2 260 000 同时调整销售成本 借:库存商品　　　　　　　　　　　　　　　　　　1 200 000 　　贷:主营业务成本　　　　　　　　　　　　　　　　　1 200 000
审计结论	调整后可以确认

表6-14 应收账款审定表

单位名称:康诺健身器材有限公司　　编制人:肖妍　　日期:2021.02.05　　索引号:Z5-1
财务报表截止日:2020.12.31　　复核人:李立　　日期:2021.02.05

| 上期审定数 | 本期未审数 | 同比增减 | 调整 | | 其中滚调 | | 审定数 |
			借	贷	借	贷	
略	略		2 260 000				略
审计说明	存在提前入账应收账款 经审计调整如下。 借:主营业务收入　　　　　　　　　　　　　　　　2 000 000 　　应交税费——应交增值税(销项税额)　　　260 000 　　贷:应收账款——广发公司　　　　　　　　　　　　　2 260 000
审计结论	调整后可以确认

任务附注

6-3-1　营业收入实质性程序工作底稿

6-3-2　应收账款实质性程序工作底稿

营业收入实质性程序工作底稿

应收账款实质性程序工作底稿

思政小课堂

收入的审计

同 步 练 习

一、单项选择题

1. 销售与收款循环的业务一般以( )为起点。

　　A. 处理顾客订货　　　　　　　　　　B. 向顾客提供商品或劳务

　　C. 商品或劳务转化为应收账款　　　　D. 收入货币资金

2. 下列各项中,预防员工贪污、挪用销货款的最有效的方法是( )。

　　A. 记录应收账款明细账的人员不得兼任出纳

　　B. 收取顾客支票与收取顾客现金由不同的人员担任

　　C. 请顾客将货款直接汇入公司所指定的银行账户

　　D. 公司收到顾客支票后立即寄送收据给顾客

3. ( )是证实销售与收款循环中有关存在或发生认定的最有力证明。

　　A. 顾客订货单　　　B. 销售单　　　　C. 发运凭证　　　D. 销售发票

4. 审计应收账款的目的不应包括( )。

　　A. 确定应收账款的存在性

　　B. 确定应收账款记录的完整性

　　C. 确定应收账款的回收期

　　D. 确定应收账款在会计报表上披露的恰当性

5. 审计人员对被审计单位实施销货业务截止测试,主要目的是检查( )。

　　A. 年底应收账款的真实性　　　　　　B. 是否存在过多的销货折扣

　　C. 销货业务的入账时间是否正确　　　D. 销货退回是否已经核准

6. 分析应收款项账龄仅有助于判断( )。

　　A. 应收账款的完整性　　　　　　　　B. 赊销业务的审批情况

C. 应收账款的可收回性　　　　　　　　　D. 应收账款的估价

7. 对通过函证无法证实的应收账款,审计人员应当执行的最有效的审计程序是(　　)。

　　A. 重新测试相关的内部控制　　　　　　B. 审查与应收账款相关的销货凭证

　　C. 进行分析性复核　　　　　　　　　　D. 审查资产负债表日后的收款情况

8. 为了提高函证应收账款所得证据的可靠性,函证的时间最好安排在(　　)。

　　A. 被审计年度的年中　　　　　　　　　B. 资产负债表日附近

　　C. 被审计年度的年初　　　　　　　　　D. 外勤工作结束日

9. 采用(　　)结算方式,在正式向购货方发出商品时作为收入的实现。

　　A. 托收承付　　　　B. 预收款项　　　　C. 分期收款　　　　D. 直接收款

10. 审查基本业务收入时,(　　)不通过"主营业务收入"科目核算。

　　A. 自制半成品销售　　　　　　　　　　B. 产成品销售

　　C. 外购半成品直接销售收入　　　　　　D. 代制品销售收入

11. 下列应该寄发积极方式询证函的是(　　)。

　　A. 重大错报风险评估为高水平

　　B. 涉及大量余额较小的账户

　　C. 预期不存在大量的错误

　　D. 有理由相信被询证者会认真对待询证

12. 为了证明被审计单位主营业务收入是否完整,执行下列审计程序最有效的是(　　)。

　　A. 将本年各月收入与上年各月收入进行比较

　　B. 检查收入的计量是否符合企业会计准则

　　C. 以主营业务收入明细账为起点追查到发票及发运凭证

　　D. 以发运凭证为起点追查到发票及主营业务收入明细账

13. 为了证实登记入账的销售业务是否均已发生,最有效的做法是(　　)。

　　A. 只审查主营业务收入明细账

　　B. 由主营业务收入明细账追查至有关的原始凭证

　　C. 只审查有关的原始凭证

　　D. 由有关原始凭证追查至主营业务收入明细账

14. 在确定应收账款函证对象时,以下项目中,最应当进行函证的是(　　)。

　　A. 函证很可能无效的应收账款

　　B. 执行其他审计程序可以确认的应收账款

　　C. 交易频繁但期末余额较小的应收账款

　　D. 有充分证据表明应收账款对被审计单位财务报表而言是不重要的

15. 下列情况中,审计人员应主要审查收入的截止目标的是(　　)。

　　A. 将未曾发生的销售收入登记入账　　　B. 已经发生的销售业务不登记入账

　　C. 将下年度收入列入本期　　　　　　　D. 将利息收入列入营业收入

16. 针对被审计单位年末隐瞒销售收入的行为,下列审计程序中,最不相关的是(　　)。

　　A. 从次年1月份主营业务收入明细账记录中抽取某些项目,检查相应的记账凭证、发运单和销售发票

　　B. 以当年12月31日主营业务收入明细账记录为起点,抽取项目,检查相应的记账凭证、发运凭证和销售发票

C. 抽取本年度 12 月 31 日开具的销售发票,检查相应的发运凭证和账簿记录

D. 抽取本年度 12 月 31 日的发运凭证,检查相应的销售发票和账簿记录

17. 下列认定中,与销售信用批准控制相关的是(　　)。

A. 计价和分摊　　　　B. 发生　　　　　　C. 权利和义务　　　　D. 完整性

18. 向顾客开具账单所针对的主要问题包括(　　)。

A. 存在或发生认定　　　　　　　　　B. 完整性认定

C. 权利和义务认定　　　　　　　　　D. 估价或分摊认定

19. 下列事项中,不属于虚增收入或提前确认收入的舞弊手段的是(　　)。

A. 采用完工百分比法确认劳务收入时,故意少计实际发生的成本

B. 在与商品相关的风险和报酬尚未全部转移给客户之前确认销售收入

C. 隐瞒售后回租协议,而将售后租回方式发出的商品作为销售商品确认收入

D. 销售合同中约定被审计单位的客户在一定时间内有权无条件退货,而被审计单位隐瞒退货条款在发货时全额确认销售收入

20. 下列事项中,没有表明收入确认可能存在舞弊风险迹象的是(　　)。

A. 发生销售业务之后长期不进行结算,挂账发出商品和其他应收款

B. 在应收款项收回时,付款单位与购买方不一致,存在较多代付款的情况

C. 被审计单位销售记录表明已将商品发往外部仓库或货运代理人,却未指明任何客户

D. 经客户同意,将商品运送到销售合同约定地点以外的其他地点

二、多项选择题

1. 在对收入及其结算情况审计时,一般要结合(　　)进行。

A. 应收账款　　　B. 应付账款　　　C. 预付账款　　　D. 预收款项

2. 确定主营业务收入归属期是否正确,应重点审查的日期是(　　)。

A. 发票开具日期　　　B. 收款日期　　　C. 发货日期　　　D. 记账日期

3. 审计人员确定应收账款函证数量的大小、范围时,应考虑的主要因素有(　　)。

A. 应收账款在全部资产中的重要性　　　B. 被审计单位内部控制的强弱

C. 以前年度函证结果　　　　　　　　　D. 函证方式的选择

4. 销售与收款循环业务包括的利润表项目主要有(　　)。

A. 主营业务收入　　　B. 税金及附加　　　C. 管理费用　　　D. 所得税费用

5. 审计人员采用肯定式询证函较好的情形是债务人符合(　　)。

A. 欠款可能存在差错　　　　　　　　B. 预计的差错率低

C. 相关的内部控制有效　　　　　　　D. 个别账户的欠款金额较大

6. 在符合下列(　　)情况时,注册会计师可以采用否定式询函证。

A. 预计差错率较低　　　　　　　　　B. 债务人欠款余额小

C. 债务人能认真对待询证函　　　　　D. 内部控制较差

7. 注册会计师在确定函证对象时,下列债务人中应作为主要选择对象的是(　　)。

A. 欠款金额占全部应收账款的 20%　　B. 欠款时间已达两年以上

C. 持有被审计单位 30% 的股权　　　　D. 与被审计单位同一董事长

8. 对销售交易中内部控制进行测试,以下情况体现了适当的职责分离原则的有(　　)。

A. 一人负责主营业务收入账和应收账款账,但有另一位不负责账簿记录的职员定期调节总账和明细账

B. 负责主营业务收入和应收账款记账的职员不经手货币资金

C. 将办理销售、发货、收款三项业务的部门(或岗位)分别成立

D. 应收票据的取得和贴现必须经由保管票据以外的主管人员的书面批准

9. 以下控制措施对防范相应的风险有效的有(　　)。

A. 赊销的审批可以防止以巨额坏账损失为代价的大量销售风险

B. 销售价格、销售条件、运费、折扣等必须经过审批是为了保证销售交易按照企业定价政策规定的价格开票收款

C. 对于超过单位既定销售政策和信用政策规定范围的特殊销售交易,单位进行集体决策是为了防止因审批人决策失误而造成严重损失

D. 发货以后才开具账单是为了防止漏开账单的风险

10. 注册会计师对被审计单位已发生的销货业务是否均已登记入账进行审计时,常用的控制测试程序有(　　)。

A. 检查发运凭证连续编号的完整性　　　　B. 检查赊销业务是否经过授权批准

C. 检查销售发票连续编号的完整性　　　　D. 观察已经寄出的对账单的完整性

11. 注册会计师在审计过程中发现,被审计单位对外销售一批商品,该商品已发出且纳税义务已发生,由于货款收回存在较大不确定性,判断不符合收入确认条件。下列各项关于该笔销售业务的会计处理中,得到注册会计师认可的有(　　)。

A. 发出商品的同时结转其销售成本

B. 根据增值税专用发票上注明的税额确认应收账款

C. 根据增值税专用发票上注明的税额确认应交税费

D. 将发出商品的成本记入"发出商品"科目

12. 在对"应收票据"进行审计时,审计人员应检查项目包括(　　)。

A. 销售产品收到的银行承兑汇票

B. 提供劳务收到的商业承兑汇票

C. 以持有的商业承兑汇票背书抵付前欠货款

D. 收到购货方背书转让的银行承兑汇票

13. 下列各项中,会导致被审计单位应收账款账面价值减少的有(　　)。

A. 转销无法收回备抵法核算的应收账款　　B. 收回应收账款

C. 计提应收账款坏账准备　　　　　　　　D. 收回已转销的应收账款

14. 下列针对销售与收款循环的授权审批控制中,符合恰当的授权审批的有(　　)。

A. 在销售之前,赊销已经正确审批

B. 未经赊销批准的销货一律不准发货

C. 销售价格、销售条件、运费、折扣由销售人员根据客户情况进行谈判后直接确定

D. 对于超过既定销售政策和信用政策规定范围的特殊销售业务,采用集体决策方式

15. 在对询证函的以下处理方法中,正确的有(　　)。

A. 在粘封询证函时对其统一编号,并将发出询证函的情况记录于审计工作底稿

B. 询证函经会计师事务所盖章后,由注册会计师直接寄出

C. 收回的询证函回函复制给被审计单位管理层以帮助其催收货款

D. 以电子邮件方式收回的询证函,必要时,要求被询证单位将原件盖章后寄至会计师事务所

三、判断题（正确的打"√"，错误的打"×"）

1. 在销售与收款循环审计中，审计人员应当将完整性作为重要目标进行实质性测试。
（　　）

2. 在销售的截止测试中，审计人员可以考虑采用以账簿记录为起点的审计路线，以防止少计收入。
（　　）

3. 应收账款的账龄分析将有助于了解坏账准备的计提是否充分。
（　　）

4. 对于大额应收账款余额，审计人员必须采用肯定式询证函予以证实。
（　　）

5. 应收账款询证函的编制和寄发均由审计人员亲自进行。
（　　）

6. 采用委托其他单位代销产品的被审计单位，审计人员应提请其在代销产品销售时确认收入的实现。
（　　）

7. 在单独执行销售与收款循环审计时，注册会计师仍然应经常地将该循环与其他循环的审计情况结合起来加以考虑。
（　　）

8. 由出纳定期向客户寄出对账单，促使客户履行合约。
（　　）

9. 审查坏账准备提取是否正确，仅关系到资产负债表的正确性。
（　　）

10. 肯定式函证方式没有得到复函的，应采用追查程序，一般说来应第二次甚至第三次发函，如果仍得不到答复，应考虑采用必要的替代审计程序。
（　　）

11. 被审计单位保管应收票据的人不应该经办有关会计分录。
（　　）

12. 为了证实已发生的销售业务是否均已登记入账，有效的做法是审查销售日记账。
（　　）

13. 销售费用属于销售与收款循环中发生的费用。
（　　）

14. 向顾客提供商品或劳务是销售与收款循环的起点。
（　　）

15. 注册会计师签发的否定式询证函，如果客户未予答复，表明被审计单位的记录一定是正确可靠的。
（　　）

四、思考与讨论

黎明股份的前身是一家只有800多名员工的集体企业——沈阳黎明高级服装厂。1995年黎明成立了集科、工、贸于一体的实业集团，随后集团拿出1.6亿元资产折成1.2亿元的国家股，发起设立了黎明股份，募集资金近3.6亿元，1999年1月在沪交所上市交易。上市后，黎明股份1999年、2000年连续两年亏损，经营业绩全面下降。2001年4月21日，黎明股份在媒体上发表1999年度会计报告有关数据调整公告，公告中披露1999年黎明股份会计报告中虚增主营业务收入1.5亿多元，虚增利润8 679万元；同时发出2001年预亏公告。2001年4月26日，黎明股份股票交易被上交所实施ST处理。

黎明股份为了获取上市的资格及取得上市后再融资的配股权，实施了一系列的财务造假行为。经过调查审核发现，黎明股份90%以上的交易或事项都是造假形成的，与其他企业对开增值税发票，虚增主营业务收入1.07亿元，虚转成本7 812万元，虚增利润2 902万元；虚拟销售对象、虚开产品销售发票，虚增主营业收入2 269万元，虚增利润1 039万元。利用出口优惠政策，虚拟外销业务，分别虚增收入和利润500多万元。以上造假黎明股份都是系列造出假购销合同、假货物入库单、假出库单、假保管账，假成本计算单等原始凭证，然后假账真做地进行账务处理，并编制报表。

问题：在财务造假案件中，收入与利润的造假是最常见的。企业收入舞弊动因是什么？常采用的造假手段有哪些？审计人员应采取哪些方法来发现收入核算中的造假行为呢？

任务7 对采购与付款循环的审计

信诚会计师事务所注册会计师赵宇负责采购与付款循环业务的审计。经过对康诺公司业务的了解,作为一般制造业企业,康诺公司采购与付款业务主要包括采购生产过程所需的设备、原材料、易耗品、配件等并进行日常存储管理。由于公司销售业务的连年增长,康诺公司每年原材料采购业务量较大,由此产生的材料供应商较多、应付账款余额较大,成为流动负债中的主要项目。另外,由于企业正处于扩张期,康诺公司固定资产投资投入较大。2020年因新产品上线,又对现有生产线进行了调整,淘汰了一条技术落后的生产线,为新产品新建了一条生产线。

针对康诺公司的情况,注册会计师赵宇对采购与付款循环的审计制订了具体的审计计划,将应付账款和固定资产作为重点审查项目。下面我们就来看一下如何开展对康诺公司采购与付款业务的进一步审计程序。

任务目标

知识目标:

具备开展采购与付款循环进一步审计程序必备知识,包括了解采购与付款循环的主要业务活动,掌握采购与付款循环控制测试的要求,掌握采购与付款业务中主要账户的审计目标,以及围绕审计目标开展实质性程序的内容及方法。

技能目标:

具备开展业务循环审计的专业胜任能力,能进行采购与付款循环的控制测试及主要账户的实质性测试,将审计过程恰当地记录于审计工作底稿并能依据获取的审计证据作出正确的审计结论。

素质目标:

具备实事求是的工作作风和科学严谨的工作态度,培养精益求精的工匠精神;激发独立思考、解决问题的探究精神;提升知行统一的学习及实践能力及勇于应用新技术的创新意识。

子任务 7.1　了解采购与付款循环的主要业务活动

任务要求

为了确定进一步审计程序该如何开展,注册会计师赵宇首先对康诺公司采购与付款业务进行了解。了解的同时,他也与项目组其他成员一起讨论分析了采购与付款业务活动中常见的风险领域。

通过对采购与付款流程业务活动的了解,采购与付款活动中可能存在哪些错报风险呢?

知识准备

一、采购与付款循环的主要业务活动

采购与付款循环从处理请购单开始,经过请购、订货、验收、付款等一系列业务环节。企业应将各项职能活动指派给不同的部门或职员来完成。这样,每个部门或职员都可以独立检查其他部门和职员工作的正确性。下面以采购商品为例,分别阐述采购与付款循环中的主要环节。

(1) 请购商品。仓库负责对需要购买的已列入存货清单的项目填写请购单,其他部门也可以对所需要购买的未列入存货的项目编制请购单。大多数企业对正常经营所需物资的购买均作一般授权,但对资本支出和租赁合同,企业政策则通常要求作特别授权,只允许指定人员提出请购。请购单可由手工或计算机编制,由于企业内许多部门都可以填列请购单,不便事先编号,为加强控制,每张请购单必须经过对这类支出负预算责任的主管人员签字批准。

请购单是证明有关采购交易的"发生"认定的凭据之一,也是采购交易轨迹的起点。

(2) 编制订购单。采购部门在收到请购单后,对经过批准的请购单发出订购单。对每张订购单,采购部门应确定最佳的供应来源。对一些大额、重要的采购项目,应采取竞价方式来确定供应商,以保证供货的质量、及时性和成本的低廉。订购单一式多联,并连续编号,分送供应商、企业内部验收部门、请购部门和应付凭单部门。随后,应独立检查订购单的处理,以确定是否确实收到商品并正确入账。这项检查与采购交易的"完整性"和"发生"认定有关。

(3) 验收商品。货物的验收是会计核算中确认资产、费用和负债是否存在和发生的重要依据,是购进交易中的重要环节。验收部门首先应比较所收商品与订购单上的要求是否相符,然后再盘点商品并检查商品有无损坏。验收后,验收部门应对已收货的每张订购单编制一式多联、预先编号的验收单,作为验收和检验商品的依据。验收人员将商品送交仓库或其他请购部门时,应取得经过签字的收据,或要求其在验收单的副联上签收,以确立他们对所采购的资产应负的保管责任。验收人员还应将其中的一联验收单送交应付凭单部门。

验收单是支持资产或费用以及与采购有关的负债的"存在或发生"认定的重要凭证。定

期独立检查验收单的顺序以确定每笔采购交易都已编制凭单,则与采购交易的"完整性"认定有关。

(4) 储存已验收的商品存货。将已验收商品的保管与采购的其他职责分离,可减少未经授权的采购风险。存放商品的仓储区应相对独立,限制无关人员接近。这些控制与商品的"存在"认定有关。

(5) 确认与记录负债。正确确认已验收商品和已接受服务的债务,对企业财务报表和实际现金支出具有重大影响。在记录采购交易前,财务部门需要核对订货单、验收单和供货发票的一致性,确定供应商发票的内容与相关的验收单、订购单的一致性;供应商发票计算的正确性。检查无误后,会计人员编制转账凭证或付款凭证,经会计主管审核后据以登记相关账簿。如果月末尚未收到供应商发票,财务部门需根据验收单和订购单暂估相关的负债。这些控制与"存在""发生""完整性""权利和义务"和"准确性、计价和分摊"等认定有关。

(6) 办理付款。企业通常根据国家有关支付结算的相关规定和企业经营的实际情况选择付款结算方式。企业有多种款项结算方式,以支票结算方式为例,编制和签发支票的有关控制包括:①独立检查已签发支票的总额与所处理的付款凭单总额的一致性;②应由被授权的财务部门的人员负责签发支票;③被授权签发支票的人员应确定每张支票都附有一张已经适当批准的未付款凭单,并确定支票收款人姓名和金额与凭单内容的一致;④支票一经签发就应在其凭单和支持性凭证上用加盖印戳或打洞等方式将其注销,以免重复付款;⑤支票签发人不应签发无记名甚至空白的支票;⑥支票应预先顺序编号,保证支出支票存根的完整性和作废支票处理的恰当性;⑦应确保只有被授权的人员才能接近未经使用的空白支票。

(7) 记录现金、银行存款支出。根据付款凭单、支票登记簿和有关记账凭证登记有关现金和银行存款的日记账和总账账簿。以银行存款支出来说,会计主管应独立检查记入银行存款日记账和应付账款明细账的金额的一致性,以及与支票汇总记录的一致性。通过定期比较银行存款日记账记录的日期与支票副本的日期,独立检查入账的及时性。

我们可以用表 7-1 来说明在采购与付款循环中各经济业务和相关凭证记录之间的关系。

表 7-1　采购与付款循环的主要凭证与记录

业　务	原始凭证与记录	记账凭证与账簿	会计分录
填写请购单	请购单		
采购	订购单、购货合同、购货发票	记账凭证、材料采购明细账与总账、应交税费明细账与总账、应付账款明细账与总账	借:材料采购 应交税费 　贷:应付账款
验收入库	验收单	记账凭证、材料采购明细账与总账、原材料明细账与总账	借:原材料 　贷:材料采购
支付货款	付款申请单、支票等	付款凭证、现金、银行存款日记账与总账、应付账款明细账与总账	借:应付账款 　贷:银行存款

二、采购与付款循环涉及的主要报表项目

根据财务报表项目与业务循环的相关程度,采购与付款循环涉及的报表项目见表 7-2。

表 7-2　采购与付款循环和主要财务报表项目对照表

业务循环	资产负债表项目	利润表项目
采购与付款循环	预付账款、固定资产、在建工程、工程物资、固定资产清理、无形资产、开发支出、商誉、长期待摊费用、应付票据、应付账款、长期应付款	管理费用、销售费用等

任务指导

在评估重大错报风险时,注册会计师之所以需要充分了解被审计单位对采购与付款交易的控制活动,是因为在此基础上设计并实施进一步审计程序,才能有效应对重大错报风险。

影响采购与付款交易和余额的重大错报风险可能包括:

(1) 低估负债或相关准备。在承受反映较高盈利水平和营运资本的压力下,被审计单位管理层可能试图低估应付账款等负债。例如未记录已收取货物但尚未收到发票的采购相关的负债或未记录尚未付款的已经购买的服务支出等,这将对"完整性"等认定产生影响。

(2) 管理层错报负债费用支出的偏好和动因。被审计单位管理层可能为了完成预算,满足业绩考核要求,保证从银行获得资金,吸引潜在投资者,误导股东,影响公司股价等,通过操纵负债和费用的确认控制损益,例如:

① 平滑利润。通过多计准备或少计负债和准备,把损益控制在被审计单位管理层希望的程度。

② 利用特别目的实体把负债从资产负债表中剥离,或利用关联方间的费用定价优势制造虚假的收益增长趋势。

③ 被审计单位管理层把私人费用计入企业费用,把企业资金当作私人资金运作。

(3) 费用支出的复杂性。例如,被审计单位以复杂的交易安排购买一定期间的多种服务,管理层对于涉及的服务受益与付款安排所涉及的复杂性缺乏足够的了解。这可能导致费用支出分配或计提的错误。

(4) 不正确地记录外币交易。当被审计单位进口用于出售的商品时,可能由于采用不恰当的外币汇率而导致该项采购的记录出现差错。此外,还存在未能将诸如运费、保险费和关税等与存货相关的进口费用进行正确分摊的风险。

(5) 舞弊和盗窃的固有风险。如果被审计单位经营大型零售业务,由于所采购商品和固定资产的数量及支付的款项庞大,交易复杂,容易造成商品发运错误,员工和供应商发生舞弊和盗窃的风险较高。如果那些负责付款的会计人员有权接触应付账款主文档,并能够通过在应付账款主文档中擅自添加新的账户来虚构采购交易,风险也会增加。

（6）存在未记录的权利和义务。这可能导致资产负债表分类错误以及财务报表附注不正确或披露不充分。

注册会计师基于在了解被审计单位及其环境的整个过程中所识别的相关风险，结合对采购与付款循环中拟测试控制的了解，考虑在采购与付款循环中发生错报的可能性以及潜在错报的重大程度是否足以导致重大错报，从而评估采购与付款循环的相关交易和余额存在的重大错报风险，以此设计和实施进一步审计程序提供基础。

任务附注

了解采购与付款流程及执行穿行测试工作底稿

了解采购与付款流程及执行穿行测试工作底稿

思政小课堂

人民的审计

子任务 7.2 进行采购与付款循环的控制测试

任务要求

注册会计师赵宇对康诺公司采购与付款循环的内部控制进行了解中发现以下情况。

（1）康诺公司的材料采购由采购部门负责，根据使用部门填制的请购单编制采购单并采购，货物进厂后由隶属采购部门的验收部门负责验收。

（2）如果货物验收合格，验收部门就在验收单上盖"货已验讫"的印章，交给会计部门付款。

（3）验收不合格的货物由验收部门在验收单上注明情况，向供货商办理退货。

（4）验收后的货物填写入库单办理入库手续交原材料仓库保管。

根据对康诺公司采购与付款循环内部控制的了解，采购与付款循环的控制测试应如何开展？

知识准备

完成对被审计单位采购与付款业务流程内部控制的了解后,对内部控制的有效性作出初步判断,以确定是否进一步实施控制测试程序来判断被审计单位内部控制活动是否得到有效执行。注册会计师可以选取关键控制点对被审计单位的采购与付款流程进行测试,按照业务发生频率随机抽取样本进行书面证据检查,以确定与采购与付款循环有关的内部控制活动是否有效执行。采购与付款循环的关键控制点分别涉及供应商选择及主档案维护、请购与审批、订购、采购与验收、付款控制、记录应付账款、付款几个方面。

一、供应商选择及主档案维护测试

(1) 获取被审计单位所审计期间的供应商台账,根据业务控制频率或控制运行总次数确定样本量。

(2) 根据确定的样本量,抽取所审计期间的供应商进行检查。供应商选择及档案维护测试的主要检查点如下。

① 供应商档案的变更真实有效。

② 供应商档案变更后更准确。

③ 确保供应商档案数据及时更新。

④ 所有供应商档案变更均已进行输入及处理。

⑤ 对供应商档案变更均已于适当期间进行处理。

⑥ 其他(结合实际情况描述)。

(3) 检查所抽取样本,根据检查的结果填写测试说明和测试结论,通过控制测试,确定采购与付款流程中与维护供应商档案有关内部控制活动是否有效执行。

二、请购与审批测试

(1) 获取被审计单位所审计期间的全部请购单,根据业务控制频率或控制运行总次数确定样本量。

(2) 根据确定的样本量,抽取所审计期间的请购单进行检查。请购与审批测试的主要检查点如下。

① 对正常经营所需的物资的购买均做一般授权。

② 所有采购均已按规定编制请购单。

③ 请购申请经批准,超预算和预算外采购符合规定。

④ 对资本支出和租赁合同,企业政策做特别授权,只允许指定人员提出请购。

⑤ 每张请购单已经过对这类支出预算负责的主管人员签字批准。

⑥ 其他(结合实际情况描述)。

(3) 检查所抽取样本,根据检查的结果填写测试说明和测试结论,通过控制测试,确定采购与付款流程中与请购材料有关内部控制活动是否有效执行。

三、订购测试

(1) 获取被审计单位所审计期间的全部订购单、合同,根据业务控制频率或控制运行总次数确定样本量。

(2) 根据确定的样本量,抽取审计期间的订购单、合同进行检查。订购测试的主要检查点如下。

① 采购部门在收到请购单后,只对经过批准的请购单发出订购单。

② 订购单应正确填写所需要的商品品名、数量、价格、厂商名称和地址等。

③ 正联应送交供应商,副联则送至企业内部的验收部门、应付凭单部门和编制请购单的部门。

④ 对一些大额、重要的采购项目,签署采购合同。

⑤ 对一些大额、重要的采购项目,应采取竞价方式来确定供应商。

⑥ 订购单预先予以编号并经过被授权的采购人员签名。

⑦ 独立检查订购单的处理,以确定是否确实收到商品并正确入账。

⑧ 其他(结合实际情况描述)。

(3) 检查所抽取样本,根据检查的结果填写测试说明和测试结论,通过控制测试,确定采购与付款流程中与订购材料有关内部控制活动是否有效执行。

四、采购与验收测试

(1) 获取被审计单位所审计期间的全部入库(验收)单,根据业务控制频率或控制运行总次数确定测试的样本量。

(2) 根据确定的样本量,抽取入库(验收)单进行检查。采购与验收测试的主要检查点如下。

① 所收商品与订购单上的要求相符。

② 验收部门应对已收货的每张订购单编制一式多联、预先编号的验收单。

③ 验收人员还应将其中的一联验收单送交应付凭单部门。

④ 验收时盘点商品并检查商品有无损坏。

⑤ 验收人员将商品送交仓库或其他请购部门时,应取得经过签字的收据。

⑥ 其他(结合实际情况描述)。

(3) 检查所抽取样本,根据检查的结果填写测试说明和测试结论,通过控制测试,确定采购与付款流程中与验收有关内部控制活动是否有效执行。

五、付款控制测试

(1) 获取被审计单位所审计期间的发票、付款凭单,根据业务控制频率或控制运行总次数确定样本量。

(2) 根据确定的样本量,抽取所审计期间的发票、付款凭单进行检查。付款控制测试的主要检查点如下。

①　确定供应商发票的内容与相关的验收单、订购单的一致性。

②　编制有预先编号的付款凭单,并附上支持性凭证(如订购单、验收单和供应商发票等)。

③　在付款凭单上填入应借记的资产或费用账户名称。

④　由被授权人员在凭单上签字,以示批准照此凭单要求付款。

⑤　确定供应商发票计算的正确性。

⑥　独立检查付款凭单计算的正确性。

⑦　其他(结合实际情况描述)。

(3)检查所抽取样本,根据检查的结果填写测试说明和测试结论,通过控制测试,确定采购与付款流程中与编制付款凭单有关内部控制活动是否有效执行。

六、记录应付账款测试

(1)获取被审计单位所审计期间的发票、应付账款记账凭证,根据业务控制频率或控制运行总次数确定样本量。

(2)根据确定的样本量,抽取所审计期间的发票、应该账款记账凭证进行检查。记录应付账款测试的主要检查点如下。

①　发票上所记载的品名、规格、价格、数量、条件及运费与订货单上的有关资料核对。

②　将已批准的未付款凭单送达会计部门,据以编制有关记账凭证和登记有关账簿。

③　定期核对编制记账凭证的日期与凭单副联的日期。

④　会计人员定期检查应付账款总账余额与应付凭单部门未付款凭单档案中的总金额是否一致。

⑤　发票上所记载的品名、规格、价格、数量、条件及运费与验收单上的资料核对。

⑥　会计主管监督记账凭证中账户分类的适当性。

⑦　会计人员应核对所记录的凭单总数与应付凭单部门送来的每日凭单汇总表是否一致。

⑧　其他(结合实际情况描述)。

(3)检查所抽取样本,根据检查的结果填写测试说明和测试结论,通过控制测试,确定采购与付款流程中与记录应付账款有关内部控制活动是否有效执行。

七、付款测试

(1)获取被审计单位所审计期间的审批单、付款凭证,根据业务控制频率或控制运行总次数确定样本量。

(2)根据确定的样本量,抽取所审计期间的审批单、付款凭证进行检查。付款测试的主要检查点如下。

①　独立检查已签发支票的总额与所处理的付款凭单的总额的一致性。

②　被授权签署支票的人员应确定每张支票都附有一张已经适当批准的付款凭单,并确定支票收款人姓名和金额与凭单内容一致。

③ 支票签署人不签发无记名及空白的支票。

④ 确保只有被授权的人员才能接近未经使用的空白支票。

⑤ 应由被授权的财务部门的人员负责签署支票。

⑥ 支票一经签署就应在其凭单和支持性凭证上用加盖印戳或打洞等方式将其注销。

⑦ 支票应预先连续编号,保证支出支票存根的完整性和作废支票处理的恰当性。

⑧ 审批单是否经过核准。

⑨ 其他(结合实际情况描述)。

(3) 检查所抽取样本,根据检查的结果填写测试说明和测试结论,通过控制测试,通过控制测试,确定采购与付款流程中与记录应付账款有关内部控制活动是否有效执行。

任务指导

通过对康诺公司采购与付款循环业务的了解,注册会计师以识别的重大错报风险为起点,选取拟测试的控制并实施控制测试,开展对采购与付款循环的审计。在此次控制测试的过程中,注册会计师选取关键控制点对被审计单位的采购与付款流程进行测试,按照业务发生频率随机抽取样本进行书面证据检查。针对康诺公司情况,选取关键控制点进行的测试包括:请购与审批测试、订购测试、采购与验收测试、付款控制测试几个方面。控制测试所使用的审计程序的类型主要包括询问、观察、检查和重新执行,注册会计师可以根据所测试的内部控制的特征及需要获得的保证程度选用适当的测试程序。根据选取的关键控制点及对控制点的检查情况,将检查结果填写在控制测试工作底稿中。经测试,康诺公司采购与付款循环内部控制活动执行有效。

任务附注

采购与付款流程控制测试工作底稿

采购与付款流程控制测试工作底稿

思政小课堂

审计经验与专业胜任能力

子任务 7.3 进行采购与付款循环的实质性测试

任务要求

信诚会计师事务所注册会计师赵宇正在进行采购与付款循环业务的审计。赵宇审计康诺公司的应付账款项目时发现,双联公司是康诺公司的重要供应商,每年交易额较大。截至 2020 年年底,康诺公司应付双联公司货款为 218 万元。经函证,双联公司确认康诺公司欠货款为 298 万元。赵宇在分析产生差异的原因时,向康诺公司相关采购人员及财务人员进行询问,得知:2020 年一笔交易双方对价格产生纠纷,由于一直争执不下,康诺公司未入账,准备待双方达成协议再做处理。

针对发现的情况,审计人员应如何处理呢?

知识准备

一、应付账款的实质性测试

(一)应付账款的审计目标

应付账款是企业在正常经营过程中,因购买材料、商品或接受劳务供应等而应付给供应单位的款项。可以看出,应付账款业务是随着企业赊购交易的发生而发生的,审计人员应结合购货业务进行应付账款的审计。

采购与付款交易的主要重大错报风险通常是低估费用和应付账款,从而高估利润、粉饰财务状况。因此,实施实质性程序,如对收到的商品和付款实施截止测试,以获取交易是否已被计入正确的会计期间的证据就显得非常重要;该交易循环中的另一项重大错报风险是采购的商品、资产被错误分类,即对本应资本化的予以费用化,或对本应费用化的予以资本化。这都将影响利润和资产或负债。此外,对于付款交易,还应关注被审计单位是否存在未经授权或无效的付款,是否将应计入费用的付款有意无意地冲销了不相关的应付账款。

针对上述重大错报风险实施实质性审计程序的目标见审计工作底稿如表 7-3 所示。

表 7-3 应付账款审计目标确定

被审计单位: 索引号: 页次:
项目:应付账款 编制人: 日期:
报表期间: 复核人: 日期:

审 计 目 标	财务报表认定					
	存在	完整性	权利与义务	准确性、计价与分摊	分类	列报
A. 资产负债表中记录的应付账款是存在的	√					
B. 所有应当记录的应付账款均已记录		√				

续表

审计目标	财务报表认定					
	存在	完整性	权利与义务	准确性、计价与分摊	分类	列报
C. 资产负债表中记录的应付账款是被审计单位应当履行的现实义务			√			
D. 应付账款以恰当的金额包括在财务报表中,与之相关的计价调整已恰当记录				√		
E. 确定应付账款记录于恰当的账户					√	
F. 应付账款恰当地汇总或分解且表述清楚,在财务报表中作出恰当的披露						√

(二) 应付账款的实质性测试程序

(1) 获取或编制应付账款明细表,复核加计正确,并与报表数、总账数和明细账合计数核对是否相符。

(2) 对应付账款进行分析程序。

① 对本期期末应付账款余额与上期期末余额进行比较,分析其波动原因。

② 计算应付账款对存货的比率、应付账款对流动负债的比率,并与以前期间对比分析,评价应付款整体的合理性。

③ 根据存货、主营业务收入和主营业务成本的增减变动幅度,判断应付账款增减变动的合理性。

(3) 函证应付账款。

作为往来款项,一般情况下应付账款不需要函证,但如果控制风险较高,某些应付账款明细账户金额较大或被审计单位处于财务困难阶段,则应进行应付账款的函证。函证时,审计人员应选择较大金额的债权人,以及那些在资产负债表日金额不大,甚至为零,但为企业重要供货人的债权人,作为函证对象。最好采用积极的函证形式,并具体说明应付金额。

审计人员应获取适当的供应商相关清单,例如本期采购量清单、所有现存供应商名单或应付账款明细账。询问该清单是否完整并考虑该清单是否应包括预期负债等附加项目。选取样本进行测试并执行以下程序。

① 向债权人发送询证函。注册会计师应根据审计准则的规定对询证函保持控制,包括确定需要确认或填列的信息、选择适当的被询证者、设计询证函,包括正确填列被询证者的姓名和地址,以及被询证者直接向注册会计师回 函的地址等信息,必要时再次向被询证者寄发询证函等。

② 将询证函回函确认的余额与已记录金额相比较,如存在差异、检查支持性文件、评价已记录金额是否适当。

③ 对于未作回复的函证实施替代程序,如检查至付款文件(如现金支出、电汇凭证和支票复印件)、相关的采购文件(如采购订单、验收单、发票和合同)或其他适当文件。

④ 如果认为回函不可靠,评价对评估的重大错报风险以及其他审计程序的性质、时间安排和范围的影响。

做中学 7-1

在初次审计 G 公司的财务报表时，若决定函证部分应收账款，下列为正考虑的应收账款账户。

公司	年末应收账款	全年销货金额
甲	0 万元	100 万元
乙	3 万元	6 万元
丙	9 万元	11 万元
丁	20 万元	220 万元

要求：

（1）上述公司中哪两家最需要函证？请说明理由。

（2）假定上述 4 家公司为被审计单位的供货商，且上述金额为应付账款余额和全年购货总额，若正准备从中抽取两家进行应付账款函证，则哪两家最需要函证？请说明理由。

（3）应收账款与应付账款函证有何区别？

（4）检查是否存在未入账应付账款。

可以通过以下方式查找未入账的应付账款。

① 检查债务形成的相关原始凭证，如供应商发票、验收报告或入库单等，查找有无未及时入账的应付账款，确认应付账款期末余额的完整性。

② 检查资产负债表日后应付账款明细账贷方发生额的相应凭证，关注其购货发票的日期，确认其入账时间是否合理。

③ 获取被审计单位与其供应商之间的对账单，并将对账单和被审计单位财务记录之间的差异进行调节（如在途款项、在途商品、付款折扣、未记录的负债等），查找有无未入账的应付账款，确定应付账款金额的准确性。

④ 针对资产负债表日后付款项目，检查银行对账单及有关付款凭证（如银行汇款通知、供应商收据等），询问被审计单位内部或外部的知情人员，查找有无未及时入账的应付账款。

⑤ 结合存货监盘程序，检查被审计单位在资产负债日前后的存货入库资料（验收报告或入库单），检查是否有大额货到单未到的情况，确认相关负债是否计入了正确的会计期间。

（5）检查长期挂账的应付账款。

审计过程中，如发现长期挂账的应付账款，应询问被审计单位长期挂账的原因，作出记录，检查对确实无须支付的应付款的会计处理是否正确。还要注意判断被审计单位是否缺乏偿债能力或利用应付账款隐瞒利润。

（6）检查应付账款分类的正确性。

结合预付账款的明细余额，查明是否有应付账款和预付账款同时挂账的项目；结合其他应付款的明细余额，查明有无属于应付账款的其他应付款。检查应付账款是否存在借方余额。如有应查明原因，必要时建议被审计单位作重分类调整。

（7）检查异常或大额及重大调整事项。

针对异常或大额交易及重大调整事项（如大额的购货折扣或退回、会计处理异常的交易、未经授权的交易或缺乏支持性凭证的交易等），检查相关原始凭证和会计记录，以分析交易的真实性、合理性。

（8）检查应付账款在财务报表中的列报。

检查应付账款是否已按企业会计准则的规定在财务报表中作出恰当列报和披露。一般来说,"应付账款"项目应根据"应付账款"和"预付账款"科目所属明细科目的期末贷方余额的合计数填列。

完成应付账款实质性程序后,审计结果要记录于应付账款审定表 7-4。

表 7-4　应付账款审定表

单位名称:　　　　　　　　编制人:　　　　　　　日期:　　　　　　索引号:

所属期间:　　年度　　　　复核人:　　　　　　　日期:

上期审定数	本期未审数	同比增减	调　整		其中滚调		审定数
			借	贷	借	贷	
审计说明							
审计结论							

二、固定资产的实质性测试

(一)固定资产的审计目标

固定资产是指同时具有以下两个特征的有形资产:为生产商品、提供劳务、出租或经营管理而持有的;使用寿命超过一个会计年度。固定资产只有同时满足下列两个条件才能予以确认:①与该固定资产有关的经济利益很可能流入企业;②该固定资产的成本能够可靠地计量。固定资产属于长期资产,随着使用和磨损的发生,通过计提折旧的方式逐渐减少账面价值。

固定资产审计的范围很广。固定资产项目反映企业所有固定资产的原价;累计折旧项目反映企业固定资产的累计折旧数额;固定资产减值准备项目反映企业对固定资产计提的减值准备数额。这三项无疑属于固定资产的审计范围。除此之外,由于固定资产的增加包括购置、自行建造、投资者投入、融资租入、更新改造、接受捐赠和盘盈等多种途径,相应涉及银行存款、应付账款、预付账款、在建工程、股本、资本公积、长期应付款等项目;企业的固定资产又因出售、报废、投资转出、捐赠转出、毁损和盘亏等原因而减少,与固定资产清理、其他应收款、营业外收入和营业外支出等项目有关;另外,企业按月计提固定资产折旧,又与制造费用、销售费用、管理费用等项目联系在一起。因此,在进行固定资产审计时,应当关注这些相关项目。

固定资产审计目标的确定见审计工作底稿表 7-5。

表 7-5　固定资产审计目标的确定

被审计单位:　　　　　　　　索引号:　　　　　　　　页次:

项目:固定资产　　　　　　　编制人:　　　　　　　　日期:

报表期间:　　　　　　　　　复核人:　　　　　　　　日期:

审 计 目 标	财务报表认定					
	存在	完整性	权利与义务	准确性、计价与分摊	分类	列报
A. 资产负债表中记录的固定资产是存在的	√					

续表

审计目标	财务报表认定					
	存在	完整性	权利与义务	准确性、计价与分摊	分类	列报
B. 所有应当记录的固定资产均已记录		√				
C. 记录的固定资产由被审计单位拥有或控制			√			
D. 固定资产以恰当的金额包括在财务报表中，与之相关的计价或分摊已恰当记录				√		
E. 固定资产记录于正确的账户					√	
E. 固定资产已按照企业会计准则的规定在财务报表中作出恰当的列报						√

（二）固定资产的实质性程序

1. 索取或编制固定资产及累计折旧分类汇总表

索取或编制固定资产及累计折旧分类汇总表，检查固定资产的分类是否正确并与总账数和明细账合计数核对相符。固定资产及其累计折旧分类汇总表是分析固定资产账户余额变动情况的重要依据，其内容包括固定资产的增减变动情况、固定资产折旧的计提情况等，是固定资产审计的重要工作底稿。

2. 对固定资产实施分析程序

根据被审计单位业务的性质，选择以下方法对固定资产实施分析性程序。

（1）计算固定资产原值与本期产品产量的比率，并与以前期间比较，分析其变动原因，可能发现闲置固定资产或已减少固定资产未在账户上注销的问题。

（2）计算本期计提折旧额与固定资产总成本的比率，将此比率与上期比较，旨在发现本期折旧额计算上的错误。

（3）计算累计折旧与固定资产总成本的比率，将此比率与上期比较，旨在发现累计折旧核算上的错误。

（4）比较本期各月之间、本期与以前各期之间的修理及维护费用，旨在发现资本性支出和收益性支出区分以上可能存在的错误。

（5）比较本期与以前各期固定资产的增加和减少。由于被审计单位的生产经营情况在不断变化，各期之间固定资产增加和减少的数额可能有很大差异。审计人员应当深入分析其差异，并根据被审计单位以往和今后的生产经营趋势，判断差异产生的原因是否合理。

（6）分析固定资产的构成及其增减变动情况，与在建工程、现金流量表、生产能力等相关信息交叉复核，检查固定资产相关金额的合理性和准确性。

3. 对固定资产进行实地观察

对固定资产实施实地观察程序时，审计人员可以以固定资产明细分类账为起点，进行实地追查，以证明会计记录中所列固定资产确实存在，并了解其目前的使用状况；也可以以实地为起点，追查至固定资产明细分类账，以获取实际存在的固定资产均已入账的证据。实地观察时除确认数量是否相符外，审计人员还应注意固定资产的质量状况、使用情况及保管情况。审计人员实地观察的重点是本期新增加的重要固定资产。

4. 检查固定资产的所有权

对各类固定资产,审计人员应收集不同的证据以确定其是否确实归被审计单位所有。

(1)外购的机器设备等,审核采购发票、采购合同等予以确定。

(2)房地产类固定资产,可以查阅有关的合同、产权证明、财产税单、抵押借款的还款凭据、保修单等书面文件。

(3)对融资租入的固定资产,应验证有关融资租赁合同,证实其并非经营租赁。

(4)对汽车等运输设备,应验证有关运营证件等。

5. 固定资产增加的审查

被审计单位如果不能正确核算固定资产的增加,将对资产负债表和利润表产生长期的影响。因此,审计固定资产的增加是固定资产实质性程序中的重要内容。固定资产的增加有购置、自制自建、投资者投入、更新改造、债务人抵债等多种途径。审计要点如下。

(1)审查固定资产增加是否列入计划、是否合法,会计处理是否符合规定。

(2)审查增加固定资产的计价是否符合规定。

① 对于外购固定资产,通过核对采购合同、发票、保险单、发运凭证等资料,抽查测试其入账价值是否正确,授权批准手续是否齐备,会计处理是否正确;如果购买的是房屋建筑物,还应检查契税的会计处理是否正确;检查分期付款购买固定资产入账价值及会计处理是否正确。

② 对于在建工程转入的固定资产,应检查固定资产确认时点是否符合企业会计准则的规定,入账价值与在建工程的相关记录是否核对相符,是否与竣工决算、验收和移交报告等一致;对已经达到预定可使用状态,但尚未办理竣工决算手续的固定资产,检查其是否已按估计价值入账,并按规定计提折旧。

③ 对于投资者投入的固定资产,检查投资者投入的固定资产是否按投资各方确认的价值入账,并检查确认价值是否公允,交接手续是否齐全;涉及国有资产的,是否有评估报告并经国有资产管理部门评审备案或核准确认。

④ 对于更新改造增加的固定资产,检查通过更新改造而增加的固定资产价值是否符合资本化条件,是否真实,会计处理是否正确;重新确定的折旧年限是否恰当。

⑤ 对于融资租赁增加的固定资产,获取租入固定资产的相关证明文件,检查租赁合同的主要内容,并结合长期应付款、未确认融资费用科目检查相关的会计处理是否正确。

⑥ 对于企业合并、债务重组和非货币性资产交换增加的固定资产,检查产权过户手续是否齐备,检查固定资产入账价值及确认的损益和负债是否符合规定。

⑦ 对于通过其他途径增加的固定资产,应检查增加固定资产的原始凭证,核对其计价及会计处理是否正确,法律手续是否齐全。

做中学 7-2

审计人员审计某企业当年财务决算时发现,该企业本年度6月购入空调10台,每台3 000元,当日即投入使用,其会计处理如下。

借:管理费用　　　　　　　　　　　　　　　　　　　　　　　　30 000

　　贷:银行存款　　　　　　　　　　　　　　　　　　　　　　　　　30 000

经查,该类空调的年折旧率为 12%,购买手续齐备。

要求:指出该企业处理当中存在的问题,提出处理意见。

6. 固定资产减少的审查

企业固定资产的减少,大致有以下去向:出售、报废、毁损、向其他单位投资转出、盘亏等。为了保护固定资产的安全和完整,必须对固定资产的减少进行严格的审查,从而确定固定资产减少的合理性、合法性。固定资产减少审计的主要目的在于查明已减少的固定资产是否已做适当的会计处理。

7. 检查固定资产后续支出的核算

固定资产的后续支出主要指的是固定资产的保养、维修和改良支出。固定资产日常保养、维修支出应当直接计入当期费用;固定资产改良支出应计入固定资产价值。审计人员应注意审查被审计单位的收益性支出与资本性支出的划分标准是否符合公认会计原则和有关法规制度;抽查固定资产及有关期间费用明细账,并与企业原始凭证核对,确定保养、维修或改良支出是否经过适当批准,金额是否正确,会计处理是否恰当。

8. 调查未使用和不需用的固定资产

审计人员应调查被审计单位有无已完工或已购建但尚未交付使用的新增固定资产,因改扩建等原因暂停使用的固定资产,以及多余或不适用的需要进行处理的固定资产,如有则应作彻底调查,以确定其是否真实。同时,还应调查未使用、不需用固定资产的购建启用及停用时点,并进行记录。

9. 固定资产折旧的审查

(1) 审查被审计单位固定资产折旧政策的执行情况。主要应检查折旧范围、折旧方法是否符合企业会计准则规定,如有无扩大或缩小固定资产折旧范围、随意变更折旧方法的问题。

① 固定资产准则中规定,企业应对所有的固定资产计提折旧。但是,已提足折旧仍继续使用的固定资产和单独计价入账的土地除外。固定资产提足折旧后,无论是否继续使用,均不再计提折旧,提前报废固定资产不再补提折旧;已达到预定可使用状态但尚未办理竣工决算的固定资产,应按估计价值确定成本,计提折旧。

② 企业可选用的固定资产折旧方法包括年限平均法、工作量法、双倍余额递减法和年数总和法等;除非由于与固定资产有关的经济利益的预期实现方式有重大改变,折旧方法一经选定,不得随意调整。

(2) 固定资产折旧费用计算的审查。审计人员应审阅、复核固定资产折旧计算表,并对照记账凭证、固定资产卡片和固定资产分类表,通过核实月初固定资产原值、分类或个别折旧率,结合固定资产当期增加及减少的情况,复算折旧额的计算是否正确。审查时注意:计提减值准备的固定资产,计提的折旧是否正确;因更新改造而停止使用的固定资产是否停止计提折旧,因大修理停用的固定资产是否照提折旧;固定资产装修费用的处理是否正确;经营租赁方式租入的固定资产发生改良支出,是否采用合理方法单独计提折旧;未使用、不需用的和暂时闲置的固定资产是否按规定计提折旧。

(3) 固定资产折旧费用分配的审查。将"累计折旧"账户的本期发生额与相应成本费用中的折旧费用明细账户相核对,以确定所计提折旧金额是否全部摊入本期产品成本费用,折旧费用的分配是否合理,分配方法与上期是否一致。

做中学 7-3

审计人员审查甲股份有限公司 2020 年度"固定资产"和"累计折旧"项目时发现下列情况。

（1）对所有的空调机按其实际使用的时间（5 月至 9 月）计提折旧。

（2）公司有租入的设备 4 台，租赁期为 5 年，未列入计提折旧固定资产范围。

（3）对已提足折旧继续使用的某设备，仍计提折旧。

（4）8 月初购入吊车 2 辆，价值 650 万元，当月已投入使用并同时开始计提折旧。

（5）该公司采用平均年限法计提折旧，但于本年度 9 月改为工作量法，这一改变已经董事会批准，未在财务报表附注中予以说明。

要求：请指出上述各项中存在的问题，并提出改进建议。

10. 固定资产减值的审查

（1）获取或编制固定资产减值准备明细表，复核加计正确，并与总账数和明细账合计数核对相符。

（2）检查被审计单位计提固定资产减值准备的依据是否充分，会计处理是否正确。

（3）检查资产组的认定是否恰当，计提固定资产减值准备的依据是否充分，会计处理是否正确。

（4）计算本期末固定资产减值准备占期末固定资产原值的比率，并与期初该比率比较，分析固定资产的质量状况。

（5）检查被审计单位处置固定资产时原计提的减值准备是否同时结转，会计处理是否正确。

（6）检查是否存在转回固定资产减值准备。

11. 检查固定资产在财务报表中的披露

财务报表附注通常应说明固定资产的标准、分类、计价方法和折旧方法，各类固定资产的预计使用年限、预计净残值和折旧率，分类别披露固定资产在本期的增减变动情况，并应披露用作抵押、担保和本期从在建工程转入数、本期出售固定资产数、本期置换固定资产数等情况。

做中学 7-4

审计人员在审查中立公司 2020 年度固定资产折旧时，发现上年末新增已投入生产使用的机床一台，原价为 100 000 元，预计净残值为 10 000 元，预计使用年限为 5 年，从 2020 年 1 月起开始计提折旧。使用年数总和法对该项固定资产进行折旧，其余各类固定资产均用直线法折旧，且该公司对这一事项在财务报表附注中未作揭示。

要求：作为审计人员，应要求该被审计单位在报表中如何处理该事项？

任务指导

对于康诺公司应付账款的审计，注册会计师采取的部分审计程序如下。

（1）发出询证函，收到双联公司回函如图 7-1 所示。

企业询证函

编号：

双联股份有限公司：

　　本公司聘请的信诚会计师事务所正在对本公司2020年度财务报表进行审计，按照中国注册会计师审计准则的要求，应当询证本公司与贵公司的往来账项等事项。下列数据出自本公司账簿记录，如与贵公司记录相符，请在本函下端"信息证明无误"处签章证明；如有不符，请在"信息不符"处列明不符金额。回函请直接寄至信诚会计师事务所。

回函地址：××市国贸大厦7层7001室信诚会计师事务所

邮编：200000　　电话：13800011111　　传真：×××66666666　　联系人：肖妍

　　1. 贵公司与本公司的往来账项列示如下。

单位：元

截止日期	贵公司欠	欠贵公司	备　注
2020/12/31		2 180 000	

　　2. 其他事项。

　　本函仅为复核账目之用，并非催款结算。若款项在上述日期之后已经付清，仍请及时函复为盼。

（公司盖章）
2021年1月21日

结论：

1. 信息证明无误。

（公司盖章）
年　月　日

2. 信息不符，请列明不符的详细情况：

截至2020年12月31日，贵公司欠本公司金额为人民币2 980 000元。

（公司盖章）
年　月　日

经办人：

图7-1　询证函回函

　　（2）对于回函不符的情况，向康诺公司相关人员进行询问；得知该笔应付账款金额不符是由于双方对价格产生纠纷，康诺公司未入账，准备待双方达成协议再做处理。

　　（3）如果购销双方在价格上没有达成协议，那么在核算上只能以合同价或双方协议价暂估入账，而不能不入账或以自己确认的价格入账。因此，康诺公司随意少记应付账款是不正确的，存在低估负债的问题。注册会计师应将调整事项记录于应付账款审定表（表7-6），提请被审计单位纠正并调整相应的报表项目。如果被审计单位拒绝，注册会计师要根据其重要性判断如何在审计报告中披露。

表 7-6　应付账款审定表

单位名称:康诺健身器材有限公司　　　编制人:赵宇　　　日期:2021.02.05　　　索引号:F5-1

财务报表截止日:2020.12.31　　　复核人:李立　　　日期:2021.02.05

上期审定数	本期未审数	同比增减	调整		其中 滚调		审定数
			借	贷	借	贷	
略	略		800 000				略
审计说明	存在未入账应付账款 经审计调整如下。 借:原材料　　　　　　　　　　　　　　　　　707 964.60 　　应交税费——应交增值税(进项税额)　　　92 035.40 　　贷:应付账款——双联公司　　　　　　　　　　　800 000						
审计结论	调整后可以确认						

任务附注

7-3-1　应付账款实质性程序工作底稿

7-3-2　固定资产实质性程序工作底稿

应付账款实质性程序工作底稿

固定资产实质性程序工作底稿

思政小课堂

固定资产的审计

同 步 练 习

一、单项选择题

1. 下列各项措施中,预防员工在购货中舞弊的最有力的措施是(　　　)。

　　A. 定期与供应商对账

　　B. 记录应付账款明细账的人员不得兼任出纳

　　C. 收到货物必须由专人验收

　　D. 将款项直接汇到供应商指定的银行账户

2. 对应付账款进行函证时,审计人员最好应(　　)。

　　A. 采用消极式函证,并不具体说明应付金额

　　B. 采用积极式函证,并具体说明应付金额

　　C. 采用积极式函证,并不具体说明应付金额

　　D. 采用消极式函证,并具体说明应付金额

3. 审计人员实地观察的重点是(　　)的重要固定资产。

　　A. 本期增加　　　　B. 本期减少　　　　C. 本期报废　　　　D. 本期正在使用

4. 下列凭证中,不属于采购与付款循环审计范围的是(　　)。

　　A. 购货发票　　　　B. 支票　　　　C. 订货单　　　　D. 发货单

5. 审计人员为审查被审计单位未入账负债而实施的下列审计程序中,最有效的是(　　)。

　　A. 审查资产负债表日后货币资金支出情况

　　B. 审查资产负债表日前后几天的发票

　　C. 审查应付账款、应付票据的函证回函

　　D. 审查购货发票与债权人名单

6. 固定资产折旧审计的目标不应包括(　　)。

　　A. 确定固定资产的增加、减少是否符合预算和经过授权批准

　　B. 确定折旧政策和方法是否符合国家有关财会法规的规定

　　C. 确定适当的折旧政策和方法是否得到一贯遵守

　　D. 确定折旧额的计算是否正确

7. 审计人员应进行应付账款函证的情况不包括(　　)。

　　A. 控制风险较高　　　　　　　　　　B. 应付账款明细账户金额较大

　　C. 应付账款在全部负债中所占比重较大　　D. 被审计单位处于财务困难阶段

8. 审查报废的固定资产时应注意,报废固定资产的净损失按规定应计入(　　)科目。

　　A. 投资收益　　　　B. 营业外支出　　　　C. 制造费用　　　　D. 管理费用

9. 审计人员为了获取实际存在的固定资产均已入账的证据,应采用的最佳程序是(　　)。

　　A. 以固定资产明细账为起点,进行实地追查

　　B. 以实地为起点,追查至固定资产明细账

　　C. 先从实地追查至明细账,再从明细账追查至实地

　　D. 先从明细账追查至实地,再从实地追查至明细账

10. 审计人员认为被审计单位固定资产折旧计提不足的迹象是(　　)。

　　A. 经常发生大额的固定资产清理损失　　B. 累计折旧与固定资产原值比率较大

　　C. 提取折旧的固定资产账面价值庞大　　D. 固定资产保险大于其账面价值

11. 在验证应付账款余额不存在漏报时,审计人员获取的以下审计证据中,证明力最强的是(　　)。

　　A. 供应商开具的销售发票

　　B. 供应商提供的月对账单

C. 被审计单位编制的连续编号的验收报告

D. 被审计单位编制的连续编号的订货单

12. 注册会计师对采购与付款循环实施实质性程序,下列相关说法中,错误的是（　　）。

A. 通常主要针对应付账款、固定资产、一般费用等项目实施实质性程序

B. 对于应付账款的审计,需要获取应付账款明细表,并复核加计是否正确,并与报表数、总账数和明细账合计数核对是否相符

C. 由于采购与付款循环中较为常见的重大错报风险时高估应付账款,因此,应付账款的函证是必需的

D. 结合存货监盘程序,可以检查相关负债是否计入了正确的会计期间

13. 审计人员向被审计单位生产部经理询问以下事项中最有可能获取审计证据的是（　　）。

A. 固定资产的抵押情况　　　　　　　B. 固定资产的报废或毁损情况

C. 固定资产的投保及其变动情况　　　D. 固定资产折旧的计提情况

14. 审计人员在查找已提前报废但尚未作出会计处理的固定资产时,以下审计程序中最有可能实施的是（　　）。

A. 以检查固定资产实物为起点,检查固定资产的明细账和投保情况

B. 以检查固定资产明细账为起点,检查固定资产实物和投保情况

C. 以分析折旧费用为起点,检查固定资产实物

D. 以检查固定资产实物为起点,分析固定资产维修和保养费用

15. 下列各项中,为获取适当审计证据所实施的审计程序与审计目标最相关的是（　　）。

A. 从被审计公司销售发票存根中选取样本,追查至对应的发货单,以确定销售的完整性

B. 从被审计公司固定资产明细账中选取样本,实地观察固定资产,以确定固定资产的所有权

C. 从应付账款明细账中选取样本,追查至对应的卖方发票和验收单,以确定应付账款的完整性

D. 函证被审计公司的银行存款,以确定银行存款余额的存在

16. 以下审计程序中,与查找未入账应付账款无关的是（　　）。

A. 审核资产负债表日后未付账单的凭证

B. 审核资产负债表日后现金支出的主要凭证

C. 检查年末应付账款明细账记录

D. 追查年末前签发的验收单至相关的供应商发票

17. 以下控制活动中,与采购交易发生认定最相关的是（　　）。

A. 检查验收单是否连续编号

B. 检查有无未记录的供应商发票

C. 检查付款凭证是否附有供应商发票

D. 审核批准采购价格和折扣的授权签字

18. 在固定资产审计过程中,发现被审计单位对生产设备进行改良。经调查发现,发生资本化支出共计45万元(不考虑增值税),被替换的旧部件变卖收入10万元,该设备原价为

500 万元,已计提折旧 300 万元。不考虑其他影响因素,审计人员核算的设备改良后入账价值为(　　)万元。

  A. 245　　　　　　　B. 235　　　　　　　C. 200　　　　　　　D. 190

19. 下列部门与采购与付款业务的内部控制不相关的是(　　)。

  A. 仓储部门　　　B. 采购部门　　　C. 验收部门　　　D. 信用部门

20. 以下有关被审计单位针对采购与付款交易内部控制的说法中,不恰当的是(　　)。

  A. 付款需要由经授权的人员审批,审批人员在审批前需检查相关支持文件,并对其发现的例外事项进行跟进处理

  B. 存放商品的仓储区应相对独立,限制无关人员接近;这项控制与商品的"完整性"认定有关

  C. 采购、验收与相关会计记录需职责分离

  D. 付款审批与付款执行需职责分离

二、多项选择题

1. 固定资产的审计目标一般包括(　　)。

  A. 确定固定资产是否归被审计单位所有

  B. 确定固定资产的计价和折旧政策是否恰当

  C. 确定固定资产的期末余额是否正确

  D. 确定固定资产及其累计折旧增减变动的记录是否完整

2. 下列选项中,可以用来验证应付账款是真实存在的程序有(　　)。

  A. 将应付账款清单加总

  B. 从应付账款清单追查至卖方发票和卖方对账单

  C. 函证大额、异常项目的应付账款

  D. 对未列入本期的负债进行测试

3. 审计人员证实被审计单位应付账款是否在报表上充分披露时应考虑的情况包括(　　)。

  A. 应付账款明细账的期末贷方余额是否并入应付账款项目

  B. 应付账款明细账的期末借方余额是否并入预付款项项目

  C. 以担保资产换取的应付账款是否在会计报表附注中予以揭示

  D. 应付账款的分类是否恰当

4. 下列固定资产中,不应计提折旧的是(　　)。

  A. 季节性停用和修理停用的设备

  B. 处于改扩建期间的固定资产

  C. 企业短期出租给其他企业的固定资产

  D. 已提足折旧继续使用的固定资产

5. 采购和付款循环一般要包括的主要过程是(　　)。

  A. 批准赊销　　　　　　　　　　B. 发运商品

  C. 确认债务　　　　　　　　　　D. 验收商品和劳务

6. 某公司明细账往来账户年末余额及本年度进货总额如下,计划选择两家公司进行函证,则选择的函证对象为(　　)。

  A. 497 000 元、668 200 元　　　　　　　B. 0 元、47 015 300 元

    C. 98 000 元、92 000 元   D. 3 032 000 元、2 897 000 元

7. 验收单是支持资产或费用以及与采购有关的负债的( )认定的重要凭证。

    A. 存在   B. 准确性   C. 权利与义务   D. 完整性

8. 采购与付款循环审查的主要报表项目包括( )。

    A. 应付账款   B. 预付账款   C. 长期应付款   D. 合同负债

9. 以下采购与付款业务不相容岗位包括( )。

    A. 询价与确定供应商   B. 采购、验收与相关会计记录

    C. 付款审批与执行   D. 采购合同订立与审批

10. 注册会计师审计固定资产时,以下会计处理正确的有( )。

    A. 固定资产改良支出应计入固定资产账面价值

    B. 固定资产修理费用应直接计入当期费用

    C. 固定资产装修费用可予以资本化

    D. 不能区分是固定资产修理还是固定资产改良的,发生的支出计入固定资产价值

11. 以下审计程序中,与应付账款完整性检查有关的是( )。

    A. 向供应商函证零余额的应付账款账户

    B. 检查采购文件以确定是否使用预先编号的订购单、验收单

    C. 从应付账款明细账追查至采购合同、供应商发票和验收单等凭证

    D. 抽取采购合同、供应商发票和验收单等凭证,追查至应付账款明细账

12. 注册会计师对被审计单位的采购业务进行年底截止测试的方法可采用( )。

    A. 实地观察期末存货和固定资产状况

    B. 将验收单上的日期与采购明细账中的日期比较

    C. 将购货发票上的日期与采购明细账中的日期比较

    D. 了解期末存货盘亏调整和损失处理

13. 下列审计程序中,有助于证实采购交易记录的完整性认定的有( )。

    A. 从有效的订购单追查至验收单   B. 从验收单追查至采购明细账

    C. 从付款凭单追查至购货发票   D. 从供应商发票追查至采购明细账

14. 当被审计单位管理层具有高估利润、粉饰财务状况的动机时,注册会计师主要关注的是被审计单位( )的重大错报风险。

    A. 低估负债   B. 高估负债   C. 高估费用   D. 低估费用

15. 下列有关被审计单位固定资产折旧的会计处理中,注册会计师认可的是( )。

    A. 基本生产车间使用的固定资产,其计提的折旧应计入制造费用

    B. 销售部门使用的固定资产,其计提的折旧应计入销售费用

    C. 建造厂房时使用的自有固定资产,其计提的折旧应计入在建工程成本

    D. 行政管理部门使用的固定资产,其计提的折旧应计入管理费用

三、判断题(正确的打"√",错误的打"×")

1. 对大规模企业而言,企业内部各个部门都可填制请购单。为了加强控制,企业的请购单必须连续编号。   ( )

2. 应付账款通常不需函证,如函证,最后采用否定式函证。   ( )

3. 应付账款函证时,应选择的函证对象是较大金额的债权人,那些在资产负债表日金

额为零的债权人不必函证。　　　　　　　　　　　　　　　　　　　　　　（　　）

4. 审查固定资产减少的主要目的在于查明已减少的固定资产是否已做适当的会计处理。

（　　）

5. 固定资产采购、付款、保管、记账应由不同人员分别负责,实行必要的职务分离。

（　　）

6. 通常由采购部门提出请购,并由其办理采购业务。　　　　　　　　　　（　　）

7. 采购与付款循环中较为常见的重大错报风险是低估应付账款。　　　　（　　）

8. 对于预收款项的审查,审计人员可将其并入采购业务一并进行。　　　（　　）

9. 对于更新改造增加的固定资产,审计人员应审查被审计单位是否对折旧进行了重新
计算。　　　　　　　　　　　　　　　　　　　　　　　　　　　　　　　（　　）

10. 审计人员实地观察固定资产的重点是价值比较大的重要固定资产。　（　　）

11. 注册会计师可将审计应付账款工作中选定账户邮寄询证函的程序,完全交由被审
计单位办理。　　　　　　　　　　　　　　　　　　　　　　　　　　　　（　　）

12. 验收单是支持资产以及与采购有关负债的存在或发生认定的重要凭证。　（　　）

13. 检查资产负债表日前应付账款明细账贷方发生额的相应凭证,关注其供应商发票
的日期,确认其入账时间是否合理,可以检查被审计单位是否存在未入账的应付账款。

（　　）

14. 在被审计单位因重复付款、付款后退货及预付货款等原因,导致应付账款借方余额
过大时,注册会计师应提请被审计单位作重分类调整。　　　　　　　　　　（　　）

15. 注册会计师在审查企业固定资产的计价时,如被审计单位从关联企业购入固定资
产的价格明显高于或低于该项固定资产的净值,应建议被审计单位调整。　（　　）

四、思考与讨论

企业筹集资金的主要去向之一是进行固定资产的投资。固定资产占用资金大,使用年
限长,因此对企业财务状况及经营成果的影响较大。由此,固定资产也成为公司做假账的一
个重要切入点。由于固定资产有实物且不易移动,这些特点使无论是监管部门还是投资者
对其缺乏足够的警惕性。但在现实经济生活中仍然出现了许多固定资产的错报和漏报使投
资人承受了损失的情况。例如:韶能股份变更固定资产折旧政策,将房屋建筑物的折旧年限
由 20 年改为 40 年,将机器设备的折旧年限由 10 年改为 20 年,将运输工具的折旧年限
5 年改为 10 年;此项会计估计变更,对当期利润的影响为 1 067 万元,而该公司当期利润总
额仅为 1 024 万元。重庆渝港钛白粉有限公司钛白粉工程于 1995 年下半年就开始投产,
1996 年已经可以生产出合格产品,但公司 1997 年仍将应付债券利息 8 064 万元计入钛白粉
工程成本,由此减少费用虚增了利润。以上案例显示,虽然固定资产造假不易,但仍有不少
企业铤而走险,利用固定资产调整企业的财务状况和经营成果。

问题:被审计单位可能利用的固定资产造假手段有哪些呢? 审计人员应该如何发现并
制止这些造假行为的产生呢?

任务8 对存货与成本循环的审计

任务情境

审计人员赵宇负责康诺公司 2020 年财务报表审计工作中存货项目的审计。赵宇是第一次独立负责存货项目的审查，工作开始前，对存货项目审计的实施与项目负责人李立进行了探讨。赵宇认为存货项目历来是审计的难点，而康诺公司由于产品的品种多，涉及的存货项目更为复杂；加上康诺公司是首次进行报表审计，因此高效又高质量地完成存货的盘点就成为存货审计的要点。李立对赵宇提出的存货项目审计工作计划表示肯定，并给赵宇指定了助理人员丁一协助其完成存货盘点工作。

赵宇与康诺公司沟通了存货监盘的实施，康诺公司也表示会尽力配合审计人员做好存货盘点工作。之后，根据康诺公司存货的特点、盘存制度和存货内部控制的有效性等情况，赵宇编制了存货监盘计划，并与助理人员丁一进行了监盘工作的分工。

2021 年 2 月 1 日，赵宇和丁一按约定时间到达康诺公司存货盘点现场，在确认康诺公司存货盘点准备工作达到事前计划要求的情况下，康诺公司存货的现场监盘正式开始。康诺公司进行存货项目的盘点，审计小组进行监督和抽查，在双方共同努力下，康诺公司存货盘点工作顺利完成。赵宇通过抽查确认了康诺公司存货盘点的结果，取得了康诺公司存货盘点的资料，下一步他将把这些资料与被审计单位的书面资料进行核对，完成存货监盘报告并确定存货账实相符的情况。

与其他账户不同，存货审计在审查书面资料的同时更重视的是实物的检查，审计工作量更大也更为复杂，对审计人员要求更高。下面我们就一起来看一下如何进行康诺公司存货与成本相关业务的审计。

任务目标

知识目标：

具备开展存货与成本循环进一步审计程序必备知识，包括了解存货与成本循环的主要业务活动，掌握存货与成本循环控制测试的要求，掌握存货与成本业务中主要账户的审计目标，以及围绕审计目标开展实质性程序的内容及方法。

技能目标：

具备开展业务循环审计的专业胜任能力，能进行存货与成本循环的控制测试及主要账户的实质性测试，将审计过程恰当记录于审计工作底稿并能依据获取的审计证据作出正确的审计结论。

素质目标：

具备实事求是的工作作风和科学严谨的工作态度,培养精益求精的工匠精神;激发独立思考、解决问题的探究精神;提升知行统一的学习及实践能力,以及勇于应用新技术的创新意识。

子任务 8.1　了解存货与成本循环的主要业务活动

任务要求

康诺公司主营新型健身器材,为适应近些年的健身热潮,康诺公司积极进行新产品的开发,丰富产品构成,以迅速占领市场。由此带来康诺公司存货项目涉及的品种多、数量大、日常收发业务频繁。由于康诺公司成立时间较短,财务部工作人员普遍经验不足,财务部经理张强反映成本核算与管理工作是本部门工作的难点。

通过对存货与成本流程业务活动的了解,存货与成本业务中可能存在哪些错报风险呢?

知识准备

一、存货与成本循环的主要业务活动

首先,我们以制造业为例,介绍存货与成本循环所涉及的主要业务活动。

(1)计划和安排生产。生产计划部门的职责是根据顾客订单或者对销售预测和存货需求的分析来决定生产授权。如决定授权生产,即签发预先编号的生产通知单。该部门通常应将发出的所有生产通知单编号并加以记录控制。此外,通常该部门还需编制一份材料需求报告,列示所需要的材料和零件及其库存。

(2)发出原材料。生产部门由专人负责根据生产的需要填制生产领料单,向仓库领取材料。仓库部门的责任是根据从生产部门收到的领料单发出原材料。领料单上必须列示所需的材料数量和种类,以及领料部门的名称。领料单可以一料一单,也可以一单多料,通常需一式三联。仓库发料后,其中一联连同材料交还领料部门,其余两联经仓库登记材料明细账后,将其中一联送会计部门进行材料收发核算和成本核算。

(3)生产产品。生产部门在收到生产通知单及领取原材料后,便将生产任务分解到每一个生产工人,并将所领取原材料交给生产工人,据以执行生产任务。生产工人在完成生产任务后,将完成的产品交生产统计入员查点,然后转交检验员验收并办理入库手续;或是将所完成的产品移交下一个部门进一步加工。

(4)核算产品成本。为了正确地核算产品成本并对在产品进行有效控制,必须建立健全成本会计制度,将生产控制和成本核算有机结合在一起。一方面,生产过程中的各种记

录、生产通知单、领料单、计工单、入库单等文件资料都要汇集到会计部门,由会计部门对其进行检查和核对,了解和控制生产过程中对存货的实物流转;另一方面,会计部门要设置相应的会计账户,会同有关部门对生产过程中的成本进行核算和控制。成本会计制度可以是非常简单的,只在期末记录存货余额;也可以是完善的标准成本制度,完整地提供原材料转为在产品,在产品转为产成品,以及按成本中心、分批生产任务通知单或生产周期所消耗的材料、人工和间接费用的分配与归集的详细资料。

(5)储存产成品。产成品入库,须由仓库部门先行点验和检查,然后签收。签收后,将实际入库数量通知会计部门。据此,仓库部门确立了本身应承担的保管责任,并对验收部门的工作进行验证。

(6)发出产成品。产成品的发出须由独立的发运部门进行。装运产成品时必须持有经有关部门核准的发运通知单,并据此编制出库单。出库单至少一式四联,一联交仓库部门;一联发运部门留存;一联送交客户;一联作为给客户开发票的依据。

可以用表 8-1 来说明在存货与成本循环中主要经济业务和相关凭证记录之间的关系。

表 8-1　存货与成本循环中的主要经济业务和相关凭证记录

业　务	原始凭证与记录	记账凭证与账簿	会 计 分 录
计划和安排生产	生产通知单		
发出原材料	领料单	记账凭证、生产成本明细账与总账、制造费用明细账与总账	借:生产成本 　　制造费用 贷:原材料
生产产品	工薪费用分配表、制造费用分配表、产品成本计算单等	记账凭证、生产成本明细账与总账、制造费用明细账与总账	借:生产成本 　　制造费用 贷:应付职工薪酬 借:制造费用 贷:累计折旧 　　银行存款等 借:生产成本 贷:制造费用
产品完工	入库单	记账凭证、生产成本明细账与总账、库存商品明细账与总账	借:库存商品 贷:生产成本
存货发出对外销售	出库单(或提货单)	记账凭证、主营业务成本明细账与总账、库存商品明细账与总账	借:主营业务成本 贷:库存商品

二、存货与成本循环涉及的主要报表项目

根据财务报表项目与业务循环的相关程度,存货与成本循环涉及的报表项目见表 8-2。

表 8-2　存货与成本循环与主要财务报表项目对照表

业务循环	资产负债表项目	利润表项目
存货与成本循环	存货(包括材料采购或在途物资、原材料、材料成本差异、库存商品、发出商品、商品进销差价、委托加工物资、委托供销商品、受托代销商品、周转材料、生产成本、制造费用、劳务成本、存货跌价准备、受托代销商品款等)	营业成本、管理费用等

任务指导

注册会计师必须在对被审计单位存货与成本循环的重大错报风险充分认知的基础上设计并实施进一步审计程序,以便有效应对重大错报风险。

以一般制造类企业为例,影响存货与成本循环交易和余额的风险因素可能包括:

(1)交易的数量和复杂性。制造类企业交易的数量庞大,业务复杂,这就增加了错误和舞弊的风险。

(2)成本核算的复杂性。制造类企业的成本核算比较复杂。虽然原材料和直接人工等直接成本的归集和分配比较简单,但间接费用的分配可能较为复杂,并且,同一行业中的不同企业也可能采用不同的认定和计量基础。

(3)产品的多元化。这可能要求聘请专家来验证其质量、状况或价值。另外,计算库存存货数量的方法也可能是不同的。例如,计量煤堆、筒仓里的谷物或糖、黄金或贵重宝石、化工品和药剂产品的存储量的方法都可能不一样。这并不是要求注册会计师每次清点存货都需要专家配合,如果存货容易辨认、存货数量容易清点,就无须专家帮助。

(4)某些存货项目的可变现净值难以确定。例如价格受全球经济供求关系影响的存货,由于其可变现净值难以确定,会影响存货采购价格和销售价格的确定,并将影响注册会计师对与存货计价和分摊认定有关的风险进行的评估。

(5)将存货存放在很多地点。大型企业可能将存货存放在很多地点,并且可以在不同的地点之间配送存货,这将增加商品途中毁损或遗失的风险,或者导致存货在两个地点被重复记录,也可能产生转移定价的错误或舞弊。

(6)寄存的存货。有时候存货虽然还存放在企业,但可能已经不归企业所有。反之,企业的存货也可能被寄存在其他企业。

由于存货与企业各项经营活动的紧密联系,存货的重大错报风险往往与财务报表其他项目的重大错报风险紧密相关。例如,收入确认的错报风险往往与存货的错报风险共存;采购交易的错报风险与存货的错报风险共存,存货成本核算的错报风险与营业成本的错报风险共存等。

通过对康诺公司的了解,审计人员认为,康诺公司存货的存在性认定、计价与分摊认定、列报认定都存在较大的错报风险。下一步需要进一步通过控制测试确定内部控制的有效性,进而决定实质性测试的范围和重点。

了解存货与成本流程及执行穿行测试工作底稿

了解存货与成本流程及执行穿行测试工作底稿

思政小课堂

中国特色的审计之路

子任务 8.2 进行存货与成本循环的控制测试

任务要求

审计人员赵宇了解的康诺公司关于原料购入、验收、储存、发出等程序的内部控制制度基本内容如下。

(1) 原料(主要是价值较高的零部件)存放于加锁的仓库内,库房人员包括 1 位主管和 2 名保管人员。生产车间以书面或口头通知的形式从仓库领取材料。

(2) 公司建立永续盘存制度,仓库保管人员记录原料的收发。

(3) 建立永续盘存记录的基础上,仓库主管将账存数量与预先确定的再订货点进行比较。如果某一原料低于再订货点,主管就将这种原料编号写在请购单上,然后送交采购部门,由采购部门负责进行材料的选购。

(4) 定期进行存货盘点,存货盘点的程序比较完善。

根据对康诺公司存货与成本循环内部控制的了解,存货与成本循环的控制测试应如何开展?

知识准备

完成对被审计单位存货与成本业务流程内部控制的了解后,审计人员可以选取关键控制点对被审计单位的存货与成本流程进行控制测试,通过询问、检查书面证据,抽取样本进行检查,以确定存货与成本循环与之有关的内部控制活动是否有效执行。审计员选取的关键控制点分别涉及生产及采购计划、外购材料入库、原材料领用及发出、产成品入库、产成品发出、成本核算、存货的日常保管几个方面。

一、生产及采购计划测试

(1) 获取被审计单位所审计期间的生产通知单,根据业务控制频率或控制运行总次数确定样本量。

(2) 根据确定的样本量,抽取审计期间的生产通知单进行检查。生产及采购计划测试的主要检查点如下。

① 生产部门的职责是根据顾客订单或者对销售预测和产品需求的分析来决定生产。

② 生产通知单经适当批准。

③ 编制一份材料需求报告,列示所需要的材料和零件及其库存。

④ 生产部门填制事先连续编号的生产通知单。

⑤ 生产部门将发出的所有生产通知单编号并加以记录。

⑥ 其他(结合实际情况描述)。

(3) 检查所抽取样本,根据检查的结果填写测试说明和测试结论,通过控制测试,确定存货与成本流程与生产与采购计划有关的内部控制活动是否有效执行。

二、外购材料入库测试

(1) 获取被审计单位所审计期间的材料验收单,根据业务控制频率或控制运行总次数确定样本量。

(2) 根据确定的样本量,抽取材料验收单进行检查。外购材料入库测试的主要检查点如下。

① 验收人员与采购人员、发运、会计和仓储部门职务相分离。

② 验收的货物经受公司质量检验部门的检查。

③ 未被验收之货物是否另设隔离区或明显地表明"未经验收货物"检查点。

④ 验收单填制完整,并传递至仓储及财务部门。

⑤ 是否建立存货短缺、毁损的处罚或追索制度。

⑥ 具有货物验收质量标准,验收程序及方法合理可靠。

⑦ 验收的货物根据订货合同、购货发票办理验收入库手续。

⑧ 拒收货物,是否将拒收货物分隔储藏,并设立明显标记。

⑨ 验收单是否已预先连续编号。

⑩ 其他(结合实际情况描述)。

(3) 检查所抽取样本,根据检查的结果填写测试说明和测试结论,通过控制测试,确定存货与成本流程与外购材料入库相关的内部控制活动是否有效执行。

三、原材料领用及发出测试

（1）获取被审计单位所审计期间的原材料领用单，根据业务控制频率或控制运行总次数确定样本量。

（2）根据确定的样本量，抽取原材料领料单进行检查。原材料领用及发出测试的主要检查点如下。

① 原材料领用申请单填制完整，申请项目与生产指令单相符。

② 原材料出库单填制完整，与原材料领用申请单相符，并传递至财务部门。

③ 仓储部门"材料收发存汇总表"与财务部门定期核对，差异及时处理。

④ 原材料领用申请单经适当批准。

⑤ 原材料出库单连续编号，按顺序使用。

⑥ 其他（结合实际情况描述）。

（3）检查所抽取样本，根据检查的结果填写测试说明和测试结论，通过控制测试，确定存货与成本流程的与原材料发出有关的内部控制活动是否有效执行。

四、产成品入库测试

（1）获取被审计单位所审计期间的产成品入库单，根据业务控制频率或控制运行总次数确定测试的样本量。

（2）根据确定的样本量，抽取产成品入库单进行检查。产成品入库测试的主要检查点如下。

① 产成品及时验收，并填制验收单。

② 产成品入库已恰当计入仓储部门账簿。

③ 仓储部门"产成品收发存汇总表"与财务部门定期核对，差异及时处理。

④ 产成品入库单填制完整、与验收单相符，并传递至财务部门。

⑤ 产成品入库单连续编号，按顺序使用。

⑥ 其他（结合实际情况描述）。

（3）检查所抽取样本，根据检查的结果填写测试说明和测试结论，通过控制测试，确定存货与成本流程与产成品入库有关的内部控制活动是否有效执行。

五、产成品发出测试

（1）获取被审计单位所审计期间的产成品出库单，根据业务控制频率或控制运行总次数确定样本量。

（2）根据确定的样本量，抽取产成品出库单进行检查。产成品发出测试的主要检查点如下。

① 产成品的发出须由独立的发运部门进行。

② 产成品出库已恰当计入仓储部门账簿。

③ 仓储部门"产成品收发存汇总表"与财务部门定期核对，差异及时处理。

④ 产成品出库单、销售订单、出运通知单、送货单内容相符。

⑤ 产成品出库单连续编号，按顺序使用。

⑥ 其他（结合实际情况描述）。

（3）检查所抽取样本，根据检查的结果填写测试说明和测试结论，通过控制测试，确定存货及成本流程与产成品发出相关的内部控制活动是否有效执行。

六、成本核算测试

（1）获取被审计单位所审计期间的成本计算单，根据业务控制频率或控制运行总次数确定样本量。

（2）根据确定的样本量，抽取成本计算单、直接材料分配表、制造费用分配表、会计凭证等进行检查。记录成本核算测试的主要检查点如下。

① 成本计算表中的材料成本与当月耗用材料汇总表中的直接材料成本一致（与仓储部门报表核对）。

② 材料耗用量与领料单汇总（或定额单耗、标准用量）核对一致。

③ 成本计算表中的工薪成本与工薪汇总表一致（与劳资部门报表核对）。

④ 制造费用分配汇总表中的人工费用与人工费用分配汇总表中的制造费用核对一致。

⑤ 材料单位成本与材料明细账（或采购业务测试底稿、标准成本）等核对一致。

⑥ 材料成本在产品间分配合理。

⑦ 成本计算表中的制造费用与制造费用分配汇总表中的制造费用一致。

⑧ 除材料、工薪外的其他成本费用项目，计提或预提正确、归集合理。

⑨ 其他（结合实际情况描述）。

（3）检查所抽取样本，根据检查的结果填写测试说明和测试结论，通过控制测试，确定存货与成本流程与核算生产成本有关的内部控制活动是否有效执行。

七、存货的日常保管测试

（1）获取被审计单位所审计期间的存货保管记录，根据业务控制频率或控制运行总次数确定样本量。

（2）根据确定的样本量，抽取仓库实物账、会计凭证、盘点表等进行检查。存货的日常保管测试的主要检查点如下。

① 仓储保管员与记账人员职务相分离。

② 存货已正确记入仓储部门账簿，定期与财务对账并核对一致。

③ 存货摆放有序，满足安全有效的储存条件。

④ 仓储人员与稽核人员定期盘点存货，盘点差异经适当批准并调账。

⑤ 其他（结合实际情况描述）。

（3）检查所抽取样本，根据检查的结果填写测试说明和测试结论，通过控制测试，通过控制测试，确定存货与成本流程与存货日常保管相关的内部控制活动是否有效执行。

任务指导

通过对康诺公司存货与成本循环业务的了解,注册会计师以识别的重大错报风险为起点,选取拟测试的控制并实施控制测试,开展对存货与成本循环的审计。针对康诺公司情况,选取关键控制点进行的测试包括:生产及采购计划测试、原材料领用及发出测试、存货的日常保管测试几个方面。控制测试所使用的审计程序的类型主要包括询问、观察、检查和重新执行,注册会计师可以根据所测试的内部控制的特征及需要获得的保证程度选用适当的测试程序。根据选取的关键控制点及对控制点的检查情况,将检查结果填写在控制测试工作底稿中。经测试,康诺公司存货与成本循环内部控制活动执行有效。

任务附注

存货与成本流程控制测试工作底稿

存货与成本流程控制测试工作底稿

思政小课堂

三鹿集团内控问题

子任务 8.3　进行存货与成本循环的实质性测试

任务要求

审计人员赵宇对康诺公司的存货项目审计中,通过审查该公司的存货项目、主营业务成本等明细表,并与有关明细账、总账核对,发现账表之间数字完全相符。有关数字如下。

材料期初余额	8 000 000 元	本期购入材料	15 000 000 元
材料期末余额	6 000 000 元	本期销售材料	1 000 000 元
直接人工成本	1 500 000 元	制造费用	4 200 000 元
在产品期初余额	2 300 000 元	在产品期末余额	3 000 000 元

产成品期初余额　　　　4 000 000 元　　　产成品期末余额　　　5 000 000 元

赵宇通过对有关记账凭证和原始凭证的审计发现了以下问题。

（1）本期已入库，但尚未收到结算凭证的材料 50 000 元未作暂估处理。

（2）已领未用的材料 10 000 元，未作假退料处理。

（3）为在建工程发生的工人工资计入生产成本 20 000 元。

（4）本期发生的车间设备大修理费用 60 000 元全部计入当期制造费用。

（5）经对期末在产品盘点发现，在产品实际金额为 3 080 000 元。

以上情况对康诺公司成本核算有着怎样的影响呢？

知识准备

一、存货的实质性测试

（一）存货的审计目标

　　存货往往是企业流动资产中所占比重最大的一个项目，存货的重大错报对于财务状况和经营成果都会产生直接的影响，审计中许多复杂和重大的问题都与存货有关。存货审计，尤其是对年末存货余额的测试，通常是审计中最复杂也最费时的部分。对存货存在和存货价值的评估常常十分困难。导致存货审计复杂的主要原因包括：①存货通常是资产负债表中的一个主要项目，而且通常是构成营运资本的最大项目；②存货存放于不同的地点，这使对它的实物控制和盘点都很困难。企业必须将存货置放于便于产品生产和销售的地方，但是这种分散也带来了审计的困难；③存货项目的多样性；④存货本身的陈旧以及存货成本的分配也使存货的估价存在困难；⑤不同企业采用的存货计价方法存在多样性。正是由于存货对于企业的重要性、存货问题的复杂性以及存货与其他项目密切的关联度，要求注册会计师对存货项目的审计应当予以特别的关注。相应地，要求实施存货项目审计的注册会计师应具备较高的专业素质和相关业务知识，分配较多的审计工时，运用多种有针对性的审计程序。

　　结合存货容易被盗和变质、毁损等不同于其他财务报表项目的特性，存货与成本循环的重大错报风险通常是影响存货存在、完整性、权利和义务、计价和分摊等认定的存货高估风险。相应地，注册会计师针对上述重大错报风险应实施实质性审计程序的目标在于获取关于存货存在、完整性、权利和义务、计价和分摊等多项认定的审计证据。存货审计目标的确定见审计工作底稿表 8-3。

表 8-3　存货审计目标的确定

被审计单位：　　　　　　　　索引号：　　　　　　　　页次：

项目：存货　　　　　　　　　编制人：　　　　　　　　日期：

报表期间：　　　　　　　　　复核人：　　　　　　　　日期：

审 计 目 标	财务报表认定					
	存在	完整性	权利与义务	准确性、计价与分摊	分类	列报
A. 资产负债表中记录的存货是真实存在的	✓					

续表

审计目标	财务报表认定					
	存在	完整性	权利与义务	准确性、计价与分摊	分类	列报
B. 所有应当记录的存货均已记录		√				
C. 记录的存货由被审计单位拥有或控制			√			
D. 存货以恰当的金额包括在财务报表中，与之相关的计价调整已恰当记录				√		
E. 存货记录于恰当的账户					√	
F. 存货已按照企业会计准则的规定在财务报表中作出恰当列报						√

（二）存货的实质性测试程序

1）获取年末存货余额明细表，复核单项存货金额的计算（单位成本×数量）和明细表的加总计算是否准确；将本年末存货余额与上年末存货余额进行比较，总体分析变动原因。

2）对存货实施分析程序。

（1）按存货品种及存放地点、存货类别，比较当年度及以前年度数量和金额的增减变动，并对异常情况作出解释。

（2）按存货成本构成、存货平均成本、材料采购价格差异，比较当年度及以前年度的增减变动，并对异常情况作出解释。

（3）比较当年度及以前年度直接材料、直接人工、制造费用占生产成本的比例，并查明异常情况及其原因。

（4）比较截止日前后两个月的产品毛利率，并对异常波动作出解释。

（5）比较当年与以前年度的存货周转率，查明异常情况及其原因。

3）实施存货监盘。

存货监盘是指审计人员现场观察被审计单位存货的盘点，并对已盘点存货进行适当检查。可见，存货监盘有两层含义：一是审计人员应亲临现场观察被审计单位存货的盘点；二是在此基础上，审计人员应根据需要适当抽查已盘点存货。

审计人员监盘存货的目的在于获取有关存货数量和状况的审计证据，因此，存货监盘针对的主要是存货的存在认定，对存货的完整性认定及计价和分摊认定，也能提供部分审计证据。此外，注册会计师还可能在存货监盘中获取有关存货所有权的部分审计证据；但是存货监盘本身并不足以供注册会计师确定存货的所有权，注册会计师可能需要执行其他实质性审计程序以应对所有权认定的相关风险。

为了达到比较好的效果，存货监盘应做好盘点前的计划工作、盘点过程的监督工作以及盘点工作结束后的记录工作。具体来讲，存货盘点的要点如下。

（1）存货监盘计划

存货监盘不同于货币资金的突击盘点，有效的存货监盘工作必须建立在事前周密计划的基础上。审计人员应当根据被审计单位存货的特点、盘存制度和存货内部控制的有效性等情况,在评价被审计单位存货盘点程序的基础上,编制存货监盘计划,对存货监盘作出合理安排。一般来讲,存货监盘计划应包括以下内容。

① 监盘的目标、范围及时间安排。存货监盘的目标是获取被审计单位资产负债表有关存货数量和状况的审计证据,检查存货的数量是否真实完整,是否归属被审计单位,存货有无毁损、陈旧、过时、残次和短缺等状况。

存货监盘的范围的大小取决于存货的内容、性质以及与存货相关的内部控制的完善程度和重大错报风险的评估结果。

存货监盘的时间,包括实地察看盘点现场的时间、观察存货盘点的时间和对已盘点存货实施检查的时间等,应当与被审计单位实施存货盘点的时间协调。监盘时间以会计期末以前为优,如果企业的盘点在会计期末以后的时间进行,那么就必须编制从盘点日到期末的存货余额调节表,但尽量使盘点时间靠近会计期末。

② 存货监盘的要点及关注事项。监盘的要点主要包括审计人员实施存货监盘程序的方法、步骤,各个环节应注意的问题及所要解决的问题。注册会计师需要重点关注的事项包括盘点期间的存货移动、存货的状况、存货的截止确认、存货的各个存放地点及金额等。

③ 参加存货监盘人员的分工。审计人员应当根据被审计单位参加存货盘点人员分工、分组情况、存货监盘工作量的大小和人员素质情况,确定参加存货监盘的人员组成,各组成员的职责和具体的分工情况,并加强督导。

④ 检查存货的范围。审计人员应当根据对被审计单位存货盘点和对被审计单位内部控制的评价结果确定检查存货的范围。在实施观察程序后,如果认为被审计单位内部控制设计良好且得到有效实施,存货盘点组织良好,可以相应缩小实施检查程序的范围。

(2) 存货监盘程序

① 评价管理层用以记录和控制存货盘点结果的指令和程序。注册会计师需要考虑这些指令和程序是否包括下列方面:适当控制活动的运用,例如收集已使用的存货盘点记录,清点未使用的存货盘点表单,实施盘点和复盘程序;准确认定在产品的完工程度,准确认定流动缓慢(呆滞)、过时或毁损的存货项目,以及第三方拥有的存货(如寄存货物);在适用的情况下用于估计存货数量的方法,如可能需要估计煤堆的重量;对存货在不同存放地点之间的移动以及截止日前后出入库的控制。

② 观察管理层制订的盘点程序的执行情况。注册会计师需要关注,所有在盘点日以前入库的存货项目是否均已包括在盘点范围内,所有已确认为销售但尚未装运出库的商品是否均未包括在盘点范围内;在途存货和被审计单位直接向顾客发运的存货是否均已得到了适当的会计处理。

此外,注册会计师可以获取有关截止性信息,具体来说,注册会计师一般应获取盘点日前后存货收发及移动的凭证,检查库存记录与会计记录期末截止是否正确。注册会计师通常可观察存货的验收入库地点和装运出库地点以执行截止测试。在存货入库和装运过程中采用连续编号的凭证时,注册会计师应当关注盘点日前的最后编号。如果被审计单位没有使用连续编号的凭证,注册会计师应当列出盘点日以前的最后几笔装运和入库记录。如果被审计单位使用运货车厢或拖车进行存储、运输或验收入库,注册会计师应详细列出存货场地上满载和空载的车厢或拖车,并记录各自的存货状况。

③ 检查存货。在存货监盘过程中检查存货,虽然不一定能确定存货的所有权,但有助

于确定存货的存在,以及识别过时、毁损或陈旧的存货。注册会计师应当把所有过时、毁损或陈旧存货的详细情况记录下来,这既适于进一步追查这些存货的处置情况,也能为测试被审计单位存货跌价准备计提的准确性提供依据。

④ 执行抽查。在对存货盘点结果进行测试时,注册会计师可以从存货盘点记录中选取项目追查至存货实物,以及从存货实物中选取项目追查至盘点记录,以获取有关盘点记录准确性和完整性的审计证据。需要说明的是,注册会计师应尽可能避免让被审计单位事先了解将抽盘的存货项目。除记录注册会计师对存货盘点结果进行的测试情况外,获取管理层完成的存货盘点记录的复印件也有助于注册会计师日后实施审计程序,以确定被审计单位的期末存货记录是否准确地反映了存货的实际盘点结果。

注册会计师在实施抽盘程序时发现差异,很可能表明被审计单位的存货盘点在准确性或完整性方面存在错误。由于检查的内容通常仅仅是已盘点存货中的一部分,所以在检查中发现的错误很可能意味着被审计单位的存货盘点还存在着其他错误。一方面,注册会计师应当查明原因,并及时提请被审计单位更正;另一方面,注册会计师应当考虑错误的潜在范围和重大程度,在可能的情况下,扩大检查范围以减少错误的发生。注册会计师还可要求被审计单位重新盘点。重新盘点的范围可限于某一特殊领域的存货或特定盘点小组。

⑤ 存货监盘结束时的工作。盘点结束前,审计人员应当再次观察盘点现场,确定所有应纳入盘点范围的存货是否均已盘点;取得并检查已填用、作废及未使用盘点表单的号码记录,确定其是否连续编号,查明已发放的表单是否均已收回,并与存货盘点的汇总记录进行核对。

注册会计师应当根据自己在存货监盘过程中获取的信息对被审计单位最终的存货盘点结果汇总记录进行复核,并评估其是否正确地反映了实际盘点结果。

如果存货盘点日不是资产负债表日,审计人员应当实施适当的审计程序,确定盘点日和资产负债表日之间存货的变动是否已做正确的记录。

✅ 做中学 8-1

在对康诺公司 2020 年存货审计过程中,发现下列情况。

(1) 仓库一批存货,入库单显示该批货物于 2020 年 12 月 29 日收到,2021 年 1 月 3 日收到了金额为 15 000 元的购货发票,这笔购货业务在 1 月 5 日入账。

(2) 2020 年 12 月 31 日营业结束后,发货区域有价值 18 600 元的产品,贴有"即将发货"的标签。当日存货盘点范围中没有包括该批存货。通过调查,该批产品于 2021 年 1 月 2 日发出,销售发票日期为 1 月 3 日。

要求:判断这些商品是否应包括在被审计单位 2020 年 12 月 31 日的存货中,并说明理由。

(3) 特殊情况的处理

① 如果由于被审计单位存货的性质或位置等原因导致无法实施存货监盘,审计人员应当考虑能否实施替代审计程序,获取有关期末存货数量和状况的充分、适当的审计证据。

审计人员应实施的替代审计程序主要包括:检查进货交易凭证或生产记录以及其他相关资料;检查资产负债表日后发生的销货交易凭证;向顾客或供应商函证。

但在其他一些情况下,如果不能实施替代审计程序,或者实施替代审计程序可能无法和取有关存货的存在和状况的充分、适当的审计证据,注册会计师需要按照审计准则的规定发表非无保留意见。

② 如果因不可预见的因素导致无法在预定日期实施存货监盘,如由于恶劣的天气导致

注册会计师无法实施存货监盘程序,或由于恶劣的天气无法观察存货,如木材被积雪覆盖;此时,注册会计师应当另择日期实施监盘,并对间隔期内发生的交易实施审计程序。

③ 对由被审计单位委托其他单位保管或控制的存货,审计人员应当向保管人或债权人函证。如获取的信息使注册会计师对第三方的诚信和客观性产生疑虑,注册会计师可以考虑实施检查或其他适合具体情况的审计程序,如实施或安排其他注册会计师实施对第三方的存货监盘(如可行);获取其他注册会计师或服务机构注册会计师针对用以保证存货得到恰当盘点和保管的内部控制的适当性而出具的报告;检查与第三方持有的存货相关的文件记录,如仓储单;当存货被作为抵押品时,要求其他机构或人员进行确认。

此外,注册会计师可以考虑由第三方保管存货的商业理由的合理性,以进行存货相关风险(包括舞弊风险)的评估,并计划和实施适当的审计程序,例如检查被审计单位和第三方所签署的存货保管协议的相关条款、复核被审计单位调查及评价第三方工作的程序等。

④ 对所有权不属于被审计单位的存货,注册会计师应当取得其规格、数量等有关资料,确定是否已单独存放、标明,且未被纳入盘点范围。在存货监盘过程中,注册会计师应当根据取得的所有权不属于被审计单位的存货的有关资料,观察这些存货的实际存放情况,确保其未纳入盘点范围。即使在被审计单位声明不存在受托代存存货情况下,注册会计师在存货监盘时也应当关注是否存在某些存货不属于被审计单位的迹象,以避免盘点范围不当。

⑤ 对某些特殊类型的存货而言,被审计单位通常使用的盘点方法和控制程序并不完全适用。这些存货通常或者没有标签,或者其数量难以估计,或者其质量难以确定,或者盘点人员无法对其移动实施控制。在这些情况下,注册会计师需要运用职业判断,根据存货的实际情况,设计恰当的审计程序,对存货的数量和状况获取审计证据。表 8-4 列举了被审计单位特殊存货的类型通常采用的盘点方法与存在的潜在问题,可供参考。

表 8-4　特殊存货的监盘程序

存 货 类 型	盘点方法与潜在问题	可供实施的审计程序
木材、钢筋盘条、管子	通常无标签,但在盘点时会做上标记或用粉笔标识。 难以确定存货的数量或等级	检查标记或标识。 利用专家或被审计单位内部有经验人员的工作
堆积型存货(如糖、煤、钢废料)	通常既无标签也不做标记。 在估计存货数量时存在困难	运用工程估测、几何计算、高空勘测,并依赖详细的存货记录。 如果堆场中的存货堆不高,可进行实地监盘,或通过旋转存货堆加以估计
使用磅秤测量的存货	在估计存货数量时存在困难	在监盘前和监盘过程中均应检验磅秤的精准度,并留意磅秤的位置移动与重新调校程序。 将检查和重新称量程序相结合。 检查称量尺度的换算问题
散装物品(如贮窖存货,使用桶、箱、罐、槽等容器储存的液体、气体、谷类粮食、流体存货等)	在盘点时通常难以识别和确定。 在估计存货数量时存在困难。 在确定存货质量时存在困难	使用容器进行监盘或通过预先编号的清单列表加以确定。 使用浸蘸、测量棒、工程报告以及依赖永续存货记录。 选择样品进行化验与分析,或利用专家的工作

续表

存 货 类 型	盘点方法与潜在问题	可供实施的审计程序
贵金属、石器、艺术品与收藏品	在存货辨认与质量确定方面存在困难	选择样品进行化验与分析,或利用专家的工作
生产纸浆用木材、牲畜	在存货辨认与数量确定方面存在困难。 可能无法对此类存货的移动实施控制	通过高空摄影以确定其存在,对不同时点的数量进行比较,并依赖永续存货记录

做中学 8-2

审计人员正在对华兴公司的存货进行监盘,工作中发现下列问题。

(1)产成品仓库中有数箱产品未挂盘点单,经询问,属于被审计单位的已售出产品。

(2)一间小仓库中有三种沾满灰尘的原材料,每种材料都挂有盘点标签,并且数额与实物相符。

(3)材料明细账上有一批存货记录,存货盘点表上没有,经询问,得知该批材料存放在外地。

要求:对监盘中发现的问题应当怎样开展进一步的审计程序?

4)存货计价测试。

监盘程序主要对存货的结存数量予以确认。为验证财务报表上存货余额的真实性,还必须对存货的计价进行审计。

(1)选择测试样本

用于计价测试的样本,应从存货数量已经盘点、单价和总金额已经记入存货汇总表的结存存货中选择。选择时应着重结存余额较大,且价格变化较频繁的项目,同时考虑所选样本的代表性。抽样方法一般采用分层抽样法,抽样规模应足以推断总体的情况。

(2)计价方法的确认

存货计价方法多种多样,企业可以结合国家法规要求选择适合自身特点的方法。审计人员除应了解掌握企业的存货计价方法外,还应对这种计价方法的合理性与一贯性予以关注,没有足够理由,计价方法在同一会计年度内不得变动。对于已变动的计价方法,审计人员应审查其变动是否在财务报表上予以充分披露。

(3)计价测试的内容

① 针对原材料的单位成本,注册会计师通常基于企业的原材料计价方法,结合原材料的历史购买成本,测试其账面成本是否正确。测试程序包括核对原材料采购的相关凭证以及验证原材料计价方法的运用是否正确。

做中学 8-3

审计人员审查康诺公司材料采购业务时,发现本年内一笔业务的处理如下:从外地购进原材料一批,共 8 500 千克,计价款 293 250 元,运杂费 1 500 元。财会部门将原材料价款计入原材料成本,运杂费计入管理费用。材料入库后,仓库转来材料入库验收单,发现材料短缺 80 千克,查明 60 千克是运输部门责任引起的短缺,20 千克是运输途中的合理损耗,材料买价为每千克 34.5 元。

要求：指出会计处理中存在的问题。

② 针对产成品和在产品的单位成本，注册会计师需要对成本核算过程实施测试，包括直接材料成本的测试、直接人工成本的测试、制造费用的测试和生产成本在当期完工产品与在产品之间分配的测试。

——直接材料成本的测试。直接材料成本的实质性程序一般应从审阅材料和生产成本明细账入手，抽查有关的费用凭证，验证企业产品直接耗用材料的数量、计价和材料费用分配是否真实、合理。

抽查产品成本计算单，检查直接材料成本的计算是否正确，材料费用的分配标准与计算方法是否合理和适当，是否与材料费用分配汇总表中该产品分摊的直接材料费用相符。检查直接材料耗用数量的真实性，有无将非生产用材料计入直接材料费用。分析比较同一产品前后各年度的直接材料成本，如有重大波动应查明原因。抽查材料发出及领用的原始凭证，检查领料单的签发是否经过授权，材料发出汇总表是否经过适当的人员复核，材料单位成本计价方法是否适当，是否正确及时入账。对采用定额成本或标准成本的企业，应检查直接材料成本差异的计算、分配与会计处理是否正确，并查明直接材料的定额成本、标准成本在本年度内有无重大变更。

——直接人工成本的测试。直接人工成本实质性程序的内容主要包括：抽查产品成本计算单，检查直接人工成本的计算是否正确，人工费用的分配标准与计算方法是否合理和适当，是否与人工费用分配汇总表中该产品分摊的直接人工费用相符；将本年度直接人工成本与前期进行比较，查明异常波动的原因；分析比较本年度各个月份的人工费用发生额，如有异常波动，应查明原因；结合应付职工薪酬的检查，抽查人工费用会计记录及会计处理是否正确；对采用标准成本法的企业，应抽查直接人工成本差异的计算、分配与会计处理是否正确，并查明直接人工的标准成本在本年度内有无重大变更。

——制造费用的测试。制造费用是企业为生产产品或提供劳务而发生的间接费用，即生产单位为组织和管理生产而发生的费用。制造费用实质性程序的基本要点包括：获取或编制制造费用汇总表，并与明细账、总账核对相符，抽查制造费用中的重大数额项目及例外项目是否合理；审阅制造费用明细账，检查其核算内容及范围是否正确，并应注意是否存在异常会计事项，如有，则应追查至记账凭证及原始凭证，重点查明被审计单位有无将不应列入成本费用的支出（如投资支出、被没收的财物、支付的罚款、违约金、技术改造支出等）计入制造费用；必要时，对制造费用实施截止测试，即检查资产负债表日前后若干天的制造费用明细账及其凭证，确定有无跨期入账的情况；检查制造费用的分配是否合理；对于采用标准成本法的被审计单位，应抽查标准制造费用的确定是否合理，计入成本计算单的数额是否正确，制造费用的计算、分配与会计处理是否正确，并查明标准制造费用在本年度内有无重大变动。

——生产成本在当期完工产品与在产品之间分配的测试。检查成本计算单在产品数量与生产统计报告或在产品盘存表中的数量是否一致；检查在产品约当产量计算或其他分配标准是否合理；计算复核样本的总成本和单位成本。

做中学 8-4

审计人员审查某厂 2020 年 12 月成本计算单时,发现下列问题。

(1) 12 月 31 日材料退库 18 000 元,经查并无材料退库。

(2) 制造费用中修理费用 5 000 元,经查为大修理工程所用。

(3) 待摊费用 1 000 元,应摊入本月成本,漏记未转账。

月末完工产品 800 件,在产品 400 件,材料在生产开始时一次投料,在产品加工程度为 50%。该单位自编成本计算表如表 8-5 所示。

表 8-5　产品成本计算表 单位:元

成本项目	生产费用合计	完工产品成本	在产品成本
直接材料	150 000	100 000	50 000
直接人工	18 000	14 400	3 600
制造费用	22 000	17 600	4 400
合　计	190 000	132 000	58 000

经查完工产品入库为 1 000 件,并非 800 件,在产品数量、投料程度和加工程度正确。

要求:根据上述资料指出该企业在成本核算中存在的问题。

③ 对期末存货的计价检查。在期末存货计价审计中,由于被审计单位期末存货采用成本与可变现净值孰低的方法计价,所以审计人员应充分关注其对存货可变现净值的确定及存货跌价准备的计提。注册会计师可以通过询问管理层和相关部门员工,了解被审计单位如何收集有关滞销、过时、陈旧、毁损、残次存货的信息并为之计提必要的跌价损失准备。如被审计单位编制存货货龄分析表,则可以通过审阅分析表识别滞销或陈旧的存货。此外,注册会计师还要结合存货监盘过程中检查存货状况而获取的信息,以判断被审计单位的存货跌价损失准备计算表是否有遗漏。

做中学 8-5

某股份有限公司期末存货采用成本与可变现净值孰低法计价,成本与可变现净值的比较采用单项比较法。该公司 2020 年 12 月 31 日 A、B、C 三种存货的成本分别为:130 万元、221 万元、316 万元;A、B、C 三种存货的可变现净值分别为:128 万元、215 万元、336 万元。

要求:确定该公司 2020 年 12 月 31 日存货的账面价值应列示的金额。

5) 确定存货是否在资产负债表上恰当披露。

根据会计准则的规定,资产负债表上的存货项目应根据"材料采购""原材料""低值易耗品""库存商品""委托加工物资""委托代销商品""生产成本"等项目的期末余额合计,减去"存货跌价准备""受托代销商品款"科目期末余额后填列。材料采用计划成本核算,以及库存商品采用计划成本核算或售价核算的企业,还应按加或减"材料成本差异""商品进销差价"后的金额填列。

二、营业成本的实质性测试

（一）营业成本的审计目标

营业成本是指企业从事对外销售商品、提供劳务等主营业务活动和销售材料、出租固定资产、出租无形资产、出租包装物等其他经营活动所发生的实际成本，主要包括主营业务成本和其他业务成本两部分。营业成本审计目标的确定见表 8-6。

表 8-6　营业成本审计目标的确定

被审计单位：　　　　　　　　　　索引号：　　　　　　　　　　页次：
项目：营业成本　　　　　　　　　编制人：　　　　　　　　　　日期：
报表期间：　　　　　　　　　　　复核人：　　　　　　　　　　日期：

审计目标	财务报表认定					
	发生	完整性	准确性	截止	分类	列报
A. 利润表中记录的营业成本已发生，且与被审计单位有关	√					
B. 所有应当记录的营业成本均已记录		√				
C. 与营业成本有关的金额及其他数据已恰当记录			√			
D. 营业成本已记录于正确的会计期间				√		
E. 营业成本已记录于恰当的账户					√	
F. 营业成本已按照企业会计准则的规定在财务报表中作出恰当的列报						√

（二）营业成本的实质性程序

以下以主营业务成本为例介绍营业成本的实质性测试程序。

（1）获取或编制主营业务成本明细表，复核加计是否正确，与明细账和总账核对相符。

（2）进行分析性程序。

① 比较当年度与以前年度不同品种产品的主营业务成本和毛利率，并查明异常情况的原因。

② 比较当年度与以前年度各月主营业务成本的波动趋势，并查明异常情况的原因。

③ 比较被审计单位与同行业的毛利率，并查明异常情况的原因。

④ 比较当年度及以前年度主要产品的单位产品成本，并查明异常情况的原因。

（3）编制生产成本与主营业务成本倒轧表（表 8-7），并与相关科目交叉索引。

（4）抽查主营业务成本结转明细清单，比较计入主营业务成本的品种、规格、数量和主营业务收入的口径是否一致，是否符合配比原则。

（5）针对主营业务成本中重大调整事项（如销售退回）、非常规项目，检查相关原始凭证，评价真实性和合理性，检查其会计处理是否正确。

（6）在采用计划成本、定额成本、标准成本或售价核算存货的条件下，应检查产品成本差异或商品进销差价的计算、分配和会计处理是否正确。

（7）结合期间费用的审计，判断被审计单位是否通过将应计入生产成本的支出计入期间费用，或将应计入期间费用的支出计入生产成本等手段调节生产成本，从而调节主营业务成本。

（8）检查营业成本是否已按照企业会计准则的规定在财务报表中作出恰当列报。

任务指导

赵宇对审计中发现的康诺公司存货项目中存在的问题进行了分析。

（1）已入库未收到结算凭证的材料应做暂估入库处理，应计入本期购入材料 50 000 元。

（2）已领未用材料应做假退料处理，库存材料账面余额成本应增加 10 000 元。

（3）在建工程工人工资计入生产成本，本期直接人工成本应冲减 20 000 元。

（4）车间设备大修理费用应计入管理费用，应调减制造费用 60 000 元。

（5）在产品账面余额 3 000 000 元，实际盘点金额 3 080 000 元，应调整期末在产品余额。

根据上述资料填制"生产成本与主营业务成本倒轧表"（表 8-7），确定对康诺公司成本计算及利润的影响。

表 8-7　生产成本与主营业务成本倒轧表

被审计单位：康诺健身器材有限公司　　　　索引号：Z9D1-1　　　　　　页次：

项目：主营业务成本　　　　　　　　　　　编制人：赵宇　　　　　　　日期：2021.02.02

报表期间：2020 年　　　　　　　　　　　复核人：李立　　　　　　　日期：2021.02.02

项　　目	索引号	未审数	审计调整	审定数	备注
期初原材料余额		8 000 000		8 000 000	
加：本期购货净额		15 000 000	借50 000	15 050 000	
减：期末原材料余额		6 000 000	借10 000	6 010 000	
减：其他原材料发出额		1 000 000		1 000 000	
直接材料成本		16 000 000		16 040 000	
加：直接人工成本		1 500 000	贷20 000	1 480 000	
加：制造费用		4 200 000	贷60 000	4 140 000	
产品生产成本		21 700 000		21 660 000	
加：在产品期初余额		2 300 000		2 300 000	
减：在产品期末余额		3 000 000	借80 000	3 080 000	
库存商品成本		21 000 000		20 880 000	
加：库存商品期初余额		4 000 000		4 000 000	

续表

项　目	索引号	未审数	审计调整	审定数	备注
减:库存商品期末余额		5 000 000		5 000 000	
减:其他库存商品发出额					
主营业务成本		20 000 000		19 880 000	

审计结论:

主营业务成本多计 120 000 元,将影响营业利润少计 120 000 元。

任务附注

8-3-1　存货监盘程序工作底稿

8-3-2　原材料实质性程序工作底稿

8-3-3　生产成本(在产品)实质性程序工作底稿

8-3-4　库存商品及产成品实质性程序工作底稿

存货监盘程序工作底稿

原材料实质性程序工作底稿

生产成本(在产品)实质性程序工作底稿　库存商品及产成品实质性程序工作底稿

思政小课堂

存货的"奥秘"

同步练习

一、单项选择题

1. 审计人员审查存货时,需要( )。
    A. 亲自盘点存货
    B. 亲自指挥客户进行盘点工作
    C. 了解客户是否定期进行存货盘点,但不必参与盘点过程
    D. 观察客户的盘点过程并适当抽查

2. 存货监盘程序所得到的是( )。
    A. 书面证据　　　B. 实物证据　　　C. 环境证据　　　D. 口头证据

3. 存货审计的内容不包括( )。
    A. 制造费用的审计　　　　　　　B. 主营业务成本的审计
    C. 直接材料成本、人工成本的审计　　D. 销售费用的审计

4. 存货与成本循环的控制测试不包括( )。
    A. 对客户的内部控制制度进行简易抽查　B. 对内部控制进行评价
    C. 存货监盘　　　　　　　　　　　D. 抽查成本核算制度

5. 资产负债表中的"存货"项目不包括( )账户的期末余额。
    A. 原材料　　　B. 库存商品　　　C. 存货跌价准备　　D. 待摊费用

6. 在一般情况下,( )应划入存货与成本循环。
    A. 固定资产　　　B. 其他应收款　　　C. 生产成本　　　D. 无形资产

7. 一般来说,( )与存货与成本循环有关,而与其他任何循环无关。
    A. 采购材料和储存材料　　　　　B. 购置加工设备和维护加工设备
    C. 预付保险费和理赔　　　　　　D. 加工产品和储存完工产品

8. 毛利率的波动可能意味着( )的变动。
    A. 固定制造费用比重较小时销量发生变动
    B. 销售额与销售成本同比上升
    C. 销售额与销售成本同比下降
    D. 销售价格发生变动

9. 存货与成本循环和销售与收款循环的直接联系发生于( )。
    A. 借记原材料,贷记应付账款时　　　B. 借记货币资金,贷记应收账款时
    C. 借记主营业务成本,贷记库存商品时　D. 借记应付账款,贷记货币资金时

10. 存货与成本循环有关交易的实质性程序的重点不包括( )。
    A. 成本会计制度的测试　　　　　B. 分析程序的运用
    C. 存货的监盘　　　　　　　　　D. 存货计价的测试

11. 甲公司采用永续盘存制度核算存货,审计人员在检查甲公司存货时,注意到某些存货项目实际盘点的数量大于永续盘存记录中的数量。假定不考虑其他因素,以下各项中,最可能导致这种情况的是( )。
    A. 供应商向甲公司提供商业折扣　　B. 甲公司向客户提供销售折扣

C. 甲公司已将购买的存货退给供应商　　　D. 客户已将购买的存货退给甲公司

12. 下列证实存货项目存在认定最可靠的审计程序是（　　）。

　　A. 实施存货监盘程序

　　B. 检查购货发票、验收单的编号以及存货明细账

　　C. 比较购货发票上的价格、数量与存货明细账核对

　　D. 存货明细账中抽取项目检查至购货发票、验收单

13. 注册会计师对企业进行盘点时，发现所有权不属于被审计单位的存货，则应当（　　）。

　　A. 不予理会　　　　　　　　　　　B. 要求单独存放

　　C. 纳入盘点范围　　　　　　　　　D. 要求退回

14. 关于存货的审计，以下表述正确的是（　　）。

　　A. 对存货进行监盘是证实存货"完整性"和"权利与义务"认定的重要程序

　　B. 对难以盘点的存货，应根据企业存货收发制度确认存货数量

　　C. 存货计价审计的样本应着重选择余额较小且价格变动不大的存货项目

　　D. 注册会计师进行的监盘是观察、询问和实物检查工作的集合

15. 关于存货进行抽点，与审查存货盘点记录的完整性不相关的是（　　）。

　　A. 从存货实物中选取项目追查至存货盘点记录

　　B. 从存货盘点记录中选取项目追查至存货实物

　　C. 在存货盘点过程中关注存货的移动情况

　　D. 在存货盘点结束前，再次观察盘点现场

二、多项选择题

1. 存货与成本循环的关键控制点主要包括（　　）。

　　A. 生产及采购计划　　　　　　　　B. 原材料领用及发出

　　C. 存货的盘点　　　　　　　　　　D. 存货的日常保管

2. 对被审计单位存货的审计较复杂、费时的原因是（　　）。

　　A. 存货是构成营运资本的最大项目　　B. 存货项目的多样性

　　C. 存货估价方法的多样性　　　　　　D. 存货放置地点不同，实物控制不便

3. 审计组未将甲公司产品成本核算纳入审计范围。下列说法正确的有（　　）。

　　A. 这种做法不对，应该将产品成本核算纳入此次审计范围

　　B. 这种做法可以节约审计成本，保证审计质量

　　C. 这种做法有利于审计人员规避风险

　　D. 这种做法加大了审计的风险

4. 下列支出不得计入产品成本的有（　　）。

　　A. 直接材料　　　　　　　　　　　B. 支付的办公费

　　C. 支付的违约金　　　　　　　　　D. 捐赠支出

5. 原材料盘点中的遗漏影响（　　）项目的高估或低估。

　　A. 存货　　　　　B. 应收账款　　　　C. 营业收入　　　　D. 营业成本

6. 下列关于存货截止测试的说法中，正确的有（　　）。

　　A. 12月底入账的发票如果附有12月31日或之前的验收报告，则存货肯定已入库，
　　　　并包括在本年的实地盘点范围内

    B. 如果验收报告日期为次年 1 月的日期,则货物一般不会列入年底实地盘点范围内

    C. 如果 12 月 31 日购入货物,并已包括在当年实物盘点范围内,而购货发票次年 1 月才收到,可计入次年 1 月存货中

    D. 如果 12 月 31 日收到购货发票,而货物次年 1 月才收到,该批货物应计入次年 1 月的存货中

7. 在对存货实施监盘程序时,以下做法中,审计人员可以选择的是(　　)。

    A. 对于已作质押的存货,向债权人函证被质押存货的相关内容

    B. 对于受托代存的存货,实施向存货所有权人函证等审计程序

    C. 对于因性质特殊而无法监盘的存货,实施向顾客或供应商函证等审计程序

    D. 在首次接受委托的情况下,对存货的期末余额不通过执行监盘程序确认,而是根据被审计单位存货收发制确认

8. 审计人员对存货监盘实施的替代程序主要包括(　　)。

    A. 检查进货交易凭证或生产记录以及其他相关资料

    B. 检查资产负债表日后发生的销货交易凭证

    C. 向客户或供应商函证

    D. 对存货进行截止测试

9. 审计人员对被审计单位存货审计时,下列费用中应该包括在存货成本中的是(　　)。

    A. 商品入库后发生的仓储费用

    B. 制造企业为生产产品而发生的人工费用

    C. 生产企业为生产产品而发生的生产设备的折旧费用

    D. 商品流通企业进口商品支付的关税

10. 被审计单位将存货账面余额全部转入当期损益,审计人员能够认可的是(　　)。

    A. 霉烂变质的存货

    B. 已经过期不可退的存货(如食品)

    C. 周转变得缓慢的存货

    D. 生产中已不再需要,并且已无使用价值和转让价值的存货

三、判断题(正确的打"√",错误的打"×")

1. 存货期末盘点是被审计单位存货内部控制的基本要求,但注册会计师也应承担相应的责任。　　　　　　　　　　　　　　　　　　　　　　　　　　　　　　　　　　(　　)

2. 因为不存在满意的替代程序来观察和计量期末存货,所以审计人员必须对被审计单位的存货进行监盘。　　　　　　　　　　　　　　　　　　　　　　　　　　　　(　　)

3. 监盘程序所得到的证据可以保证被审计单位对存货拥有所有权,但不能对存货的价值提供审计证据。　　　　　　　　　　　　　　　　　　　　　　　　　　　　　　(　　)

4. 当被审计单位对存货实地盘点时,审计人员应当指挥盘点工作的进行,并作为盘点小组成员进行盘点。　　　　　　　　　　　　　　　　　　　　　　　　　　　　　　(　　)

5. 注册会计师的监盘责任应当包括现场监督被审计单位盘点并进行适当的抽点两部分。　　　　　　　　　　　　　　　　　　　　　　　　　　　　　　　　　　　　　(　　)

6. 被审计单位有责任确定适当程序,进行准确的盘点并正确记录盘点数。　　(　　)

7. 对存货实施监盘程序主要是获取存货"计价"认定的审计证据。　　　　　(　　)

8. 如果被审计单位采用永续盘存制,注册会计师可不必对存货的计价进行实地盘点。

（　　）

9. 对于企业存放或寄销在外地的存货,也应纳入盘点范围,可以由审计人员亲自前往监盘,也可以向寄存寄销单位函证。

（　　）

10. 存货与成本循环相对独立,对存货余额实施的审计程序,通常不用与其他相关业务循环的审计程序同时进行。

（　　）

四、思考与讨论

曾被誉为"中国农业第一股"的蓝田股份主营产品是农副水产品和饮料。2000 年蓝田股份的水产品收入位于"A07 渔业"上市公司的同业最高水平,高于同业平均值 3 倍。蓝田股份的农副水产品生产基地位于湖北洪湖市,公司生产区是一个几十万亩的天然水产种养场,其主营业务是淡水鱼类及其他水产品养殖。2000 年蓝田股份的流动资产占资产百分比位于"A07 渔业"上市公司的同业最低水平,低于同业平均值约 3 倍;而存货占流动资产百分比位于"A07 渔业"上市公司的同业最高水平,高于同业平均值约 3 倍;而在产品占存货的82%。按蓝田公司的报告,其精养鱼塘每亩水面产值达 3 万元,考虑到水产品的价格,意味着蓝田一亩水面至少产 3 000 千克鱼,每平方米水面下要有 50～60 千克鱼在流动,这么大的密度,氧气供应是大问题,恐怕只有实验室才能做得到。另外,蓝田股份的存货周转率最低的 1998 年也达到了 4.49,最高时甚至达到 10.82,意味着蓝田股份从购买鱼苗到鱼儿长大并卖出最多只要 80 天时间。以上种种迹象表明蓝田股份存货项目存在着明显的高估问题。而面积达几十万亩的养殖场中对水产品进行盘点造成的审计困难,使注册会计师未能及时发现并披露蓝田股份的造假行为。最终,蓝田股份因虚构收入、虚增资产、高估存货等问题而黯然退市,为其提供审计服务的沈阳华伦会计师事务所也一并为蓝田股份的造假行为承担了连带责任。

此案件给我们敲响了警钟,存货审计是如此的重要,也是如此的复杂,使存货舞弊并非仅凭简单的监盘就可查出。

问题:存货项目上有可能出现的造假手段有哪些？ 如何发现存货上的舞弊行为并更好地完成存货与成本业务的审计呢？

任务 9　对人力资源与工薪循环的审计

任务情境

审计人员赵宇负责康诺公司工薪项目的审计。在开展进一步审计程序前，赵宇对康诺公司的工薪业务进行了了解。康诺公司作为一家新建企业，尚未有退休人员，工薪业务均为在职人员发生。每月月末财务部分管工薪核算会计人员汇总各部门人员异动情况（病假、事假等）登记备忘录，根据备忘录编制工资表，计算应发工资及各项扣款。之后，打印工资明细表送人力资源部门审核。审核无误后，每月 9 日前填写付款审批单，财务经理审批后，出纳负责划款，保证 10 日前工资款到达职工个人账户。康诺公司财务负责人张强自信地告诉审计人员：我们的工资业务管理规范，工资核算肯定没问题。

工薪业务是企业最为重要的业务之一，无论企业情况如何，都是审计必须关注的项目。下面我们就和赵宇一起看一下如何进行康诺公司人力资源与工薪业务的审计。

任务目标

知识目标：

具备开展人力资源与工薪循环进一步审计程序必备知识，包括了解人力资源与工薪循环的主要业务活动，掌握人力资源与工薪循环控制测试的要求，掌握人力资源与工薪业务中主要账户的审计目标，以及围绕审计目标开展实质性程序的内容及方法。

技能目标：

具备开展业务循环审计的专业胜任能力，能进行人力资源与工薪循环的控制测试及主要账户的实质性测试，将审计过程恰当记录于审计工作底稿并能依据获取的审计证据作出正确的审计结论。

素质目标：

具备实事求是的工作作风和科学严谨的工作态度，培养精益求精的工匠精神；激发独立思考、解决问题的探究精神；提升知行统一的学习及实践能力，以及勇于应用新技术的创新意识。

子任务 9.1　了解人力资源与工薪循环的主要业务活动

任务要求

审计人员赵宇通过访谈、查阅康诺公司工薪制度相关文件、穿行测试等程序完成对被审计单位人力资源与工薪内部控制的了解。通过前期的了解，人力资源与工薪活动中可能存在哪些错报风险呢？

知识准备

一、人力资源与工薪循环的主要业务活动

无论在哪种行业，工薪都具有重要性。例如，在服务业中，企业属于劳动密集型，工薪支出在所有支出中占有重要比例。在高科技行业中，企业支付的工薪取决于员工的技能，这些企业可能设计出一套复杂的补偿方案雇用和留住最好的员工，以保持其具备良好的持续经营能力。在制造业中，企业支付的工薪支出取决于产品生产过程的劳动密集程度。

人力资源与工薪循环是不同企业之间最可能具有共同性的领域，涉及的主要业务活动通常包括批准招聘、记录工作时间或产量、计算工薪总额和扣除、支付工薪净额等。

（1）批准招聘。批准雇用的文件应当由负责人力资源与工薪相关事宜的人员编制，最好由在正式雇用过程中负责制定批准雇用、支付率和工薪扣除等政策的人力资源部门履行该职责。人力资源部门同时还负责编制支付率变动及员工合同期满的通知。

（2）记录工作时间或产量。员工工作的证据，以工时卡或考勤卡的形式产生，通过监督审核和批准程序予以控制。如果支付工薪的依据是产量而不是时间，数量也同样应经过审核，并且与产量记录或销售数据进行核对。

（3）计算工薪总额和扣除。在计算工薪总额和扣除时，需要将每名员工的交易数据，即本工薪期间的工作时间或产量记录，与基准数据进行匹配。在确定相关控制活动已经执行后，应当由一名适当的人员批准工薪的支付。同时由一名适当的人员审核工薪总额和扣除的合理性，并批准该金额。

（4）支付工薪净额。利用电子货币转账系统，将工薪支付给员工，有时也会使用现金支出方式。批准工薪支票通常是工薪计算中不可分割的一部分，包括比较支票总额和工薪总额。有关使用支票支付工薪的职能划分，应该与使用现金支出的职责划分相同。

我们可以用表 9-1 来说明在人力资源与工薪循环中各经济业务和相关凭证记录之间的关系。

表 9-1　人力资源与工薪循环中的主要凭证与记录

业　　务	原始凭证与记录	记账凭证与账簿	会　计　分　录
批准招聘	人事记录		
记录工作时间或产量	工时卡、工时单、产量记录		
工薪计提	工薪率核准表、扣款核准表、工薪结算汇总表、工薪分配表、个税申报表等	记账凭证、应付职工薪酬明细账与总账、应交税费明细账与总账、其他付账款明细账与总账等	借：生产成本 　　管理费用等 　贷：应付职工薪酬

续表

业　务	原始凭证与记录	记账凭证与账簿	会 计 分 录
工薪支付	工薪支付记录、保险费支付记录	记账凭证、应付职工薪酬明细账与总账、应交税费明细账与总账、其他付账款明细账与总账等、银行存款日记账与总账	借：应付职工薪酬 贷：银行存款

二、人力资源与工薪循环涉及的主要报表项目

根据财务报表项目与业务循环的相关程度，人力资源与工薪循环涉及的报表项目见表 9-2。

表 9-2　人力资源与工薪循环和主要财务报表项目对照表

业务循环	资产负债表项目	利润表项目
人力资源与工薪	应付职工薪酬、生产成本、应交税费——应交个人所得税	管理费用、销售费用等

任务指导

工薪费用可能具有较高的舞弊固有风险，因为企业可能为不存在的员工支付工薪。此外，由于围绕员工福利问题存在广泛的监管，以及工薪交易和余额包含了重要的交易类别，企业常常广泛采取预防性的控制活动。在这种情况下，注册会计师应当确定控制设计和实施的适当性，以支持评估为中或低的认定层次重大错报风险。

工薪交易和余额的重大错报风险可能存在以下方面。

（1）在工薪单上虚构员工。

（2）由一位可以更改员工数据主文档的员工在没有授权的情况下更改总工薪的付费标准。

（3）为员工并未工作的工时支付工薪。

（4）在进行工薪处理过程中出错。

（5）工薪扣款可能是不正确的，或未经员工个人授权，导致应付工薪扣款的返还和支付不正确。

（6）电子货币转账系统的银行账户不正确。

（7）将工薪支付给错误的员工。

（8）由于工薪长期未支付造成挪用现象。

（9）支付应付工薪扣款的金额不正确。

通过前期了解，审计人员赵宇对康诺公司内部控制的有效性作出了初步判断：康诺公司在人力资源和工薪建立了健全的控制制度，且在日常管理中得以贯彻执行，由此判断人力资

源及工薪循环整体错报风险不大。但由于康诺公司作为制造业企业,产品成本核算较为复杂,而财务人员又普遍经验不足,因此工薪项目准确性认定存在一定的错报风险,在进一步审计程序中应重点关注工薪分配的合理性及计算的正确性。

任务附注

了解工薪与人事流程及执行穿行测试工作底稿

了解工薪与人事流程及执行穿行测试工作底稿

思政小课堂

审计核心价值观

子任务 9.2　进行人力资源与工薪循环的控制测试

任务要求

审计人员赵宇在对康诺公司职工薪酬进行审计时,了解到以下情况。

(1)每月月末康诺公司财务部分管工薪核算会计人员汇总各部门人员异动情况(病假、事假等)登记备忘录,根据备忘录编制工资表,计算应发工资及各项扣款。

(2)打印工资明细表送人力资源部门审核。

(3)审核无误后,每月 9 日前填写付款审批单,财务经理审批后,出纳负责划款,保证 10 日前工资款到达职工个人账户。

根据对康诺公司内部控制的了解,人力资源与工薪循环的控制测试应如何开展?

知识准备

完成对被审计单位人力资源与工薪业务流程内部控制的了解后,注册会计师可以选取关键控制点对被审计单位的人力资源与工薪流程进行控制测试,通过询问、检查书面证据,抽取样本进行检查,以确定人力资源与工薪循环与之有关的内部控制活动是否有效执行。

注册会计师选取的关键控制点分别涉及人事招聘、员工考勤记录、人事解聘(离职)、工资计算和记录、工资支付、工资档案维护几个方面。

一、人事招聘测试

(1) 获取被审计单位所审计期间的员工招聘相关资料,根据业务控制频率或控制运行总次数确定样本量。

(2) 根据确定的样本量,抽取审计期间的员工招聘公告、录用通知、录用考核表、劳动合同等进行检查。人事招聘测试的主要检查点如下。

① 被审计单位新增职工真实。

② 对拟录用员工进行考评。

③ 对经管理层核准录用的员工发放录用通知。

④ 试用期考核表业经管理层审批。

⑤ 人力资源系统更新记录。

⑥ 员工招聘业经管理层审批。

⑦ 管理层审批拟录用员工考核表。

⑧ 对录用的员工确定工资标准。

⑨ 对管理层核准正式录用员工签订劳动合同。

⑩ 其他(结合实际情况描述)。

(3) 检查所抽取样本,根据检查的结果填写测试说明和测试结论,通过控制测试,确定人力资源与工薪业务流程中循环与员工聘用有关的内部控制活动是否有效执行。

二、员工考勤记录测试

(1) 获取被审计单位所审计期间的员工考勤相关资料,根据业务控制频率或控制运行总次数确定样本量。

(2) 根据确定的样本量,抽取审计期间的考勤表、加班记录、请假记录等进行检查。员工考勤记录测试的主要检查点如下。

① 检查实际工时统计记录与员工个人钟点卡(或产量记录)是否相符。

② 检查员工加班经管理层核准。

③ 检查员工请假经管理层核准。

④ 其他(结合实际情况描述)。

(3) 检查所抽取样本,根据检查的结果填写测试说明和测试结论,通过控制测试,确定人力资源与工薪循环与工作量记录有关的内部控制活动是否有效执行。

三、人事解聘(离职)测试

(1) 获取被审计单位所审计期间的员工离职申请单、离职审批单、解聘或离职通知等,根据业务控制频率或控制运行总次数确定样本量。

（2）根据确定的样本量，抽取员工离职申请单、离职审批单、解聘或离职通知等进行检查。人事解聘（离职）测试的主要检查点如下。

① 被审计单位职工解聘（离职）真实。

② 管理层核准离职审批表。

③ 人力资源下发工资停发通知书。

④ 对解聘（离职）的员工出具离职证明。

⑤ 人力资源系统更新记录。

⑥ 解聘员工业经管理层核准。

⑦ 向各部门下发员工解聘通知（离职通知）。

⑧ 离职手续办理表业经管理层核准。

⑨ 与解聘（离职）员工签订劳动解除合同。

⑩ 其他（结合实际情况描述）。

（3）检查所抽取样本，根据检查的结果填写测试说明和测试结论，通过控制测试，确定人力资源与工薪循环与员工解聘（离职）有关的内部控制活动是否有效执行。

四、工资计算和记录测试

（1）获取被审计单位所审计期间的工资计算表，根据业务控制频率或控制运行总次数确定测试的样本量。

（2）根据确定的样本量，抽取所审计期间工资计算表进行检查。工资计算和记录测试的主要检查点如下。

① 被审计单位职工人数真实并且正确。

② 工资表的编制、复核、审批以及工资发放职责相互分离。

③ 工资汇总表业经管理层核准。

④ 代扣款项计算准确。

⑤ 考勤记录（工时或产量记录）完整且真实。

⑥ 工资变动通知业经管理层核准。

⑦ 应发工资计算准确。

⑧ 人工费用被恰当的分配到相关账户中。

⑨ 其他（结合实际情况描述）。

（3）检查所抽取样本，根据检查的结果填写测试说明和测试结论，通过控制测试，确定人力资源与工薪循环与工资计算和记录有关的内部控制活动是否有效执行。

五、工资支付测试

（1）获取被审计单位所审计期间的员工工资支付单据，根据业务控制频率或控制运行总次数确定样本量。

（2）根据确定的样本量，抽取所审计期间的员工工资签收单进行检查。工资支付测试的主要检查点如下。

① 检查员工工资标准与工资卡记录一致。

② 实发工资总额与银行付款凭单及银行存款对账单是否相符。

③ 检查员工工资签收无误。

④ 其他（结合实际情况描述）。

（3）检查所抽取样本，根据检查的结果填写测试说明和测试结论，通过控制测试，通过控制测试，确定人力资源与工薪循环与工资支付有关的内部控制活动是否有效执行。

六、工资档案维护测试

（1）获取被审计单位所审计期间的工资停发或变动通知单、人力资源系统记录，根据业务控制频率或控制运行总次数确定样本量。

（2）根据确定的样本量，抽取所审计期间的工资停发或变动通知单、人力资源系统记录进行检查。工资档案维护测试的主要检查点如下。

① 有效的工资变更已计入工资档案。

② 工资档案的变更是准确的。

③ 所有工资扣款表的有效变更都已输入及处理。

④ 工资扣款表的变更已及时处理。

⑤ 所有工资档案的有效变更都已输入及处理。

⑥ 工资档案的变更已及时处理。

⑦ 工资扣款表的变更是准确的。

⑧ 法定的扣款表符合法例规定的要求。

⑨ 其他（结合实际情况描述）。

（3）检查所抽取样本，根据检查的结果填写测试说明和测试结论，通过控制测试，确定人力资源与工薪循环与工资档案维护相关的内部控制活动是否有效执行。

任务指导

通过对康诺公司人力资源与工薪循环业务的了解，注册会计师以识别的重大错报风险为起点，选取拟测试的控制并实施控制测试，开展对人力资源与工薪循环的审计。针对康诺公司情况，选取关键控制点进行的测试包括：员工考勤记录测试、工资计算和记录测试、工资支付测试几个方面。控制测试所使用的审计程序的类型主要包括询问、观察、检查和重新执行，注册会计师可以根据所测试的内部控制的特征及需要获得的保证程度选用适当的测试程序。根据选取的关键控制点及对控制点的检查情况，将检查结果填写在控制测试工作底稿中。经测试，康诺公司人力资源与工薪循环内部控制活动执行有效。

任务附注

人力资源与工薪循环控制测试工作底稿

人力资源与工薪循环
控制测试工作底稿

思政小课堂

人力资源审计

子任务 9.3　进行应付职工薪酬的实质性测试

任务要求

审计人员赵宇在审查康诺公司绩效考核办法时发现,按 2020 年企业业绩增长情况,销售部人员可以计提绩效兑现奖励 200 000 元。但查询应付职工薪酬相关账户未发现绩效兑现奖的相关记录。

对于发现的问题,审计人员应如何处理?

知识准备

一、应付职工薪酬的审计目标

工薪交易和相关余额主要的重大错报风险是对费用的高估,如向虚构员工发放工薪、对未实际发生工时支付工薪或以未授权的工薪率发放工薪等(存在和发生以及准确性认定)。由于严格的监管环境,以及工薪活动的敏感性和保密性,未遵守法律、法规可能受到的严厉惩罚,管理层针对工薪系统实施严格的控制,在大多数情况下能够有效且预先发现并纠正错误和舞弊。因此,注册会计师在测试了关键控制后可能将工薪交易和余额中的重大错报风险评估为低,并考虑通过实施分析程序获取所需要的大多数实质性审计证据,减少细节测试。针对剩余重大错报风险,注册会计师应当采用细节测试在对工薪负债的完整性、准确性、计价以及权利和义务进行测试。

应付职工薪酬审计目标的确定见表 9-3。

二、应付职工薪酬的实质性测试程序

应付职工薪酬的实质性程序通常包括以下方面。

(1) 获取或编制应付职工薪酬明细表,复核加计正确,并与报表数、总账数和明细账合计数核对是否相符。

(2) 对本期职工薪酬的发生情况实施分析程序。

① 检查各月职工薪酬的发生额是否有异常波动,若有,则要求被审计单位予以解释。

表 9-3　应付职工薪酬审计目标的确定

被审计单位：　　　　　　　　　　索引号：　　　　　　　　　页次：
项目：应付职工薪酬　　　　　　　　编制人：　　　　　　　　　日期：
报表期间：　　　　　　　　　　　　复核人：　　　　　　　　　日期：

审 计 目 标	财务报表认定					
	存在	完整性	权利与义务	准确性、计价与分摊	分类	列报
A. 资产负债表中记录的应付职工薪酬是存在的	√					
B. 所有应当记录的应付职工薪酬均已记录		√				
C. 记录的应付职工薪酬是被审计单位应当履行的现时义务			√			
D. 应付职工薪酬以恰当的金额包括在财务报表中，与之相关的计价调整已恰当记录				√		
E. 应付职工薪酬记录于恰当的账户					√	
F. 应付职工薪酬已按企业会计准则的规定在财务报表中作出恰当列报						√

② 将本期工薪费用总额与上期进行比较，要求被审计单位解释其减增变动原因，或取得公司管理当局关于员工工资水平的决议。

③ 了解被审计单位本期平均职工人数，计算人均薪酬水平，与上期或同行业水平进行比较。

④ 比较社会保险费、住房公积金、工会经费、职工教育经费和辞退福利等项目的本期实际计提数与按照相关规定独立计算的预期计提数，要求被审计单位解释其增减变动或差异原因。

⑤ 核对工薪部门记录的工薪支出与出纳记录的工薪支付数，以及工薪部门记录的工时与生产部门记录的工时。

⑥ 比较本期应付职工薪酬余额与上期应付职工薪酬余额，确定是否有异常变动。

（3）检查应付职工薪酬的计量和确认。

① 检查本项目的核算内容是否包括工资、职工福利、社会保险费、住房公积金、工会经费、职工教育经费、辞退福利、股份支付等明细项目。

② 国家有规定计提基础和计提比例的，应按国家规定的标准计提，如医疗保险费、养老保险费、失业保险费、工伤保险费、生育保险费、住房公积金、工会经费以及职工教育经费等；国家没有规定计提基础和计提比例的，如职工福利费等，应据实列支。检查职工薪酬的计提、分配方法是否合理并与上期一致，并将职工薪酬计提数与相关的成本、费用项目核对一致。

③ 被审计单位以其自产产品或外购商品作为非货币性福利发放给职工的，应根据受益对象，将该产品或商品的公允价值，计入相关的资产成本或当期损益，同时确认应付职工薪酬。

④ 被审计单位将其拥有的房屋等资产无偿提供给职工使用的，应当根据受益对象，将该住房每期应计提的折旧计入相关资产成本或当期损益，同时确认应付职工薪酬。

⑤ 被审计单位租赁住房等资产供职工无偿使用的,应当根据受益对象,将每期应付的租金计入相关资产成本或当期损益,同时确认应付职工薪酬。

做中学 9-1

注册会计师小李在审计黎明公司财务资料时发现,2020 年 12 月 56 号凭证摘要为发放福利费,账务处理如下。

借:管理费用　　　　　　　　　　　　　　　　　　　　　　　6 000 000

　贷:库存商品　　　　　　　　　　　　　　　　　　　　　　　6 000 000

注册会计师小李进一步查实所附原始凭证,证实为黎明公司将自产的 500 件产品作为福利发放给公司管理人员。该批产品的单件成本为 12 000 元,市场销售价格为每件 20 000 元(不含增值税)。

要求:黎明公司该笔业务处理是否存在问题?

(4)检查应付职工薪酬的分配。

将工资、福利费、社保、工会经费等项目的本期计提金额与生产成本、制造费用、在建工程、营业成本、销售费用、管理费用、研发费用等相关科目的工资项目发生额进行核对,若分配数合计和账面计提数存在较大的差异额,需要查找原因并进行相应的调整。

(5)检查应付职工薪酬的期后付款情况,并关注在资产负债表日至财务报表批准报出日之间,是否有确凿证据表明需要调整资产负债表日原确认的应付职工薪酬事项。

(6)检查应付职工薪酬是否已按照企业会计准则的规定在财务报表中作出恰当的列报。

做中学 9-2

表 9-4 是宏远公司 2020 年 12 月的工资分配表。

表 9-4　2020 年 12 月工资分配表　　　　　　　　　　　单位:元

部门	人员类别	生产成本	制造费用	管理费用	销售费用	合计
生产车间	生产工人	167 210				167 210
	管理人员		6 435			6 435
机修车间	全体人员	13 575				13 575
销售部门	销售人员				62 431	62 431
厂部	管理人员			111 440		111 440
其他	基建工程人员	51 759				51 759
合计		232 544	6 435	111 440	62 431	412 850

要求:审查上述工资分配表,如有错误,指出错误所在。

任务指导

审计人员赵宇在审查康诺公司绩效考核办法时发现,按 2020 年企业业绩增长情况,销售部人员可以计提绩效兑现奖励 200 000 元。但查询应付职工薪酬相关账户未发现绩效兑现奖的相关记录。

对于发现的康诺公司未计提绩效兑现奖励的问题,审计人员赵宇可以查询公司制定的绩效奖励相关文件及公司应付职工薪酬的相关会计记录,确定康诺公司该笔绩效奖励确实未入账。审计人员进而向财务部负责人、负责工薪核算的会计人员及销售部负责人进行询问,得知该笔奖励将在 2021 年 1 月支付,因此未在 2020 年登记入账。

对于该笔业务,赵宇将发现的问题记录于应付职工薪酬审定表(表 9-5)及销售费用审定表(表 9-6),并建议康诺公司进行账项调整。

表 9-5　应付职工薪酬审定表

单位名称:康诺健身器材有限公司　　　　　编制人:赵宇　　　　日期:2021.02.05　　　　索引号:F8-1
财务报表截止日:2020.12.31　　　　　　　复核人:李立　　　　日期:2021.02.05

上期审定数	本期未审数	同比增减	调整		其中滚调		审定数
			借	贷	借	贷	
略	略		200 000				略
审计说明	补提职工薪酬绩效奖励: 经审计调整如下。 借:销售费用　　　　　　　　　　　　　　　　　　　200 000 　　贷:应付职工薪酬　　　　　　　　　　　　　　　　　　200 000						
审计结论	调整后可以确认						

表 9-6　销售费用审定表

单位名称:康诺健身器材有限公司　　　　　编制人:赵宇　　　　日期:2021.02.05　　　　索引号:S3-1
所属期间:2020 年度　　　　　　　　　　　复核人:李立　　　　日期:2021.02.05

上期审定数	本期未审数	同比增减	调整		其中滚调		审定数
			借	贷	借	贷	
略	略		200 000				略
审计说明	补提职工薪酬绩效奖励: 经审计调整如下。 借:销售费用　　　　　　　　　　　　　　　　　　　200 000 　　贷:应付职工薪酬　　　　　　　　　　　　　　　　　　200000						
审计结论	调整后可以确认						

任务附注

应付职工薪酬实质性程序工作底稿

应付职工薪酬实质
性程序工作底稿

思政小课堂

应付职工薪酬的审计

同 步 练 习

一、单项选择题

1. 工薪业务循环过程形成的文件按业务顺序依次为（　　　）。

　　A. 员工调配单、工资单、生产统计表

　　B. 考勤簿、工资费用分配表、工资结算表

　　C. 员工调配单、考勤簿、工资结算表、工资费用分配表

　　D. 员工调配单、记账凭证、工资结算表

2. 为了防止向员工过量支付工薪或向不存在的员工虚假支付工薪，下列最为有效的内部控制措施是（　　　）。

　　A. 对资产和记录的实物控制　　　　　B. 采用适当的授权

　　C. 实施适当的职责分离　　　　　　　D. 独立检查

3. 在人力资源与工薪循环的审计中，注册会计师为了识别和评估工薪账项的重大错报风险而收集审计证据的是（　　　）。

　　A. 细节测试　　　　　　　　　　　　B. 实质性分析程序

　　C. 控制测试　　　　　　　　　　　　D. 风险评估程序

4. 下列各项中，属于工薪审计实质性程序的是（　　　）。

　　A. 询问和观察人事、考勤、工薪发放、记录等职责执行情况

　　B. 复核人事政策、组织机构图

　　C. 对本期工资费用进行分析性程序

　　D. 检查工资分配表、工资汇总表、工资结算表，并核对员工工资手册等

5. 被审计单位对以下工资费用分配，应确认为错误的是（　　　）。

　　A. 营销人员工资计入制造费用

　　B. 车间主任工资计入制造费用

　　C. 参与固定资产建造人员工资计入在建工程

　　D. 仓库保管人员工资计入管理费用

6. 为验证已发生的工资支出是否均已入账，应执行的程序是（　　　）。

　　A. 检查工资费用的分配标准是否适当

　　B. 将工资结算汇总表、工资费用分配表与有关的费用明细账核对

C. 将工资率与工资手册核对,验证工资的计算是否正确

D. 审阅工资结算汇总表和工资费用分配表,检查其恰当性

7. 对直接人工成本的控制测试,如果采用计件工资制,应当检查(   )。

A. 实际工时统计记录   B. 职工分类表

C. 个人产量记录   D. 职工工资率

8. 如果注册会计师在测试了关键控制后将工薪交易和余额中的重大错报风险评估为低水平,则其将会调整审计策略为(   )。

A. 以获取为实施分析程序所需要的大多数实质性审计证据,减少细节测试

B. 以获取为细节测试所需要的大多数实质性审计证据,减少实质性分析程序

C. 仅实施实质性分析程序,以获取充分、适当的审计证据

D. 仅实施细节测试,以获取充分、适当的审计证据

9. 某企业以现金支付管理人员生活困难补助 2 000 元,下列各项会计处理正确的是(   )。

A. 借:其他业务成本   2 000   贷:库存现金   2 000

B. 借:营业外支出   2 000   贷:库存现金   2 000

C. 借:管理费用   2 000   贷:库存现金   2 000

D. 借:应付职工薪酬——职工福利   2 000   贷:库存现金   2 000

10. 被审计单位生产多种产品时,生产人员计时工资应选用(   )进行适当分配。

A. 实际产量   B. 计划产量

C. 产量及单价   D. 定额工时或实耗工时

二、多项选择题

1. 工薪业务循环的关键控制点包括以下(   )方面。

A. 人事招聘测试   B. 员工考勤记录测试

C. 工薪分配测试   D. 工资支付测试

2. 不同的被审计单位的经营情况可能千差万别,但人力资源与工薪循环涉及的主要业务活动通常都包括(   )等相对固定的环节。

A. 记录工作时间或产量   B. 批准招聘

C. 计算工薪总额和扣除   D. 支付工薪净额

3. 下列可能导致工薪交易和余额产生重大错报风险的有(   )。

A. 将工薪支付给错误的员工

B. 在工薪单上虚构员工

C. 在进行工薪处理过程中出错

D. 电子货币转账系统的银行账户不正确

4. 根据受益对象进行分配,应付职工薪酬计提时可以计入的会计科目有(   )。

A. 生产成本   B. 研发支出   C. 在建工程   D. 财务费用

5. 人力资源与工薪循环涉及的主要凭证有(   )。

A. 工薪交易文件   B. 工时单

C. 工薪主文档   D. 材料费用分配表

6. 企业将拥有的汽车无偿提供给本单位管理人员使用,下列会计处理正确的有(   )。

A. 借:管理费用   贷:累计折旧

B. 借:管理费用　　　　　　贷:应付职工薪酬

C. 借:应付职工薪酬　　　　贷:累计折旧

D. 借:管理费用　　　　　　贷:其他应收款

7. 在对人力资源与工薪循环的内部控制进行了解时,可以用下列方法来了解内部控制的情况(　　　)。

A. 询问被审计单位相关人员

B. 观察各项职责执行情况

C. 检查企业人力资源相关的制度文件

D. 重新执行重要的业务流程

8. 下列各项中,应作为职工薪酬计入相关资产成本的有(　　　)。

A. 设备采购人员差旅费　　　　　　B. 公司总部管理人员的工资

C. 生产职工的伙食补贴　　　　　　D. 材料入库前挑选整理人员工资

9. 下列属于不相容职务的是(　　　)。

A. 工资编制岗位与工资发放岗位　　B. 编制岗位与员工信息录入岗位

C. 工资表的编制与工资表的审核　　D. 工资发放岗位与工资记录岗位

10. 下列各项中,应确认为应付职工薪酬的有(　　　)。

A. 非货币性福利　　　　　　　　　B. 社会保险费和辞退福利

C. 职工工资、福利费　　　　　　　D. 工会经费和职工教育经费

三、判断题(正确的打"√",错误的打"×")

1. 财会部门应对员工考勤、工资结算、工资标准制定及工资结算汇总进行处理。

(　　)

2. 为有效控制工薪业务,产量与工时记录、工资单等一式几联,并由不同部门参与控制。

(　　)

3. 财务部门人员的职工福利费应计入财务费用。(　　)

4. 被审计单位本月发生的工资业务在"应付职工薪酬"科目核算,以前月份应付的工资则计入其他应付款。(　　)

5. 由于严格的监管环境和内部控制,注册会计师在测试了关键控制后通常将工薪交易和余额中的重大错报风险评估为低。(　　)

6. 期末"应付职工薪酬"账户贷方余额表示多付工资。(　　)

7. 审计人员对工资总额真实性审查时,需要核实在册职工人数的真实性。(　　)

8. 企业将应由在建工程、无形资产负担的职工薪酬计入生产成本,会导致当期利润减少。

(　　)

9. 将公司自己生产的笔记本电脑发放给企业职工,不属于销售行为,所以不需要缴纳各种税金。(　　)

10. 对于人力资源与工薪循环的审计,不必进行控制测试,直接对"应付职工薪酬"账户进行细节测试就可以。(　　)

四、思考与讨论

HR 公司是一家大型制药企业,业绩发展良好。2001 年其异常的工薪业务引起了广泛的争议。HR 公司提取应付工资之多超出常理,到 2001 年中期,其应付工资总额达到了

7.03 亿元,而 2001 年上半年,该公司支付给员工的薪金总额不过 1.2 亿元,即平均每个月 2 000 万元。以此推算,公司的"应付工资"可以支付未来 35 个月的员工工资,接近 3 年!另一方面,多计提的工资也隐瞒了企业的利润。2001 年中期每股收益只有 0.32 元,远远低于预期值。HR 公司利用提取"应付工资"和各种损失准备等财务手段隐瞒利润高达 11 亿元;未来 3 年,即使公司没有新的利润,也会有 11 亿多元的净利润产生。

随着经营管理水平的提高和技术手段的发展,职工薪酬业务进行舞弊及掩饰的可能性已有减少;然而,职工薪酬费用在成本费用中所占比重较大,所以仍有不少上市公司利用应付工资来调节利润。

问题:从企业角度来说如何防止工薪核算中错弊的发生？审计人员又该如何发现工薪业务中的舞弊行为？

任务 10 对筹资与投资循环的审计

任务情境

注册会计师肖妍负责康诺公司筹资与投资业务的审计。筹资与投资业务涉及面较广，肖妍在审计前先向康诺公司负责人王明和财务负责人了解了康诺公司筹资和投资业务的基本情况。康诺公司成立5年,注册资本500万元,是王明和其四个朋友共同出资成立。出资方式主要是货币出资,另外还有王明以技术入股100万元。公司成立后经营状况良好,但由于公司发展迅速,对资金的需求量较大。日常资金需求除企业经营积累外,主要靠银行贷款。由于康诺公司发展势头良好,几年来当地银行非常支持康诺公司发展,几次贷款业务办理得都非常顺利,及时满足了康诺公司资金需求方面的问题。由于要开发新产品,近期康诺公司资金需求量剧增,仅靠银行贷款已不能满足企业需求,康诺公司准备吸收新投资人加入,扩大资本规模,进一步壮大企业。

作为一家成立不久的企业,康诺公司并没有太多闲散资金进行对外投资;只是对其主要原料供应商进行了一笔长期投资项目,以便对该原料供应商施加影响,来保证原材料的供应。

整体来看,康诺公司的筹资与投资业务构成比较简单,但涉及的金额还是较大,肖妍决定对康诺公司发生的筹资与投资业务进行详细审计。下面我们就和肖妍一起来看一下如何进行康诺公司筹资与投资业务的审计。

任务目标

知识目标:

具备开展筹资与投资循环进一步审计程序必备知识,包括了解筹资与投资循环的主要业务活动,掌握筹资与投资循环控制测试的要求,掌握筹资与投资业务中主要账户的审计目标以及围绕审计目标开展实质性程序的内容及方法。

技能目标:

具备开展业务循环审计的专业胜任能力,能进行筹资与投资循环的控制测试及主要账户的实质性测试,将审计过程恰当记录于审计工作底稿并能依据获取的审计证据作出正确的审计结论。

素质目标:

具备实事求是的工作作风和科学严谨的工作态度,培养精益求精的工匠精神;激发独立思考、解决问题的探究精神;提升知行统一的学习及实践能力及勇于应用新技术的创新意识。

子任务 10.1 了解筹资与投资循环的主要业务活动

任务要求

注册会计师肖妍对康诺公司财务负责人及总经理进行了访谈,了解了康诺公司筹资与投资业务的基本情况。康诺公司发展迅速,对资金的需求量较大。日常资金需求除企业经营积累外,主要靠银行贷款;公司管理人员在融资业务上经验明显不足。通过前期的了解,筹资与投资动中可能存在哪些错报风险呢?

知识准备

筹资与投资循环由筹资活动和投资活动的交易事项构成。筹资活动是指企业为满足生存和发展的需要,通过改变企业资本、债务规模和构成而筹集资金的活动。筹资活动主要由借款和股东投资组成。投资活动是指企业为享有被投资单位分配的利润,或为谋求其他利益,将资产让渡给其他单位而获得另一项资产的活动。筹资与投资的业务在审计年度内虽然交易数量较少,但每笔交易的金额通常较大;一旦出现问题,对报表公允性往往会产生重大影响。因此,审计实施中要结合投资与筹资业务的特点评估其错报风险,进而开展进一步审计程序。

一、筹资与投资循环的主要业务活动

(一)筹资所涉及的主要业务活动

企业所需的资金是企业生存与发展的重要环节。企业拥有的大部分资产源于债权人和股东提供的资金,企业的筹资业务由取得和偿还资金有关的交易组成,分为负债筹资交易和所有者权益交易两部分。具体来说,筹资活动的业务主要有以下环节。

(1)审批授权。企业通过借款筹集资金需经管理当局的审批,其中债券的发行每次均要由董事会授权;企业发行股票必须依据国家有关法规或企业章程的规定,报经企业最高权力机构(如董事会)及国家有关管理部门批准。

(2)签订合同或协议。向银行或其他金融机构融资须签订借款合同,发行债券须签订债券契约和债券承销或包销合同。

(3)取得资金。企业实际取得银行或金融机构划入的款项或债券、股票的融入资金。

(4)计算利息或股利。企业应按有关合同或协议的规定,及时计算利息或股利。

(5)偿还本息或发放股利。银行借款或发行债券应按有关合同或协议的规定偿还本息,融入的股本根据股东大会的决定发放股利。

银行借款筹资活动的一般流程如图 10-1 所示。

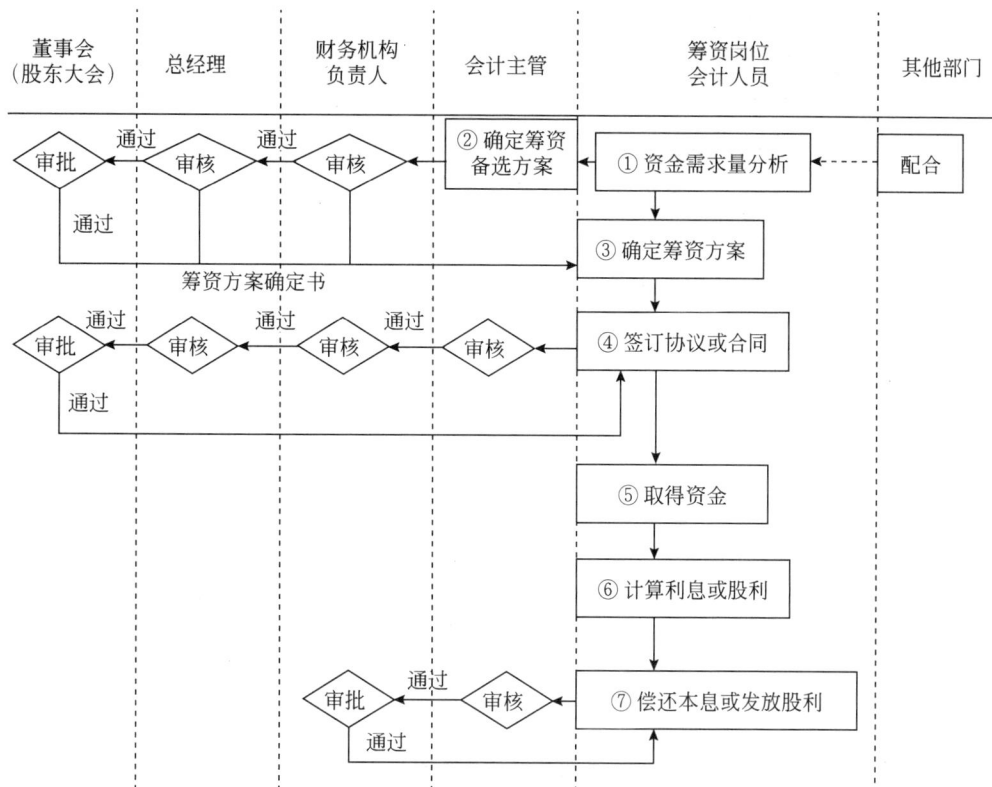

图 10-1　银行借款筹资活动的一般流程

（二）投资所涉及的主要业务活动

企业在经营过程中为了保持资产的流动性和营利性，将资产投放于证券市场或其他企业，即形成投资业务。企业投资的形式包括债券、股票、基金等。具体说来，投资业务主要有以下环节。

（1）审批授权。投资业务应由企业的高层管理机构进行审批。

（2）取得证券或其他投资。企业可以通过购买股票或债券进行投资，也可以通过与其他单位联合形成投资。

（3）取得投资收益。企业可以取得股权投资的股利收入、债券投资的利息收入和其他投资收益。

（4）转让证券或收回投资。企业可以通过转让证券实现投资的收回；其他投资已经投出，除联营合同期满，或由于其他特殊原因联营企业解散外，否则一般不得抽回投资。

投资主要业务活动的一般流程如图 10-2 所示。

二、筹资与投资循环涉及的主要报表项目

根据财务报表项目与业务循环的相关程度，筹资与投资循环涉及的报表项目见表 10-1。

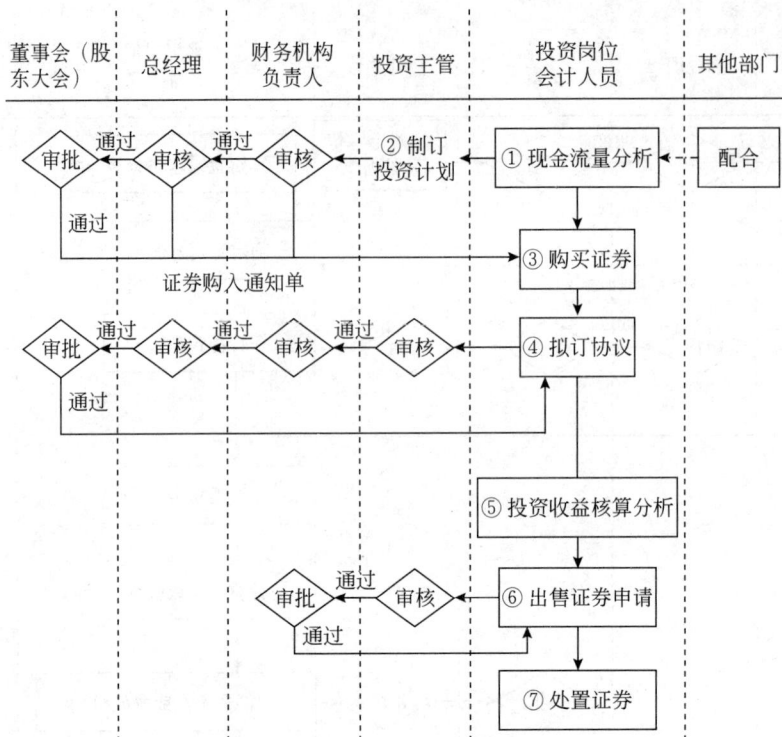

图 10-2　投资主要业务活动的一般流程

表 10-1　筹资与投资循环与主要财务报表项目对照表

业务循环	资产负债表项目	利润表项目
筹资与投资循环	交易性金融资产、应收利息、其他应收款、其他流动资产、可供出售金融资产、持有至到期投资、长期股权投资、投资性房地产、递延所得税资产、短期借款、应付利息、应付股利、其他应付款、长期借款、应付债券、递延所得税负债、实收资本(或股本)、资本公积、盈余公积、未分配利润	财务费用、资产减值损失、公允价值变动收益、投资收益、营业外收入、营业外支出、所得税费用等

任务指导

　　注册会计师应当在了解被审计单位的基础上考虑影响筹资与投资交易的重大错报风险,并对被审计单位业务中可能出现的特别风险保持警惕。考虑到严格的监管环境和董事会针对筹资与投资活动设计的严格控制,除非注册会计师对管理层的诚信产生疑虑,否则重大错报风险一般应当评估为低水平。

　　在实施实质性程序之前,注册会计师应当评估权益、借款、利息、股利等交易和余额在报表层次和认定层次上的重大错报风险。注册会计师应当通过询问、检查文件记录、观察控制程序等方法获得确切的信息以支持对重大错报风险的评估,识别特定账户余额的影响,并设计适当的审计程序以发现和纠正剩余重大错报风险。

与筹资交易和余额相关的特定风险包括:

(1) 企业会计准则以及监管法规对借款和权益的披露要求,可能引起完整性、计价和分摊、列报认定的潜在重大错报风险。尽管账户余额发生错报的可能性不大,仍然可能存在权利和义务被忽略或发生错报的可能,例如,如果一个集团公司用资产为另一个集团公司做抵押或担保的情况。

(2) 如果被审计单位是国际资本市场上的大型公众公司,其股票在国内和国外同时上市,其他国家的法律法规的复杂性可能影响到注册会计师对重大错报风险的评估。在这种情况下,企业可能从国外获得借款,从而应当在利润表中确认汇兑损益。这种情况下的筹资交易和余额重大错报风险可能评估为中到高水平,存在完整性和计价认定风险以及未记录负债和或有负债的风险。

与投资交易和余额相关的特定风险包括:

(1) 管理层错误表述投资业务或衍生金融工具业务的偏见和动机,包括为了满足预算、提高绩效奖金、提高财务报表上的报告收益、确保从银行获得额外资金、吸引潜在投资购买者或影响股价而误导投资者。

(2) 所取得资产的性质和复杂程度可能导致确认和计量的错误。尽管多数被审计单位可能只拥有少量的投资,并且买入和卖出的业务不频繁,交易的复杂性仍可能导致作出会计处理时出现错误。如果会计人员没有意识到不同类型投资计量或计价的复杂性,管理层通常不能轻易发现这些错误。

(3) 所持有投资的公允价值可能难以计量。

(4) 管理层凌驾于控制之上,可能导致投资交易未经授权。

(5) 如果对有价证券的控制不充分,权益性有价证券的舞弊和盗窃风险可能很高,从而影响投资的存在性。

(6) 关于资产的所有权以及相关权利与义务的审计证据可能难以获得。获取的权益可能很复杂,例如,在企业集团中包含有跨国公司的情形以及公司处理大量衍生金融工具交易的情形。

(7) 如果负责记录投资处置业务的人员没有意识到某项投资已经卖出,则对投资的处置业务可能未经记录。这种处置业务只能通过在期末进行实物检查来发现。

通过对康诺公司投资及融资业务的了解,康诺公司筹资主要通过银行借款,投资业务也比较单一,由此确定康诺公司筹资及投资循环整体的重大错报风险为低水平。由于企业借款业务发生额较大,在进一步审计程序中要关注完整性认定相关的错报风险。另外,由于康诺公司财务人员对筹资及融资业务经营不足,要关注由此产生的控制风险。

任务附注

筹资与投资流程及执行穿行测试工作底稿

筹资与投资流程及执行穿行测试工作底稿

审计中的"工匠精神"

子任务 10.2 　进行筹资与投资循环的控制测试

任务要求

　　康诺公司经过 5 年的努力,现已进入高速发展阶段。随着新产品的开发和市场的拓展,资金的需求越来越大。公司目前没有专门负责筹资和投资业务的部门或人员,难以应对未来企业发展的需要。康诺公司的负责人王明认为此次接受信诚会计师事务所审计是个很好的机会,于是向注册会计师提出,企业下一步要重视筹资与投资业务,请注册会计师为今后企业筹资与投资业务的管理提出建议。

知识准备

　　完成对被审计单位筹资和投资业务流程内部控制的了解后,审计人员可以选取关键控制点对被审计单位的筹资和投资流程进行控制测试,通过询问、检查书面证据,抽取样本进行检查,以确定筹资和投资循环与之有关的内部控制活动是否有效执行。接合康诺公司筹资与投资业务的基本情况,审计人员可选取的关键控制点分别涉及日常借款、偿还借款、长期股权投资等几个方面。

一、日常借款测试

　　(1) 获取被审计单位所审计期间仍在执行的借款申请书、借款合同等,根据业务控制频率或控制运行总次数确定样本量。

　　(2) 根据确定的样本量,抽取审计期间的借款申请书、借款合同等进行检查。与日常借款有关的测试的主要检查点如下。

　　① 不相容职务已分开设置并得到执行。

　　② 有资金收支预测表预测资金缺口,借款申请业经管理层核准。

　　③ 有筹资决议文件且业经授权批准。

　　④ 有签署的筹资协议并专人管理。

　　⑤ 已登记在借款备查账且与账簿记录核对相符。

⑥ 借款金额与银行对账单核对相符。

⑦ 其他(结合实际情况描述)。

(3) 检查所抽取样本,根据检查的结果填写测试说明和测试结论,通过控制测试,确定筹资与投资流程与日常借款有关的内部控制活动是否有效执行。

二、偿还借款测试

(1) 获取被审计单位所审计期间的还款申请书、会计凭证、银行对账单等,根据业务控制频率或控制运行总次数确定样本量。

(2) 根据确定的样本量,抽取所审计期间的还款申请书、会计凭证、银行对账单等进行检查。偿还借款测试的主要检查点如下。

① 还款申请书与筹资协议相符。

② 还款申请书经恰当批准。

③ 还款金额、期限等内容与还款申请书内容一致。

④ 已登记在借款备查账且与账簿记录核对相符。

⑤ 还款记录与银行对账单核对相符。

⑥ 还款已正确入账且记录于正确的会计期间。

⑦ 涉及的抵押、质押物品是否已经解除抵押、质押。

⑧ 其他(结合实际情况描述)。

(3) 检查所抽取样本,根据检查的结果填写测试说明和测试结论,通过控制测试,确定筹资与投资流程与偿还借款有关的内部控制活动是否有效执行。

三、长期股权投资测试

(1) 获取被审计单位所审计期间的投资预算审批表、投资合同、会计凭证、银行付款单证等,根据业务控制频率或控制运行总次数确定样本量。

(2) 根据确定的样本量,抽取审计期间的投资预算审批表、投资合同、会计凭证、银行付款单证等进行检查。长期股权投资测试的主要检查点如下。

① 不相容职务已分开设置并得到执行。

② 编制投资预算,并经批准。

③ 是否进行了可行性研究和论证。

④ 签订投资合同,并经适当层次批准。

⑤ 投资付款申请经适当批准。

⑥ 取得权属证明,并与投资合同、章程一致。

⑦ 行使出资人权利(《公司法》和公司章程规定的各项权利)。

⑧ 投资的处置经恰当层次批准,并形成决议。

⑨ 投资、投资收益的账务处理正确。

⑩ 相应的投资减值准备是否业经授权审批。

⑪ 相应的投资减值准备的计提依据是否充分。

⑫ 其他(结合实际情况描述)。

(3) 检查所抽取样本,根据检查的结果填写测试说明和测试结论,通过控制测试,确定筹资与投资流程与长期股权投资有关的内部控制活动是否有效执行。

任务指导

在对康诺公司筹资与投资业务全面了解后,结合以往对筹资与投资业务控制测试的经验,可以建议康诺公司未来筹资与投资活动的管理做好以下工作。

(1) 授权审批控制。重大的筹资与投资活动,如大额银行贷款、发行债券、发行股票等,应由董事会作出决议或由最高管理层决策,然后由财务人员执行;小规模的筹资与投资活动,如短期借款等,则可由财务部门负责人作出决定。

(2) 筹资循环的职务分离控制。筹资与投资计划编制人与审批人,经办人员与会计记录人员,保管人员与会计记录人员等环节应做到职责分离。

(3) 款项收付的控制。如果发行股票或债券,企业最好委托独立的代理机构代为发行;利息的支付应安排专门人员负责,并在有关人员签字确认后,才对外偿付。

(4) 实物保管的控制。企业发行的债券和股票可以由独立的专门机构代为保管,债券和股票都应设立相应的登记簿,并由专人进行登记,同时要进行定期盘点。

(5) 会计记录的控制。企业应建立严密完善的账簿体系和记录制度,企业应及时地按正确的金额、合理的方法,在适当的账户和合理的会计期间予以正确记录,并定期进行账账、账表、账实的核对,如有不符,要及时查明原因。

任务附注

筹资与投资流程控制测试工作底稿

筹资与投资流程控制测试工作底稿

思政小课堂

IPO 中的审计

子任务 10.3　进行筹资与投资循环的实质性测试

任务要求

康诺公司为新产品生产新建一条生产线,于 2020 年 6 月 30 日向银行借款 200 万元,年利率为 6%,借款期为 2 年,到期一次还本付息。该生产线 2020 年 7 月 1 日动工,预计 2021 年 12 月 31 日达到预定可使用状态。康诺公司将该项借款产生的利息费用计入了 2020 年的财务费用。

对于以上情况,审计人员应如何处理?

知识准备

一、长期借款的实质性测试

(一)长期借款的审计目标

借款是企业承担的一项经济义务,是企业的负债项目。在一般情况下,被审计单位不会高估负债,因为这样于自身不利,且难以与债权人的会计记录相互印证。因此,审计人员对于负债项目的审计,主要是防止企业低估债务。低估债务经常伴随低估成本费用,从而达到高估利润的目的。因此,低估债务不仅影响财务状况的反映,而且还会极大地影响企业财务成果的反映。所以,审计人员在执行借款业务审计时,应将被审计单位是否低估借款作为一个关注的要点。以下以长期借款为例介绍借款项目的实质性程序。

长期借款审计目标的确定见表 10-2。

表 10-2　长期借款审计目标的确定

被审计单位：　　　　　　　索引号：　　　　　　　页次：
项目:长期借款　　　　　　编制人：　　　　　　　日期：
报表期间：　　　　　　　　复核人：　　　　　　　日期：

审 计 目 标	财务报表认定					
	存在	完整性	权利与义务	准确性、计价与分摊	分类	列报
A. 资产负债表中记录的长期借款是存在的	√					
B. 所有应当记录的长期借款均已记录		√				
C. 记录的长期借款是被审计单位应当履行的现时义务			√			
D. 长期借款以恰当的金额包括在财务报表中,与之相关的计价调整已恰当记录				√		
E. 长期借款记录于恰当的账户					√	
F. 长期借款已按企业会计准则的规定在财务报表中作出恰当列报						√

（二）长期借款的实质性测试程序

（1）获取或编制长期借款明细表，复核其加计数是否正确，并与明细账和总账核对相符。

（2）了解金融机构对被审计单位的授信情况以及被审计单位的信用等级评估情况，了解被审计单位获得长期借款的抵押和担保情况，评估被审计单位的信誉和融资能力。

（3）对年度内增加的长期借款，应检查借款合同和授权批准，了解借款数额、借款条件、借款日期、还款期限、借款利率，并与相关会计记录进行核对。审计人员应查明被审计单位借款的目的是否正当、借款的理由是否充分、借款手续是否齐备、入账是否及时等。

（4）对年度内减少的长期借款，审计人员应检查相关记录和原始凭证，检查还款时间与借款计划与银行规定是否相符，核实还款数额及利息计算是否正确。

（5）向银行或其他债权人函证重大的长期借款，以证实借款的存在性和条件，以及有无抵押等情况。函证中如有差异，应进一步调查其原因。

（6）检查长期借款的使用是否符合借款合同的规定，是否为扩大生产经营规模所需，是否真正用于购建固定资产或无形资产等，有无改变借款用途的行为。

（7）审计人员应检查相关记录和原始凭证，检查被审计单位有无到期未偿还的长期借款，如有则应查明是否已向银行提出申请并经同意后办理延期手续，分析计算逾期借款的金额、利率和期限，判断被审计单位的资信程度和偿债能力。

（8）检查借款费用的会计处理是否正确。借款费用，指企业因借款而发生的利息及其他相关成本。按企业会计准则规定，企业发生的借款费用，可直接归属于符合资本化条件的资产的购建或生产的，应当予以资本化，计入相关资产成本；其他借款费用，应当在发生时根据其发生额确认费用，计入当期损益。根据长期借款的利率和期限，复核被审计单位长期借款的利息计算是否正确；如有未计利息和多计利息，应作出记录，必要时进行调整。检查长期借款的利息费用，是否正确计入财务费用、在建工程、制造费用、研发支出等相关账户，同时应检查专门借款和一般借款的借款费用资本化的时点和期间、资产范围、目的和用途等是否符合资本化条件。

（9）检查长期借款是否已在资产负债表上充分披露。长期借款在资产负债表上列示于长期负债类下，该项目应根据"长期借款"科目的期末余额扣减将于一年内到期的长期借款后的数额填列，该项扣除数应当填列在流动负债类下的"一年内到期的长期负债"项目单独反映。审计人员应根据审计结果，确定被审计单位长期借款在资产负债表上的列示是否充分，并注意长期借款的抵押和担保是否已在财务报表注释中作了充分的说明。

✔️ 做中学 10-1

注册会计师李张华于 2021 年 3 月 5 日审查某股份有限公司 2020 年度借款时，发现该公司 2020 年 3 月 1 日有一笔流动资金借款的记账凭证，金额为 85 万元，所附原始凭证为银行进账单，银行借款合同，期限为 9 个月，年利率为 8%；借款的本金到期时一次归还，利息分月预提，但由于资金紧张至今未偿还。经向银行函证，该笔流动资金借款已重新办理借款手续。

要求：提出对该笔借款业务的进一步处理意见。

二、投资项目的实质性测试

（一）投资项目的审计目标

投资是指企业为通过分配来增加财富，或为谋求其他利益，而将资产让渡给其他单位所获得的另一项资产。与投资相关的项目包括交易性金融资产、可供出售金融资产、持有至到期投资、长期股权投资、投资性房地产、应收利息、投资收益、应收股利等。以下以长期股权投资为例介绍投资项目的审计目标（表 10-3）。

表 10-3　长期股权投资审计目标的确定

被审计单位：　　　　　　　　索引号：　　　　　　　　页次：
项目：长期股权投资　　　　　编制人：　　　　　　　　日期：
报表期间：　　　　　　　　　复核人：　　　　　　　　日期：

审计目标	财务报表认定					
	存在	完整性	权利与义务	准确性、计价与分摊	分类	列报
A. 资产负债表中记录的长期股权投资是存在的	√					
B. 所有应记录的长期股权投资均已记录		√				
C. 记录的长期股权投资由被审计单位拥有或控制			√			
D. 长期股权投资以恰当的金额包括在报表中，相关的计价调整已恰当记录				√		
E. 长期股权投资记录于恰当的账户					√	
F. 长期股权投资产已按企业会计准则的规定在财务报表中作出恰当列报						√

（二）投资项目的实质性程序

以长期股权投资为例，投资项目的实质性程序如下。

（1）获取或编制长期股权投资明细表，与长期股权投资明细账、总账、会计报表核对一致。

（2）根据有关合同和文件，确认股权投资的股权比例和持有时间，检查股权投资核算方法是否正确。

（3）对于重大的投资，向被投资单位函证被审计单位的投资额、持股比例及被投资单位发放股利等情况。

（4）对于应采用权益法核算的长期股权投资，获取被投资单位已经审计的年度财务报表，如果未经审计，则应考虑对被投资单位的财务报表实施适当的审计或审阅程序。

（5）对于采用成本法核算的长期股权投资,检查股利分配的原始凭证及分配决议等资料,确定会计处理是否正确;对被审计单位实施控制而采用成本法核算的长期股权投资,比照权益法编制变动明细表,以备合并报表使用。

（6）对于成本法和权益法相互转换的,检查其投资成本的确定是否正确。

（7）确定长期股权技资的增减变动的记录是否完整。

① 检查本期增加的长期股权投资,追查至原始凭证及相关的文件或决议及被投资单位验资报告或财务资料等,确认长期股权投资是否符合投资合同、协议的规定,并已确实投资,会计处理是否正确。

② 检查本期减少的长期股权投资,追查至原始凭证,确认长期股权投资的收回有合理的理由及授权批准手续,并已确实收回投资,会计处理是否正确。

（8）期末对长期股权投资进行逐项检查,以确定长期股权投资减值准备计提的正确性。

（9）确定长期股权投资在资产负债表上已恰当列报。

任务指导

针对康诺公司的长期借款业务,注册会计师可采取以下审计程序。

（1）检查借款合同,并与相关会计记录进行核对。确定借款的真实性、准确性及入账是否及时。

（2）向银行函证,进一步确定借款的存在性和会计处理的正确性。

（3）编制利息分配检查表（表10-4）,检查借款费用的会计处理是否正确。

表 10-4　借款利息分配检查表

被审计单位:康诺健身器材有限公司　　　索引号:　　　　　　　页次:

项目:长期借款　　　　　　　　　　　　编制人:肖妍　　　　　　日期:2021.02.10

报表截止日:2020.12.31　　　　　　　　复核人:李立　　　　　　日期:2021.02.10

项目名称	实际利息	财务费用		研发支出		在建工程		差异	差异原因
		金额	借款用途	金额	借款用途	金额	借款用途		
长期借款	60 000					60 000	建设生产线		

（4）因建设生产线而发生的借款利息支出在项目竣工决算之前应计入在建工程项目。审计人员将发现的问题记录于财务费用审定表（表10-5）及在建工程审定表（略）。

表 10-5　财务费用审定表

单位名称:康诺健身器材有限公司　　　　　编制人:肖妍　　　　日期:2021.02.10　　　　索引号:S6-1

所属期间:2020 年度　　　　　　　　　　　复核人:李立　　　　日期:2021.02.10

上期审定数	本期未审数	同比增减	调整		其中滚调		审定数
			借	贷	借	贷	
略	略			60 000			略

审计说明	调整长期借款利息: 借:在建工程　　　　　　　　　　　　　　　　60 000 　　贷:财务费用　　　　　　　　　　　　　　　　　60 000
审计结论	调整后可以确认

任务附注

10-3-1　长期借款实质性程序工作底稿

10-3-2　长期股权投资实质性程序工作底稿

长期借款实质性程序工作底稿

长期股权投资实质性程序工作底稿

思政小课堂

"琼民源"的审计

同 步 练 习

一、单项选择题

1. 下列关于筹资与投资循环的观点中,不正确的是(　　　　)。

　　A. 该循环的总目标是评价该循环各项目余额是否公允表达

　　B. 该循环的交易数量较多,而每笔交易的金额通常较小

  C. 该循环中,漏记或不恰当地对一笔业务进行会计处理,将会导致重大错误,从而对企业会计报表的公允反映产生较大的影响

  D. 该循环的交易必须遵守国家法律、法规和相关契约的规定

2. 筹资活动的凭证和会计记录不包括(　　)。

  A. 股票　　　　　　B. 债券　　　　　　C. 债券契约　　　　　　D. 经纪人通知书

3. 审计人员审查股票发行费用的会计处理时,应查实被审计单位在股票溢价时是否按规定将之(　　)。

  A. 作为当期费用　　　　　　　　　　B. 冲减股本

  C. 作为长期待摊费用　　　　　　　　D. 先从溢价中抵消

4. 审计人员为确定长期借款账户余额的真实性,进行函证时选择的对象应当是(　　)。

  A. 公司的律师　　　　　　　　　　　B. 金融监管机构

  C. 银行或其他有关债权人　　　　　　D. 公司的主要股东

5. 计算投资收益占利润总额的比例,并将其与各年比较,可以看出被审计单位(　　)。

  A. 投资的真实性　　　　　　　　　　B. 投资的完整性

  C. 盈利能力的稳定性　　　　　　　　D. 投资收益正确性

6. "筹资业务明细账与总账的登记职务分离"是为了实现筹资活动内部控制目标中的(　　)。

  A. 存在与发生　　　B. 完整性　　　C. 权利与义务　　　D. 表达与披露

7. 投资的授权批准是内部控制的关键程序,其内部控制目标是(　　)。

  A. 存在与发生　　　　　　　　　　　B. 完整性

  C. 计价和分摊　　　　　　　　　　　D. 权利和义务

8. 如果被审计单位的投资证券是委托某些专门机构代为保管的,为证实这些投资证券的真实存在,注册会计师应(　　)。

  A. 实地盘点投资证券　　　　　　　　B. 向代保管机构发函询证

  C. 获取被审计单位管理当局声明　　　D. 逐笔检查被审计单位相关会计记录

9. 下列不属于筹资与投资循环的财务报表项目是(　　)。

  A. 交易性金融资产　　B. 资本公积　　C. 应付利息　　　D. 固定资产

10. 在筹资与投资循环的财务报表项目中,下列审计目标侧重点与众不同的是(　　)。

  A. 银行借款　　　　　　　　　　　　B. 应付债券

  C. 应付利息　　　　　　　　　　　　D. 长期股权投资

二、多项选择题

1. 为检查长期借款是否在资产负债表上充分披露,注册会计师应当检查(　　)。

  A. 长期借款已计利息是否正确,会计处理是否正确

  B. "长期借款"的期末余额是否已扣除一年内到期的长期借款数额

  C. 一年内到期的长期借款是否已作为流动负债单独反映

  D. 长期借款的抵押和担保是否已在会计报表注释中作了充分说明

2. 在对长期借款进行实质性测试时,注册会计师一般应获取的证据包括(　　)。

  A. 长期借款明细表　　　　　　　　　B. 长期借款合同和授权批准文件

  C. 相关抵押资产的所有权证明文件　　D. 函证回函

3. 属于筹资活动所涉及的主要凭证和会计记录有(　　)。

A. 股东名册　　　　　　　　　　　B. 经纪人通知书

C. 承销或包销协议　　　　　　　　D. 投资协议

4. 在资产负债表列示的内容不存在一年内到期的长期借款,这不属于管理层的(　　)认定。

A. 准确性和计价　　　　　　　　　B. 分类和可理解性

C. 完整性　　　　　　　　　　　　D. 发生及权利和义务

5. 下列属于筹资与投资循环审计的财务报表项目包括(　　)。

A. 财务费用　　　B. 投资收益　　　C. 实收资本　　　D. 应收票据

三、判断题(正确的打"√",错误的打"×")

1. 审计人员在审查公开发行股票的公司已发行的股票是否真实、是否已收到股款时,应向主要股东函证。　　　　　　　　　　　　　　　　　　　　　　　　(　　)

2. 如果企业的长期投资证券是委托某些专门机构代为保管,审计人员应向这些保管机构进行函证,以证实投资证券的存在性和金额的准确性。　　　　　　　　　　(　　)

3. 借款经办人员与记录人员相互独立是确保借款业务控制有效的重要措施。　　(　　)

4. 审计人员对于负债项目的审计,主要是防止企业高估债务。　　　　　　　　(　　)

5. 发生长期借款的利息支出和有关费用,应计入当期损益。　　　　　　　　　(　　)

四、思考与讨论

1998 年 4 月 29 日,重庆渝港钛白粉有限公司(以下简称渝钛白)公布了 1997 年年度报告。其中在财务报告部分,刊登了重庆会计师事务所于 1998 年 3 月 8 日出具的否定意见审计报告。这是我国证券市场中有关上市公司的首份否定意见审计报告。该份审计报告一经宣布,立即在平静的中国证券市场上掀起了一场"风暴"。

审计报告指出:"1997 年度应计入财务费用的借款即应付债券利息 8 064 万元,贵公司将其资本化计入了钛白粉工程成本;欠付中国银行重庆市分行的美元借款利息 89.8 万元(折合人民币 743 万元),贵公司未计提入账,两项共影响利润 8 807 万元。"导致注册会计师出具否定意见审计报告的仅仅只有两个会计事项。那么,这两个会计事项是否足以导致注册会计师出具这样的审计报告呢?

1993 年 7 月 12 日,"渝钛白 A"在深圳证券交易所上市交易。公司上市之后,起初经营业绩还算可以,但从 1996 年开始,公司在经营上开始出现亏损。渝钛白公司 1997 年度的亏损总额为 3 136 万元,而这笔引起争议的借款利息总额为 8 064 万元,从重要性角度来说,这笔利息费用不管是否调整,渝钛白公司当年都属于亏损,只不过是亏多亏少的问题。这一笔利息费用的处理,表面上似乎并不重要;实际上,如果这笔 8 064 万元的会计事项按公司会计处理方法,最多只是一笔一般性的亏损,但如按照会计师事务所的方法来处理,则整个公司就将资不抵债,这一笔业务处理就是非常重要的。另外,截至 1997 年年底,渝钛白公司欠付银行利息 89.8 万美元,未予转账。注册会计师认为:按照权责发生制原则,凡应属于本期的收入和费用,不论其款项是否已收到或支付,均作为本期的收入和费用处理。对于以上两个问题,渝钛白坚持己见,不接受会计师事务所的调整建议。重庆会计师事务所不得不出具否定意见的审计报告,将上述问题向所有报表信息使用者告示,以明确各自的责任。

问题:筹资与投资业务有着怎样的特点?在哪些环节容易出现错报风险?审计人员应该如何应对这些风险呢?

任务 11　对货币资金的审计

任务情境

　　信诚会计事务所审计人员正在开展康诺公司 2020 年财务报表的审计。财务报表中的货币资金项目构成比较简单，出于锻炼新人的考虑，审计小组负责人李立将货币资金项目的审计分配给助理人员丁一负责。丁一首先查看了康诺公司的管理制度，其中对于现金及银行存款都建立了相应的内部控制制度。之后，初步浏览了货币资金的账面资料。从账面上看，企业库存现金余额不大，丁一认为相应的审计风险较小。康诺公司日常资金结算主要通过银行存款结算，除在当地建设银行设立了基本存款账户外，还在当地工商银行、交通银行设立了一般存款账户，本年内还在农业银行、光大银行取得了贷款。此外为方便采购新产品的原材料，一部分资金汇往广州市设立了一个采购专户。

　　在对货币资金基本情况有了基本了解后，丁一认为康诺公司货币资金业务审计难度不大，虽然是第一次独立完成审计任务，但他对自己圆满完成工作充满信心。

　　货币资金是企业流动性最强的资产，是企业进行生产经营必不可少的物质条件。只有保持健康的、正的现金流，企业才能够继续生存。同时货币资金也是不法分子盗窃、贪污、挪用的重要对象。货币资金业务的特点决定了审计人员应重视货币资金的审计。下面我们就来看看如何进行货币资金的审计。

任务目标

知识目标：

　　具备开展货币资金项目进一步审计程序必备知识，包括了解货币资金项目相关的业务活动，掌握货币资金项目控制测试的要求，掌握货币资金项目的审计目标以及围绕审计目标开展实质性程序的内容及方法。

技能目标：

　　具备开展重要报表项目审计的专业胜任能力，能进行货币资金项目的控制测试及实质性测试，将审计过程恰当记录于审计工作底稿并能依据获取的审计证据作出正确的审计结论。

素质目标：

　　具备实事求是的工作作风和科学严谨的工作态度，培养精益求精的工匠精神；激发独立思考、解决问题的探究精神；提升知行统一的学习及实践能力及勇于应用新技术的创新意识。

子任务 11.1　了解货币资金相关业务活动

任务要求

丁一首先查看了康诺公司关于货币资金项目内部控制制度的文件,之后,初步浏览了货币资金的账面资料并对康诺公司财务人员进行了访谈。通过对货币资金业务的了解,应如何评估其中存在的重大错报错报风险呢?

知识准备

货币资金主要包括现金、银行存款及其他货币资金,是流动性最强、控制风险最高的资产。

一、货币资金与业务循环

货币资金与各业务循环中的业务活动存在着密切的关系。一方面,现销收入与应收款项的收回会使企业货币资金增加,发行股票、取得借款的筹资行为也会使货币资金增加;另一方面,采购、支付工资及对外投资会导致货币资金的减少。货币资金是各循环的枢纽,必须联系其他业务循环进行审计。货币资金与各业务循环的关系如图 11-1 所示。

货币资金的增减变动与企业的日常经营活动密切相关,且涉及多个业务循环,前文已对销售与收款循环、采购与付款循环、生产与仓储循环等业务环节的业务活动进行了介绍,可在此基础上实施货币资金的进一步审计程序。

二、货币资金的内部控制

由于货币资金是企业流动性最强的资产,又容易出现挪用、贪污、偷盗等不法行为,所以货币资金的内部控制显得尤为重要。尽管由于每个企业的性质、所处行业、规模以及内部控制健全程度等不同,使得其与货币资金相关的内部控制内容有所不同,但以下要求是通常应当共同遵循的。

(一) 岗位分工及授权批准

(1) 企业应当建立货币资金业务的岗位责任制,明确相关部门和岗位的职责权限,确保办理货币资金业务的不相容岗位相互分离、相互制约和监督。出纳人员不得兼任稽核、会计档案保管和收入、支出、费用、债权债务账目的登记工作。单位不得由一人办理货币资金业务的全过程。

(2) 企业应当对货币资金业务建立严格的授权批准制度,明确审批人对货币资金业务的授权批准方式、权限、程序、责任和相关控制措施,规定经办人办理货币资金业务的职责范

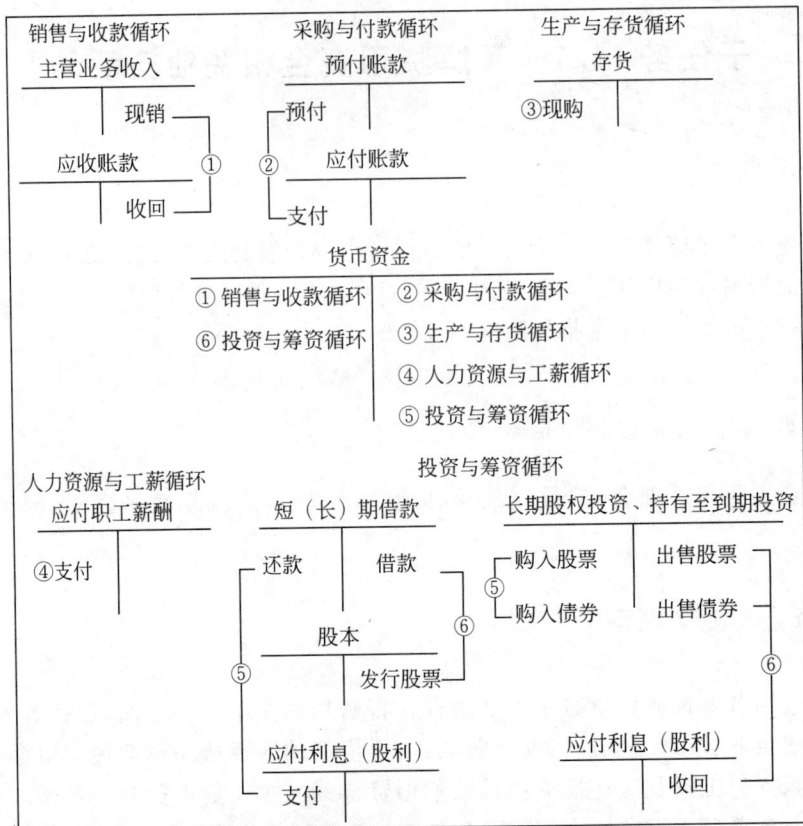

图 11-1　货币资金与各业务循环的关系

围和工作要求。审批人应当根据货币资金授权批准制度的规定,在授权范围内进行审批,不得超越审批权限。经办人应当在职责范围内,按照审批人的批准意见办理货币资金业务。对于审批人超越授权范围审批的货币资金业务,经办人员有权拒绝办理,并及时向审批人的上级授权部门报告。

(3) 企业应当按照规定的程序(如支付申请、支付审批、支付复核、办理支付)办理货币资金支付业务。

(4) 企业对于重要货币资金支付业务,应当实行集体决策和审批,并建立责任追究制度,防范贪污、侵占、挪用货币资金等行为。

(5) 严禁未经授权的机构或人员办理货币资金业务或直接接触货币资金。

(二) 现金和银行存款的管理

(1) 企业应当加强现金库存限额的管理,超过库存限额的现金应及时存入银行。

(2) 企业必须根据《现金管理暂行条例》的规定,结合本企业的实际情况,确定本企业现金的开支范围。不属于现金开支范围的业务应当通过银行办理转账结算。

(3) 企业现金收入应当及时存入银行,不得用于直接支付企业自身的支出。因特殊情况需坐支现金的,应事先报经开户银行审查批准。

（4）企业取得的货币资金收入必须及时入账，不得私设"小金库"，不得账外设账，严禁收款不入账。

（5）企业应当严格按照《支付结算办法》等国家有关规定，加强银行账户的管理，严格按照规定开立账户，办理存款、取款和结算。

（6）企业应当严格遵守银行结算纪律，不准签发没有资金保证的票据和远期支票，套取银行信用；不准签发、取得和转让没有真实交易和债权债务的票据，套取银行和他人资金；不准无理拒绝付款，任意占用他人资金；不准违反规定开立和使用银行账户。

（7）企业应当指定专人定期核对银行账户（每月至少核对一次），编制银行存款余额调节表，使银行存款账面余额与银行对账单调节相符。如调节不符，应查明原因，及时处理。

（8）企业应当定期和不定期地进行现金盘点，确保现金账面余额与实际库存相符。发现不符，应及时查明原因，进行处理。

（三）票据及有关印章的管理

（1）企业应当加强与货币资金相关的票据的管理，明确各种票据的购买、保管、领用、背书转让、注销等环节的职责权限和程序，并专设登记簿进行记录，防止空白票据的遗失和被盗用。

（2）企业应当加强银行预留印鉴的管理。财务专用章应由专人保管，个人名章必须由本人或其授权人员保管。严禁一人保管支付款项所需的全部印章。

（四）监督检查

单位应当建立对货币资金业务的监督检查制度，明确监督检查机构或人员的职责权限，定期和不定期地进行检查。检查内容包括：货币资金业务相关岗位及人员的设置情况、授权批准制度的执行情况、支付款项印章的保管情况、票据的保管情况。对监督检查过程中发现的货币资金内部控制中的薄弱环节，应当及时采取措施加以纠正和完善。

任务指导

在评价货币资金业务交易、账户余额和列报的认定层次重大错报风险时，注册会计师通常运用职业判断，依据因货币资金业务的交易、账户余额和列报的具体特征而导致重大错报风险的可能性（即固有风险），以及风险评估是否考虑了相关控制（即控制风险），形成对与货币资金相关的重大错报风险的评估，进而影响进一步审计程序。

货币资金业务交易、账户余额和列报认定层次的重大错报风险可能包括以下方面。

（1）被审计单位存在虚假的货币资金余额或交易，因而导致银行存款余额的存在性或交易的发生存在重大错报风险。

（2）被审计单位存在大额的外币交易和余额，可能存在外币交易或余额未被准确记录的风险。例如，对于有外币现金或外币银行存款的被审计单位，企业有关外币交易的增减变动或年底余额可能因未采用正确的折算汇率而导致计价错误（计价和分摊/准确性）。

（3）银行存款的期末收支存在大额的截止性错误（截止）。例如，被审计单位期末存在金额重大且异常的银付企未付，企收银未收事项。

（4）被审计单位可能存在未能按照企业会计准则的规定对货币资金作出恰当披露的风险。例如，被审计单位期末持有使用受限制的大额银行存款，但在编制财务报表时未在财务报表附注中对其进行披露。

在实施货币资金审计的过程中，如果被审计单位存在以下事项或情形，注册会计师需要保持警觉。

（1）被审计单位的现金交易比例较高，并与其所在的行业常用的结算模式不同。

（2）库存现金规模明显超过业务周转所需资金。

（3）银行账户开立数量与企业实际的业务规模不匹配。

（4）在没有经营业务的地区开立银行账户。

（5）企业资金存放于管理层或员工个人账户。

（6）货币资金收支金额与现金流量表不匹配。

（7）不能提供银行对账单或银行存款余额调节表。

（8）存在长期或大量银行未达账项。

（9）银行存款明细账存在非正常转账的"一借一贷"。

（10）违反货币资金存放和使用规定（如上市公司未经批准开立账户转移募集资金、未经许可将募集资金转作其他用途等）。

（11）存在大额外币收付记录，而被审计单位并不涉足外贸业务。

（12）被审计单位以各种理由不配合注册会计师实施银行函证。

注册会计师基于以上识别的重大错报风险评估结果，制订实施进一步审计程序的总体方案，继而实施控制测试和实质性审计程序，以应对识别出的重大错报风险。

任务附注

了解货币资金及执行穿行测试工作底稿

了解货币资金及执行穿行测试工作底稿

思政小课堂

审计为冬奥保驾护航

子任务 11.2　进行货币资金的控制测试

任务要求

审计人员丁一审查康诺公司货币资金业务时,了解到以下情况。

(1) 现金存取及保管:出纳人员每天上午按用款计划开具现金支票提取现金,下午 4:30 视库存现金余额送存银行。下午下班后,现金库存应在限额内。

(2) 现金报销业务:出纳人员审核现金付款凭证,根据凭证金额付款,在原始凭证上加盖"现金付讫"图章,登记现金日记账,将记账凭证及时传主管岗复核。

(3) 银行存款收款业务:出纳人员整理销售人员传来支票、汇票,核查和补填进账单,上午上班时交主管岗背书,送银行办理进账及取回单,整理从银行拿回的回款单据,编制回款登记表,将回款登记表连同回款单传会计记账。

(4) 费用审批:计划内费用经相关岗位审核,计划内 10 万元以上或计划外费用经财务主管审核。

(5) 银行存款付款业务:根据付款审批单开具支票(汇票或电汇),登记支票使用登记本,将支票、汇票存根粘贴到付款审批单上,加盖"转账"图章,传相关岗位制证。

(6) 期末对账:每月末定期进行现金盘点,发现不符,及时查明原因,作出处理。银行存款日记账定期与银行对账单核对,编制银行存款余额调节表,使银行存款账面余额与银行对账单调节相符。

根据对康诺公司货币资金内部控制的了解,货币资金的控制测试应如何开展?

知识准备

完成对被审计单位货币资金内部控制的了解后,审计人员可以选取关键控制点对被审计单位的货币资金进行控制测试,通过询问、检查书面证据,抽取样本进行检查,以确定货币资金有关的内部控制活动是否有效执行。货币资金的关键控制点主要涉及收款和付款两个方面。

一、收款测试

(1) 获取被审计单位所审计期间的银行对账单、会计凭证等,根据业务控制频率或控制运行总次数确定样本量。

(2) 根据确定的样本量,抽取审计期间的银行对账单、会计凭证等进行检查。采购及审批测试的主要检查点如下。

① 银行对账单金额与收款记录核对一致。

② 收款及时入账。

③ 收款业务的内容与企业经营活动相关。

④ 收款凭证的对应科目与付款单位的户名一致。

⑤ 记账凭证与原始凭证的内容、金额核对一致。

⑥ 其他(结合实际情况描述)。

(3) 检查所抽取样本,根据检查的结果填写测试说明和测试结论,通过控制测试确定货币资金流程收款环节内部控制是否有效执行。

二、付款测试

(1) 获取被审计单位所审计期间的银行对账单、会计凭证、付款审批表,根据业务控制频率或控制运行总次数确定样本量。

(2) 根据确定的样本量,抽取审计期间银行对账单、会计凭证、付款审批表进行检查。付款测试的主要检查点如下。

① 申请付款项目有预算。

② 付款单据经审核,履行了审批程序。

③ 付款后在原始单据加盖"付讫"戳记。

④ 银行对账单金额与付款记录核对一致。

⑤ 付款业务的内容与企业经营活动相关。

⑥ 付款及时入账。

⑦ 付款凭证的对应科目与收款单位的户名一致。

⑧ 记账凭证与原始凭证的内容、金额核对一致。

⑨ 不相容职务已分开设置并得到执行。

⑩ 其他(结合实际情况描述)。

(3) 检查所抽取样本,根据检查的结果填写测试说明和测试结论,通过控制测试确定货币资金流程付款环节内部控制是否有效执行。

任务指导

通过对康诺公司货币资金业务的了解,注册会计师以识别的重大错报风险为起点,选取拟测试的控制并实施控制测试,开展对货币资金业务的审计。针对康诺公司情况,选取关键控制点进行的测试包括:收款测试和付款测试两个方面。控制测试所使用的审计程序的类型主要包括询问、观察、检查和重新执行,注册会计师可以根据所测试的内部控制的特征及需要获得的保证程度选用适当的测试程序。根据选取的关键控制点及对控制点的检查情况,将检查结果填写在控制测试工作底稿中。

针对康诺公司内部控制的关键控制点开展控制测试后,收款及付款的内部控制执行有效;但审计人员注意到库存现金盘点月末定期进行,不利于发现现金管理中的错弊行为,所以下一步实质性程序中要重点关注货币资金的真实存在。

任务附注

货币资金管理流程控制测试工作底稿

货币资金管理流程控制测试工作底稿

思政小课堂

审计中的调查取证

子任务 11.3　进行货币资金的实质性测试

任务要求

审计人员丁一正在进行康诺公司库存现金的审计。根据控制测试的结果,丁一决定要重点进行库存现金账实核对的工作。2021 年 2 月 11 日上午上班前,丁一对出纳经管的现金进行了清点。该企业 2 月 10 日现金账面余额为 1 559.8 元,清点结果如下。

(1) 现金实存数 478.30 元。

(2) 保险柜中有下列单据已收、付款,但未入账。

① 某职工报销医药费单据金额 110 元,现金已付,日期为 2021 年 2 月 10 日。

② 某部门经理借条一张,金额为 1 000 元,日期是 2021 年 1 月 20 日,未经批准。

③ 2 月 10 日下班前,出售废旧物资,收款金额 263 元,签发收款收据尚未入账。

④ 现金购买办公用品 234.5 元,日期为 2021 年 2 月 10 日,尚未入账。

2020 年 12 月 31 日资产负债表"货币资金"项目中库存现金余额为 1 679.80 元。经核对 2021 年 1 月 1 日—2 月 10 日的收付款凭证和现金日记账,核实这期间现金收入 12 350 元,现金支出 12 470 元,正确无误。

根据以上资料,如何核实资产负债表日库存现金的真实性?

知识准备

一、库存现金的实质性测试

（一）库存现金的审计目标

库存现金是企业根据现金管理制度规定留用的现款。现金虽然在资产总额中所占比重不大,但却是企业流动性最强的资产,且容易被不法分子所侵吞,因此审计人员必须把现金作为审计的重点。

库存现金审计目标的确定见表 11-1。

表 11-1　库存现金审计目标的确定

被审计单位：　　　　　　索引号：　　　　　　　页次：
项目：库存现金　　　　　编制人：　　　　　　　日期：
报表期间：　　　　　　　复核人：　　　　　　　日期：

审 计 目 标	财务报表认定					
	存在	完整性	权利与义务	准确性、计价与分摊	分类	列报
A. 资产负债表记录的货币资金中库存现金是存在的	√					
B. 所有应当记录的库存现金均已记录		√				
C. 记录的库存现金由被审计单位拥有或控制			√			
D. 库存现金以恰当的金额包括在财务报表中,与之相关的计价调整已恰当记录				√		
E. 库存现金记录于恰当的账户					√	
F. 库存现金已按企业会计准则的规定在财务报表中作出恰当列报						√

做中学 11-1

通常情况下,被审计单位库存现金余额都较小,一般都会小于审计计划中制定的重要性水平。这就意味着,即使库存现金存在错报,也不会对会计报表产生重大影响。既然库存现金账面余额较小,甚至低于重要性水平,为提高审计效率,是不是可以省略对库存现金的审计呢?

（二）库存现金的实质性测试程序

（1）核对库存现金日记账与总账的金额是否相符,检查非记账本位币库存现金的折算汇率及折算金额是否正确。

（2）监盘库存现金。

监盘库存现金是证实资产负债表所列现金是否存在的一项重要程序。审计人员通过对现金进行监督盘点,可以确定库存现金余额的真实存在性和现金管理的有效性。库存现金监盘程序是用作控制测试还是实质性程序,取决于注册会计师对风险评估结果、审计方案和实施的特定程序的判断。如果注册会计师可能基于风险评估的结果判断无须对现金盘点实施控制测试,则仅实施实质性程序即可。

监盘库存现金的步骤和方法如下。

① 查看被审计单位制定的盘点计划,以确定监盘时间。对库存现金的监盘最好实施突击性检查。盘点时间最好选择在上午上班前或下午下班后进行,盘点的范围一般包括企业各部门经管的现金,包括已收到但未存入银行的现金、零用金、找换金等。盘点时,必须有出纳员和被审计单位会计主管人员参加。在进行现金盘点前,应由出纳员将现金集中起来存入保险柜。必要时可加以封存,然后由出纳员把已办妥现金收付手续的收付款凭证登入库存现金日记账。如企业现金存放部门有两处或两处以上者,应同时盘点。

② 审阅库存现金日记账并同时与现金收付凭证相核对;一方面检查库存现金日记账的记录与凭证的内容和金额是否相符;另一方面了解凭证日期与库存现金日记账日期是否相符或接近。

③ 检查被审计单位现金实存数,并将该监盘金额与库存现金日记账余额进行核对,如有差异,应要求被审计单位查明原因,必要时应提请被审计单位作出调整;如无法查明原因,应要求被审计单位按管理权限批准后作出调整。若有冲抵库存现金的借条、未提现支票、未作报销的原始凭证,应在"库存现金监盘表"(表 11-3)中注明,必要时应提请被审计单位作出调整。

④ 在非资产负债表日进行监盘时,应将监盘金额调整至资产负债表日的金额,并对变动情况实施审计程序。

做中学 11-2

审计人员丁一对现金盘点进行了事先计划。康诺公司在公司总部和营业部各有一出纳部门,为顺利实施库存现金监盘程序,丁一准备在监盘日的前一天通知该公司财务负责人,要求其告知出纳做好相应准备。考虑到出纳每天上午上班后要去银行办理有关业务,监盘时间分别安排在上午 10 点和 11 点进行。盘点时,丁一准备先到公司总部大楼出纳部,由出纳将现金全部放入保险柜,然后将全部凭证入账,结出当时现金日记账余额,然后丁一在出纳在场的情况下清点现金,并作出记录。清点后,由出纳编写"库存现金盘点表",该表经出纳员和丁一共同签字后,作为工作底稿,将其与现金日记账核对。之后,丁一再到营业部出纳部门实施监盘,程序同上。对于丁一制订的盘点计划,项目负责人李立提出了修改意见。

要求:指出丁一现金盘点计划中的不当之处,并提出修改建议。

(3) 抽查大额现金收支。

审计人员应抽查大额现金收支的原始凭证内容是否完整,有无授权批准,并核对相关账户的进账情况,如有与被审计单位生产经营业务无关的收支事项,应查明原因,并作相应的记录。

(4) 检查现金收支的正确截止。

被审计单位资产负债表上的现金数额,应以结账日实有数额为准。因此,审计人员必须验证现金收支的正确截止日期。通常,审计人员可以对结账日前后一段时期内现金收支凭证进行审计,以确定是否存在跨期事项。

二、银行存款的实质性测试

(一)银行存款的审计目标

银行存款是企业存入银行或其他金融机构的各种款项。按照国家有关规定,凡是独立核算的企业都必须在当地银行开设账户。企业在银行开设账户后,除按核定的限额保留库存现金外,超过限额的现金必须存入银行;除了在规定的范围内可以用现金直接支付的款项外,在经营过程中发生的一切货币收支业务,都必须通过银行存款账户进行结算。银行存款较之现金,其业务涉及面广,内容复杂,金额较大,收付款凭证数量较多,因而是货币资金审计的重点部分。

银行存款的审计目标与库存现金类似,具体包括以下内容。

(1)资产负债表记录的货币资金中银行存款是存在的。

(2)所有应当记录的银行存款均已记录。

(3)记录的银行存款由被审计单位拥有或控制。

(4)银行存款以恰当的金额包括在财务报表中,与之相关的计价调整已恰当记录。

(5)银行存款记录于恰当的账户。

(6)银行存款已按照企业会计准则的规定在财务报表中作出恰当列报。

(二)银行存款的实质性程序

1)编制银行存款余额明细表,与银行存款日记账和总账核对一致,检查非记账本位币银行存款的折算汇率及折算金额是否正确。

2)实施实质性分析程序。计算银行存款累计余额应收利息收入,分析比较被审计单位银行存款应收利息收入与实际利息收入的差异是否恰当,评估利息收入的合理性,检查是否存在高息资金拆借,确认银行存款余额是否存在,利息收入是否已经完整记录。

3)检查银行存款账户发生额。注册会计师还可以考虑对银行存款账户的发生额实施以下程序。

(1)分析不同账户发生银行日记账漏记银行交易的可能性,获取相关账户相关期间的全部银行对账单。

(2)如果对被审计单位银行对账单的真实性存有疑虑,注册会计师可以在被审计单位的协助下亲自到银行获取银行对账单。在获取银行对账单时,注册会计师要全程关注银行对账单的打印过程。

(3)从银行对账单中选取交易的样本与被审计单位银行日记账记录进行核对;从被审计单位银行存款日记账上选取样本,核对至银行对账单。

(4)浏览银行对账单,选取大额异常交易,如银行对账单上有一收一付相同金额,或分次转出相同金额等,检查被审计单位银行存款日记账有无该项收付金额记录。

4)取得并审查银行对账单和银行存款余额调节表。

审查结算日银行存款余额调节表是证实资产负债表所列货币资金中银行存款是否存在的一个重要方法。一般而言,银行存款余额调节表应由被审计单位根据不同的银行账户及货币种类分别编制,并向审计人员提供,但在某些情况下(如被审计单位内部控制比较薄弱),审计人员也可亲自编制银行存款余额调节表。常见的银行存款余额调节表格式见表 11-2。

审计人员对银行存款余额调节表的审计主要包括:

(1)取得并检查银行对账单。

① 取得被审计单位加盖银行印章的银行对账单,注册会计师应对银行对账单的真实性

保持警觉,必要时,亲自到银行获取对账单,并对获取过程保持控制。

② 将获取的银行对账单余额与银行日记账余额进行核对,如存在差异,获取银行存款余额调节表。

③ 将被审计单位资产负债表日的银行对账单与银行询证函回函核对,确认是否一致。

(2) 取得并检查银行存款余额调节表。

① 检查调节表中加计数是否正确,调节后银行存款日记账余额与银行对账单余额是否一致。

② 检查调节事项。对于企业已收付、银行尚未入账的事项,检查相关收付款凭证,并取得期后银行对账单,确认未达账项是否存在,银行是否已于期后入账;对于银行已收付、企业尚未入账的事项,检查期后企业入账的收付款凭证,确认未达账项是否存在,如果企业的银行存款余额调节表存在大额或较长时间的未达账项,注册会计师应查明原因并确定是否需要提请被审计单位进行调整。

③ 关注长期未达账项,查看是否存在挪用资金等事项。

④ 特别关注银付企未付、企付银未付中支付异常的领款事项,包括没有载明收款人、签字不全等支付事项,确认是否存在舞弊。

表 11-2　银行存款余额调节表

年　月　日

编制人:　　　　　　　日期:　　　　　　　索引号:

复核人:　　　　　　　日期:　　　　　　　页次:

户别:　　　　　　　　币别:人民币

项　　目	
银行对账单余额(　　年 月 日)　　　元	
加:企业已收,银行尚未入账金额	
其中:1.＿＿＿＿＿＿＿＿＿元	
2.＿＿＿＿＿＿＿＿＿元	
减:企业已付,银行尚未入账金额	
其中:1.＿＿＿＿＿＿＿＿＿元	
2.＿＿＿＿＿＿＿＿＿元	
调整后银行对账单金额　　　元	
企业银行存款日记账金额(　　年 月 日)　　元	
加:银行已收,企业尚未入账金额	
其中:1.＿＿＿＿＿＿＿＿＿元	
2.＿＿＿＿＿＿＿＿＿元	
减:银行已付,企业尚未入账金额	
其中:1.＿＿＿＿＿＿＿＿＿元	
2.＿＿＿＿＿＿＿＿＿元	
记账错误:	
调整后企业银行存款日记账金额　　元	

经办会计人员:(签字)　　　　　　　　会计主管:(签字)

做中学 11-3

审计人员对华达公司 2020 年 12 月 31 日的资产负债表进行审计。在审查资产负债表"货币资金"项目时,发现该公司 2020 年 12 月 31 日的银行存款账面余额为 49 800 元,向开户银行取得对账单一张,2020 年 12 月 31 日的银行存款余额为 65 000 元。另外,查有下列未达账款和记账差错。

(1) 12 月 23 日,银行将一笔委托收款 5 800 元收到入账,但企业尚未收到收款通知,尚未记账。

(2) 12 月 24 日,银行代企业支付电话费 1 800 元,银行已登记企业银行存款减少,但企业尚未收到付款通知,尚未记账。

(3) 12 月 25 日,企业送存转账支票一张,金额 3 000 元,并已登记入账,但银行尚未记账。

(4) 12 月 30 日,开出一张转账支票,支付购货款 14 000 元,但持票单位尚未到银行办理转账,银行尚未记账。

(5) 12 月 15 日,收到银行收款通知单金额 12 200 元,公司入账时将银行存款增加数错记成 12 000 元。

要求:根据上述资料,编制银行存款余额调节表(表 11-2),核实 2020 年 12 月 31 日资产负债表上"货币资金"项目中银行存款数额的正确性。

5) 函证银行存款余额。

函证是指审计人员在执行审计业务过程中,需要以被审计单位名义向有关单位发函询证,以验证被审计单位的银行存款是否真实、合法、完整。函证银行存款余额是证实资产负债表所列银行存款是否存在的重要程序。通过向往来银行的函证,审计人员不仅可以了解企业资产的存在,同时还可以了解欠银行的债务。函证还可用于发现企业未登记的银行借款和未披露的或有负债。

函证时,审计人员应向被审计单位本年度的银行存款(包括零余额账户和在本期内注销的账户)、借款及与金融机构往来的其他重要信息实施函证程序,除非有充分证据表明某一银行存款、借款及与金融机构往来的其他重要信息对财务报表不重要且与之相关的重大错报风险很低。如果不对这些项目实施函证程序,注册会计师应当在审计工作底稿中说明理由。在实施银行函证时,注册会计师需要以被审计单位名义向银行发函询证,以验证被审计单位的银行存款是否真实、合法、完整。各银行应对询证函列示的全部项目作出回应,并在收到询证函之日起 10 个工作日内,将回函直接寄往会计师事务所。

6) 检查银行存款账户存款人是否为被审计单位,若存款人非被审计单位,应获取该账户户主和被审计单位的书面声明,确认资产负债表日是否需要提请被审计单位进行调整。

7) 关注是否存在质押、冻结等对变现有限制或存在境外的款项。如果存在,是否已提请被审计单位作必要的调整和披露。

8) 对不符合现金及现金等价物条件的银行存款在审计工作底稿中予以列明,以考虑对现金流量表的影响。

9) 抽查大额银行存款收支的原始凭证,检查原始凭证是否齐全、记账凭证与原始凭证是否相符、账务处理是否正确、是否记录于恰当的会计期间等项内容。检查是否存在非营业目的的大额货币资金转移,并核对相关账户的进账情况;如有与被审计单位生产经营无关的收支事项,应查明原因并做相应的记录。

10) 检查银行存款收支的截止是否正确。选取资产负债表日前后若干张、一定金额以上的凭证实施截止测试,关注业务内容及对应项目,如有跨期收支事项,应考虑是否提请被审计单位进行调整。

11) 检查银行存款是否在财务报表中作出恰当列报。根据有关规定,企业的银行存款在资产负债表的"货币资金"项目中反映;所以,注册会计师应在实施上述审计程序后,确定银行存款账户的期末余额是否恰当,进而确定银行存款是否在资产负债表中恰当披露。此外,如果企业的银行存款存在抵押、冻结等使用限制情况或者潜在回收风险,注册会计师应关注企业是否已经恰当披露有关情况。

做中学 11-4

丁一在对康诺公司 2020 年年度会计报表进行审计时,对银行存款实施的部分审计程序如下。

(1) 取得 2020 年 12 月 31 日银行存款余额调节表。

(2) 向开户银行寄发银行询证函,并直接收取寄回的询证函回函。

(3) 取得开户银行 2021 年 1 月 31 日的银行对账单。

要求:应该向哪些开户银行进行函证呢?请问取得开户银行 2021 年 1 月 31 日的银行对账单,能证实 2020 年 12 月 31 日银行存款余额调节表的哪些内容?

三、其他货币资金的实质性测试

其他货币资金包括企业到外地进行临时或零星采购而汇往采购地银行开立采购专户的款项所形成的外埠存款、企业为取得银行汇票按照规定存入银行的款项所形成的银行汇票存款、企业为取得银行本票按照规定存入银行的款项而形成的银行本票存款、信用卡存款和信用证保证金存款、存出投资款等。

其他货币资金的审计目标与银行存款类似,在此不做赘述,以下简要介绍其他货币资金的实质性审计程序。

(1) 核对外埠存款、银行汇票存款、银行本票存款、信用卡存款、信用证保证金存款和存出投资款等各明细账期末合计数与总账数是否相符。

(2) 获取所有其他货币资金明细的对账单,与账面记录核对,如果存在差异应查明原因,必要时应提出调整建议。

(3) 保证金存款的检查,检查开立银行承兑汇票的协议或银行授信审批文件。可以将保证金账户对账单与相应的交易进行核对,根据被审计单位应付票据的规模合理推断保证金数额,检查保证金与相关债务的比例和合同约定是否一致,特别关注是否存在有保证金发生而被审计单位无对应保证事项的情形。

(4) 对于存出投资款,跟踪资金流向,并获取董事会决议等批准文件、开户资料、授权操作资料等。如果投资于证券交易业务,通常结合相应金融资产项目审计,核对证券账户名称是否与被审计单位相符,获取证券公司证券交易结算资金账户的交易流水,抽查大额的资金收支,关注资金收支的财务账面记录与资金流水是否相符。

（5）函证其他货币资金期末余额,并记录函证过程。

（6）对于非记账本位币的其他货币资金,检查其折算汇率是否正确。

（7）检查期末余额中有无较长时间未结清的款项。

（8）抽查若干大额的或有疑问的原始凭证进行测试,检查其经济内容是否完整,有无适当的审批授权,并核对相关账户的进账情况。

（9）抽取资产负债表日后大额收支凭证进行截止测试,如有跨期收支事项,应作适当调整。

（10）检查其他货币资金的披露是否恰当。

任务指导

丁一进行库存现金账实核对的工作中,对库存现金进行盘点并核对相关账面后,根据康诺公司库存现金监盘情况编制库存现金监盘表(表 11-3)。

表 11-3　库存现金监盘表

被审计单位名称:康诺健身器材有限公司　　编制:丁一　　　　　　　　日期:2021.02.11
币别:人民币　　　　　　　　　　　　　　复核:李立　　　　　　　　日期:2021.02.11

检查盘点记录			实有现金盘点记录		
项　　目	项　次	金　额	面　额	张	金　额
库存现金账面余额	1	1 559.80	100 元	2	200.00
盘点日未记账传票收入金额	2	263.00	50 元	4	200.00
盘点日未记账传票支出金额	3	344.50	20 元	0	
盘点日账面应有金额	4=1+2-3	1 478.30	10 元	7	70.00
盘点实有现金数额	5	478.30	5 元	1	5.00
盘点日应有与实有差异	6=4-5	1 000.00	1 元	3	3.00
差异原因分析	白条抵库(张)	1 000.00	5 角	0	
			1 角	3	0.30
			5 分	0	
			1 分	0	
			合　计		478.30
追溯调整	报表日至审计日现金付出总额	12 814.50	情况说明及审计结论:		
	报表日至审计日现金收入总额	12 613.00			
	报表日库存现金应有金额	1 679.80			
本位币合计					

经核实,康诺公司 2020 年 12 月 31 日库存现金账实相符。可将审计结论记录于库存现金审定表(表 11-4)。

表 11-4　库存现金审定表

单位名称:康诺健身器材有限公司　　　编制人:丁一　　　日期:2021.02.11　　　索引号:Z1-1
财务报表截止日:2020.12.31　　　复核人:李立　　　日期:2021.02.11　　　币种:人民币

上期审定数	本期未审数	同比增减	调 整		其中滚调		审定数
			借	贷	借	贷	
略	1 679.80						1 679.80
审计说明	1. 2020 年 12 月 31 日库存现金账实相符。 2. 该企业库存现金收支、留存中存在不合法现象:有白条抵库数 1 000 元,违反现金管理制度						
审计结论	余额可以确认						

任务附注

货币资金实质性程序工作底稿

货币资金实质性程序工作底稿

思政小课堂

银行存款的函证

同 步 练 习

一、单项选择题

1. 货币资金内部控制的以下关键控制环节中,存在重大缺陷的是(　　　)。

　　A. 财务专用章由专人保管,个人名章由本人或其授权人员保管

　　B. 对重要货币资金支付业务,实行集体决策

C. 现金收入及时存入银行,特殊情况下,经主管领导审查批准方可坐支现金

D. 指定专人定期核对银行账户,每月核对一次,编制银行存款余额调节表,使银行存款账面余额与银行对账单调节相符

2. 盘点库存现金是审计人员证实被审计单位资产负债表所列现金是否存在的一项重要程序,被审计单位必须参加盘点的人员是(   )。

A. 会计主管人员和内部审计人员　　　B. 出纳员和会计主管人员

C. 现金出纳员和银行出纳员　　　　　D. 出纳员和内部审计人员

3. 审计人员对现金进行监盘后填制的库存现金监盘表属于(   )。

A. 外部证据　　　B. 环境证据　　　C. 内部证据　　　D. 亲历证据

4. 对于货币资金盘点属于(   )。

A. 突击审计　　　B. 预告审计　　　C. 监督审计　　　D. 报送审计

5. 银行存款截止测试的关键在于(   )。

A. 确定被审计单位各银行账户最后一张支票的号码

B. 检查大额银行存款的收支

C. 确定被审计单位当年记录的最后一笔银行存款业务

D. 取得并检查银行存款余额调节表

6. 会计人员编制的银行存款调节表的内容,只包括(   )。

A. 记账错误　　　　　　　　　　　B. 应予纠正的差错

C. 未达账项　　　　　　　　　　　D. 发生的舞弊

7. 审查银行对账单和银行存款余额调节表,可以查明银行存款(   )。

A. 是否真实存在、账单是否一致　　B. 内部控制是否健全、有效且一贯遵守

C. 收支业务是否合法　　　　　　　D. 在会计报表上的披露是否恰当

8. 相关业务发生后,只借记货币资金,不贷记货币资金项目的循环是(   )。

A. 筹资与投资　　　　　　　　　　B. 购货与付款

C. 生产　　　　　　　　　　　　　D. 销售与收款循环

9. 审计人员要证实被审计单位在临近 12 月 31 日签发的支票未予入账,最有效的审计程序是(   )。

A. 审查 12 月的支票存根及银行存款日记账

B. 审查 12 月 31 日的银行存款余额调节表

C. 函证 12 月 31 日的银行存款余额

D. 审查 12 月 31 日的银行对账单

10. 注册会计师审计现金余额的起点是(   )。

A. 检查所有现金支出凭证和已开出支票

B. 核对现金、银行存款日记账的余额是否与总账相符

C. 检查所有的收款凭证,包括现金收款凭证及银行存款收款通知

D. 核对现金、银行存款账户的有关凭证与现金、银行存款日记账是否相符

11. 下列工作中,出纳可以从事的工作是(   )。

A. 会计档案保管　　　　　　　　　B. 编制银行存款余额调节表

C. 记录收入、支出、费用明细账　　D. 记录银行存款、现金日记账

12. 审计人员对库存现金进行盘点,主要证实的认定是(　　)。

 A. 存在   B. 完整性   C. 权利与义务   D. 截止

13. 被审计单位资产负债表上的库存现金数额,应以(　　)为准。

 A. 结账日账面数额   B. 盘点日账面数额

 C. 结账日实有数额   D. 盘点日实有数额

14. 如果甲公司某银行账户的银行对账单余额与银行存款日记账余额不符,最有效的审计程序是(　　)。

 A. 重新测试相关的内部控制

 B. 检查银行对账单中记录的资产负债表日前后的收付情况

 C. 检查该银行账户的银行存款余额调节表

 D. 检查银行存款日记账中记录的资产负债表日前后的收付情况

15. 企业支付的下列款项中,可以使用库存现金进行支付的是(　　)。

 A. 财务部门购买账簿 2 200 元

 B. 销售部门宣传费 1 200 元

 C. 管理部门人员出差预借差旅费 12 000 元

 D. 生产车间办公费 1 500 元

二、多项选择题

1. 良好的货币资金内部控制要求是(　　)。

 A. 控制现金坐支,当日收入现金应及时送存银行

 B. 货币资金收支与记账的岗位分离

 C. 全部收支及时准确入账,并且支出要有核准手续

 D. 按月盘点现金,编制银行存款余额调节表,以做到账实相符

2. 其他货币资金审计包括对(　　)的审计。

 A. 外埠存款   B. 银行汇票存款

 C. 银行本票存款   D. 信用证存款

3. 在对库存现金进行盘点时,参与盘点的人员必须包括(　　)。

 A. 审计人员   B. 被审计单位出纳员

 C. 被审计单位会计主管人员 D. 被审计单位管理当局

4. 下列符合现金盘点要求的有(　　)。

 A. 盘点对象通常包括已收到但未存入银行的现金

 B. 盘点之前必须将已办理现金收付手续的收付凭证登入现金日记账

 C. 不同存放地点的现金同时进行盘点

 D. 盘点时间应安排在现金收付业务进行时采取突击盘点

5. 函证银行存款余额,可以证实(　　)。

 A. 银行存款是否存在   B. 银行贷款金额

 C. 是否存在未入账的负债 D. 是否存在或有负债项目

6. 被审计单位银行存款通常应列示于资产负债表的流动资产项目内,除非其为(　　)。

 A. 一年以上的定期存款 B. 外埠存款

 C. 限定用途的存款   D. 投资者交入的投资款

7. A 公司编制的 2020 年 12 月末银行存款余额调节表显示存在 12 万元的未达账项,其中包括 A 公司已支付而银行未付的材料采购款 10 万元。以下审计程序中,可能为未达账项真实性提供证据的有(　　)。

　　A. 检查 2021 年 1 月的银行对账单

　　B. 检查相关的采购合同、供应商销售发票和付款审批手续

　　C. 就 2020 年 12 月末银行存款余额向银行寄发银行询证函

　　D. 向相关的原材料供应商寄发询证函

8. F 注册会计师对银行存款余额实施函证程序,以下做法正确的有(　　)。

　　A. 以公司名义寄发银行询证函

　　B. 除余额为 0 的银行账户外,对公司所有银行存款账户实施函证

　　C. 由公司代为填写银行询证函后,交由注册会计师直接发出并收回

　　D. 如果银行询证函回函表明没有差异,则可以认定银行存款余额是正确的

9. 下列说法中错误的是(　　)。

　　A. 出纳人员可以同时从事银行对账单的获取、银行存款余额调节表的编制等工作

　　B. 在对银行存款实施函证程序时,要对所有存款的银行都寄发询证函

　　C. 被审计单位资产负债表上的银行存款余额,应以银行对账单上的金额为准

　　D. 检查银行存款收支的正确截止是为了证实银行存款的"计价与分摊"认定

10. 通过审计程序获取证据,下列与银行存款存在认定目标有关的有(　　)。

　　A. 分析定期存款占银行存款的比例　　　　B. 检查银行存款余额调节表

　　C. 函证银行存款余额　　　　　　　　　　D. 检查银行存款收支的正确截止

三、判断题(正确的打"√",错误的打"×")

1. 通过向往来银行的函证,审计人员不仅可了解企业银行存款的存在,同时还可以了解企业欠银行的债务。　　　　　　　　　　　　　　　　　　　　　　　　(　　)

2. 审计人员在函证银行存款余额时,不必向企业存款账户已结清的银行发函。(　　)

3. 企业银行存款账面余额与银行对账单余额因未达账项存在差额时,应按照银行存款余额调节表调整银行存款日记账。　　　　　　　　　　　　　　　　　(　　)

4. 注册会计师对银行存款的函证,可以采用积极式,也可以采用消极式。(　　)

5. 存出保证金不属于企业货币资金构成项目。　　　　　　　　　　　(　　)

6. 由于库存现金金额较小,小于审计风险指数,因此审计人员可以不进行实质性程序。
　　　　　　　　　　　　　　　　　　　　　　　　　　　　　　　　(　　)

7. 资产负债表日后盘点时,审计人员需要倒推计算资产负债表日的现金数额。(　　)

8. 企业采购商品或接受劳务采用银行汇票结算时,应通过"应付票据"科目核算。
　　　　　　　　　　　　　　　　　　　　　　　　　　　　　　　　(　　)

9. 库存现金盘点是针对现金的完整性目标而实施的。　　　　　　　　(　　)

10. 资产负债表中的"货币资金"项目,应当根据"库存现金""银行存款""其他货币资金"三个总账科目余额合计填列。　　　　　　　　　　　　　　　　　　(　　)

11. 如果现金盘点不是在资产负债表日进行的,审计人员应将资产负债表日至盘点日的收付金额调整至盘点日金额。　　　　　　　　　　　　　　　　　　(　　)

12. 注册会计师在对银行存款进行实质性测试时,可能通过审查银行存款余额调节表

代替对银行存款余额的函证。　　　　　　　　　　　　　　　　　　　　　（　　）

13. 被审计单位资产负债表上的现金数额,应以结账日的实有数额为准。　　（　　）

14. 如果注册会计师已从被审计单位的开户银行获取了银行对账单和所有已付支票清单,该注册会计师无须再向该银行函证。　　　　　　　　　　　　　　　（　　）

15. 注册会计师应检查银行存款余额调节表中未达账项的真实性,以及资产负债表日后的进账情况,如果查明于资产负债表日之前进账的,应作出记录并提出调整建议。（　　）

四、思考与讨论

2019 年 1 月 11 日,东阳市佐村镇中心卫生院原院长杜玉堂、出纳金啸骝涉嫌国有事业单位人员失职案件在东阳市人民法院开庭。这是一起东阳市纪委监委加大问责力度,实行"一案双查"的典型案例,在当地引起了很大震动。

事情缘于一名乡镇卫生院会计贪污挪用公款案。2007 年 10 月,"90 后"张初蕾到佐村镇中心卫生院担任会计。她平时热衷于购物,但每月的工资难以满足其日常消费,于是从 2007 年 12 月至 2016 年 6 月期间,利用职务之便,贪污人民币 5 万余元,挪用公款人民币 400 余万元,至今尚有 260 余万元公款未归还。2017 年 8 月,张初蕾被判处有期徒刑 8 年 3 个月,并处罚金 10 万元。但除张初蕾被判刑外,其他无一人被追责。

张初蕾重大贪污挪用案件的背后,是制度的疏漏,监管的缺失;深究其原因,佐村镇中心卫生院原院长杜玉堂,现任院长马立强以及卫生院出纳金啸骝都负有不可推卸的责任。杜玉堂在担任佐村镇中心卫生院院长期间,对单位财务疏于管理,未形成完善的财务管理内控制度,造成出纳、会计并未相互牵制。本该由会计出纳分开保管的银行印鉴、转账支票却由张初蕾一人保管,甚至在医药公司数次向其催要药款时仍未采取有效措施追查原因,应负主要领导责任。金啸骝未全面履行出纳职责,将本该由自己保管的 U 盾推给张初蕾保管,并且对银行存款日记账未做全面登记,也不拿会计账和银行对账单进行核对,甚至在发现卫生院资金可能出现问题后,也未及时跟院领导反映,应负直接责任。马立强虽然案发时仅仅就任佐村镇中心卫生院院长 3 个月,但对单位财务监管不力,未能及时发现财务管理漏洞,导致张初蕾继续作案,也应担负一定领导责任。

根据相关问题线索和前期初核情况,东阳市纪委监委于 2018 年 10 月 19 日对杜玉堂、马立强、金啸骝涉嫌严重违纪违法问题予以立案审查调查。2018 年 10 月 30 日,杜玉堂、金啸骝受到开除党籍和开除公职处分,其涉嫌犯罪问题移送检察机关依法审查提起公诉。2018 年 12 月 14 日,马立强受到党内严重警告处分和政务记过处分。

(资料来源:中央纪委国家监委网站. https//baijiahao. baidu. com/s?id＝16250363655060006611&wfr＝spide&for＝pc. 2019-02-10)

问题:货币资金是流动性最强、控制风险最高的资产,企事业单位的货币资金遭挪用、贪污和诈骗等案例可以说屡见不鲜。从被审计单位来看如何防范货币资金项目管理中违法行为的发生?从审计人员来看应如何应对货币资金审计中的审计风险呢?

任务 12　出具审计报告

　　经过两周的紧张工作,信诚会计师事务所对康诺公司 2020 年度会计报表审计的外勤工作已经完成。项目组负责人注册会计师李立搜集了审计小组各成员编制的审计工作底稿,会同项目合伙人注册会计师张磊对工作底稿进行了复核,对审计过程中发现的康诺公司需调整的事项进行了汇总。之后,在形成最终审计意见之前,信诚会计师事务所与康诺公司就审计报告出具进行了沟通。沟通的内容主要包括:被审计单位需要调整的事项、审计意见类型、审计报告措辞等。康诺公司提出,出于吸收新投资人的需要,希望事务所出具无保留意见的审计报告。信诚会计师事务所向康诺公司说明了出具无保留意见审计报告的条件,要求康诺公司对审计中发现的需调整的错报进行调整。经过沟通,康诺公司接受了审计人员的调整建议,并对财务报表进行了更正。注册会计师对康诺公司更正后的报表的整体合理性、合规性进行分析后,确定接受康诺公司更正后的 2020 年度财务报表。注册会计师还向被审计单位管理层索取了其确认已履行责任的书面声明。完成以上工作,注册会计师李立和张磊为康诺公司 2020 年会计报表正式签发了审计报告。

　　由于会计报表对信息使用者的重要性,需要独立客观的专业人士对报表进行鉴定,通过出具审计报告发表审计意见,确定会计报表的合法性与公允性,进而保护信息使用者的权益。审计报告是审计工作的最终产物,要按规定的要求出具。下面我们就来看一下如何出具康诺公司 2020 年度会计报表的审计报告。

任务目标

知识目标:

通过了解审计终结阶段开展的工作程序,系统掌握报表审计中出具审计报告的前提条件,掌握审计报告的内容及出具不同审计意见的要求,了解审计工作中对档案管理的规定。

技能目标:

能完成审计终结阶段的工作,并根据各种证据、合理运用专业判断,形成恰当的审计意见并出具审计报告;具备对报表审计全流程进行高效组织、实施、判断、决策的实践能力。

素质目标:

培养独立、客观、公正的职业品格及严谨、认真、精益求精的工匠精神;树立追求真理、服务社会的责任感和使命感;具备"以审计精神立身、以创新规范立业、以自身建设立信"的核心素养。

子任务 12.1　审计特殊项目

任务要求

信诚会计师事务所对康诺公司 2020 年会计报表的审计工作已接近尾声,报告期内经济业务的交易测试及余额测试也已基本完成。由于是首次接受康诺公司的委托,审计小组负责人李立要求审计小组成员在出具审计结论前要对所负责项目的期初余额、期后事项进行确认。如何开展康诺公司期初余额和期后事项的审计呢?

知识准备

出具审计报告前,还应关注一些特殊项目对审计意见的影响,如期初余额、期后事项、或有事项等。

一、审计期初余额

(一) 期初余额的含义

期初余额是指期初存在的账户余额。期初余额以上期期末余额为基础,反映了以前期间的交易和事项以及采用的会计政策的结果。正确理解期初余额的含义,需把握以下三点。

(1) 期初余额是期初已存在的账户余额。期初余额是上期账户结转至本期账户的余额,在数额上与相应账户的上期期末余额相等。但是,由于受上期期后事项、会计政策变更、会计差错变更等因素的影响,上期期末余额结转至本期时,有时需经过调整或重新表述。

(2) 期初余额反映了以前期间的交易和事项以及上期采用的会计政策的结果。期初余额应以客观存在的经济业务为根据,是被审计单位按照上期采用的会计政策对以前会计期间发生的交易和事项进行处理的结果。

(3) 期初余额与注册会计师首次审计业务相联系。所谓首次审计业务,是指在上期财务报表未经审计,或上期财务报表由前任注册会计师审计的情况下所承接的审计业务。

(二) 期初余额审计的目标

注册会计师在首次接受委托业务时,应当获取充分、适当的审计证据以确定以下目标。

(1) 期初余额不存在对本期财务报表产生重大影响的错报。

(2) 上期期末余额已正确结转至本期,或在适当的情况下已作出重新表述。

(3) 被审计单位一贯运用恰当的会计政策,或对会计政策的变更作出正确的会计处理和恰当的列报。

(三) 期初余额的审计程序

判断期初余额对本期财务报表的影响程度应着眼于以下三方面:一是上期结转至本期

的金额;二是上期所采用的会计政策;三是上期期末已存在的或有事项及承诺。为了完成期初余额的审计目标,注册会计师对期初余额的审计程序通常包括以下几个。

(1) 审查被审计单位财务报表期初余额是否反映上期运用恰当会计政策的结果。

(2) 审查上期会计政策是否在本期财务报表中得到一贯运用,如果会计政策发生变更,考虑这些变更是否恰当、会计处理是否正确、列报是否恰当。

(3) 如果上期财务报表由前任注册会计师审计,征得被审计单位书面同意,经前任注册会计师许可后,查阅前任注册会计师的工作底稿。

① 考虑前任注册会计师是否具备独立性和专业胜任能力。

② 前任注册会计师工作底稿中的所有重要审计领域。

③ 考虑前任注册会计师是否已实施了必要的审计程序,评价资产负债表重要账户期初余额的合理性。

④ 复核前任注册会计师建议调整分录和未更正错报汇总,评价其对当期审计的影响。

(4) 如果上期财务报表未经审计,或在实施上述第 3 项所述的审计程序后对期初余额不能得出满意结论,可以实施进一步审计程序。

① 对流动资产和流动负债,通过本期实施的审计程序获取部分审计证据。

② 对于存货,通过复核上期存货盘点记录及文件、检查上期存货交易记录或运用毛利百分比法等进行分析,获取有关本期期初存货余额的充分、适当的审计证据。

③ 对非流动资产和非流动负债,检查形成期初余额的会计记录和其他信息,还可考虑向第三方函证期初余额,或实施追加的审计程序。

(四) 期初余额对审计意见的影响

注册会计师应当根据已经获得审计证据形成对期初余额的审计结论,在此基础上确定其对本期财务报表审计意见的影响。

(1) 如果实施相关审计程序后无法获取有关期初余额的充分、适当的审计证据,注册会计师应当出具保留意见或无法表示意见的审计报告。

(2) 如果期初余额存在对本期财务报表产生重大影响的错报,注册会计师应当告知管理层,提请被审计单位进行调整。如果被审计单位不接受注册会计师的建议,错报的影响未能得到正确的会计处理和恰当的列报,注册会计师应当出具保留意见或否定意见的审计报告。

(3) 如果与期初余额相关的会计政策未能在本期得到一贯运用,并且会计政策的变更未能得到正确的会计处理和恰当的列报,注册会计师应当出具保留意见或否定意见的审计报告。

(4) 如果前任注册会计师对上期财务报表出具了非标准审计报告,注册会计师应当考虑该审计报告对本期财务报表的影响。如果导致出具非标准审计报告的事项对本期财务报表仍然相关和影响重大,注册会计师应当对本期财务报表出具非标准审计报告,即保留意见、否定意见或无法表示意见的审计报告。

做中学 12-1

中兴会计师事务所在对龙华股份有限公司 2020 年会计报表审计中发现:

龙华公司在 2019 年 11 月有一商用机器设备价值 200 万元安装完毕后投入使用但在 12 月份未提折旧,上年的审计底稿中也提到了此问题,但被审计单位未进行调整。因为未调整数额较大,审计人员与公司管理层沟通后,对方仍然拒绝调整,理由是上年报表数额不能变动。

要求: 对于这一情况,审计人员应如何处理?

二、审计期后事项

(一)期后事项的含义和种类

期后事项是指资产负债表日至审计报告日之间发生的事项及审计报告日后发现的事实。

根据期后事项对财务报表和审计报告产生的影响,可将期后事项分为下列两类。

(1)资产负债表日后调整事项。资产负债表日后调整事项是指对资产负债表日已经存在的情况提供了新的或进一步证据的事项。被审计单位发生的资产负债表日后调整事项,通常包括下列各项。

① 资产负债表日后诉讼案件结案,法院判决证实了企业在资产负债表日已经存在现时义务,需要调整原先确认的与该诉讼案件相关的预计负债,或确认一项新负债。

② 资产负债表日后取得确凿证据,表明某项资产在资产负债表日发生了减值或者需要调整该项资产原先确认的减值金额。

③ 资产负债表日后进一步确定了资产负债表日前购入资产成本或售出资产收入。

④ 资产负债表日后发现了财务报表舞弊或差错。

(2)资产负债表日后非调整事项。资产负债表日后非调整事项是指表明资产负债表日后发生的情况的事项。被审计单位资产负债表日后发生的某些事项,虽然对被审计年度资产负债表日的会计数据没有直接的影响,但可能会影响被审计单位未来期间的财务状况和经营成果,为了保证会计报表使用者能够全面、正确地理解会计报表信息,应以附注的形式披露这类信息。

资产负债表日后非调整事项,通常包括下列各项。

① 资产负债表日后发生重大诉讼、仲裁、承诺。

② 资产负债表日后资产价格、税收政策、外汇汇率发生重大变化。

③ 资产负债表日后因自然灾害导致资产发生重大损失。

④ 资产负债表日后发行股票和债券以及其他巨额举债。

⑤ 资产负债表日后资本公积转增资本。

⑥ 资产负债表日后发生巨额亏损。

⑦ 资产负债表日后发生企业合并或处置子公司。

⑧ 资产负债表日后企业利润分配方案中拟分配的以及经批准宣告发放的股利或利润。

区分两类期后事项主要是根据事项发生的时间。如果某一事项在资产负债表日之前已经存在,资产负债表日后发生的事项仅是补充说明该事项,那么这类期后事项属于第一类;如果某一事项是在资产负债表日之后才发生的,那么这类期后事项属于第二类。

（二）期后事项审计的目标

（1）确定期后事项是否存在和完整及其对财务报表和审计报告的影响。

（2）确定期后事项的会计处理是否符合企业会计准则的规定。

（3）确定期后事项的列报是否恰当。

（三）期后事项的审计程序

根据期后事项的定义，期后事项可以划分为三个阶段，如图 12-1 所示。第一时段是资产负债表日后至审计报告日；第二时段是审计报告日后至财务报表报出日；第三时段是财务报表报出日后。资产负债表日一般是指被审计年度的 12 月 31 日；财务报表批准日是指构成整套财务报表的所有报表（包括相关附注）已编制完成，并且被审计单位的董事会、管理层或类似机构已认可其对财务报表负责的日期；财务报表报出日是指审计报告和已审计财务报表提供给第三方的日期。实务中审计报告日与财务报表批准日通常是相同的日期。

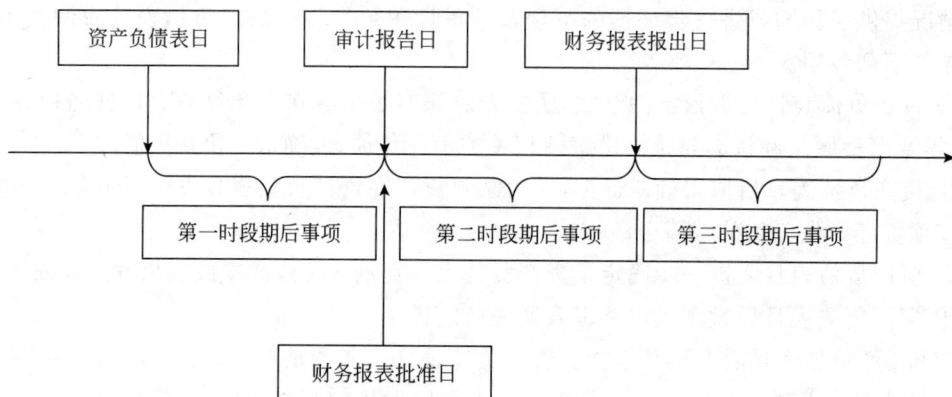

图 12-1　期后事项分段示意图

注册会计师对这三个时段的期后事项负有不同的责任。

（1）主动识别第一时段期后事项。

资产负债表日后至审计报告日之间发生的期后事项属于第一时段期后事项。注册会计师应当尽量在接近审计报告日时，实施旨在识别需要在财务报表中调整或披露事项的审计程序。这些程序包括：

① 复核被审计单位管理层建立的用于确保识别期后事项的程序。

② 取得并审阅股东大会、董事会和管理当局的会议记录以及涉及诉讼的相关文件等，查明识别资产负债表日后发生的对本期会计报表产生重大影响的事项。

③ 查阅股东会、董事会及其专门委员会在资产负债表日后举行的会议的纪要，并在不能获取会议纪要时询问会议讨论的事项。

④ 尽量接近审计报告日时，查阅最近的中期财务报表、主要会计科目、重要合同和会计凭证；如认为必要和适当，还应当查阅预算、现金流量预测及其他相关管理报告。

⑤ 尽量接近审计报告日时，查阅被审计单位与客户、供应商等的往来信函。

⑥ 尽量接近审计报告日时,向被审计单位律师或法律顾问询问有关诉讼和索赔事项。

⑦ 在尽量接近审计报告日时,向管理层询问可能影响财务报表的期后事项。

(2) 被动识别第二时段期后事项。

审计报告日后至财务报表报出日前发现的期后事项属于第二时段期后事项。在审计报告日后,注册会计师没有责任针对财务报表实施审计程序或进行专门查询。但是,在这一阶段,被审计单位的财务报表并未报出,其管理层有责任将发现的可能影响财务报表的事实告知注册会计师。在此期间,如果知悉可能对财务报表产生重大影响的事实,注册会计师应当考虑是否需要修改财务报表,并与管理层讨论,同时根据具体情况采取适当措施。

(3) 没有义务识别第三时段的期后事项。

财务报表报出后发生的期后事项。财务报表报出后发生的期后事项属于第三时段的期后事项。注册会计师虽没有义务针对财务报表作出查询,但并不排除注册会计师通过媒体等其他途径获悉可能对财务报表产生重大影响的期后事项的可能性。在财务报表报出后,如果知悉在审计报告日已存在的、可能导致修改审计报告的事实,注册会计师应当:

① 与管理层和治理层(如适用)讨论该事项。

② 确定财务报表是否需要修改。

③ 如果需要修改,询问管理层将如何在财务报表中处理该事项。

(四) 期后事项对审计意见的影响

对期后事项来说,注册会计师应当区分不同时段的期后事项,来确定其对本期财务报表审计意见的影响。

(1) 对于资产负债表日后至审计报告日之间发生的期后事项,注册会计师负有主动识别的义务,应设计专门的审计程序来进行审查,并根据这些事项的性质判断其对财务报表的影响程度,确定对审计意见的影响。

① 如果注册会计师识别出对财务报表有重大影响的期后事项,应当确定这些事项是否按照适用的财务报告编制基础的规定在财务报表中得到恰当反映。

② 如果所知悉的期后事项属于调整事项,注册会计师应当考虑被审计单位是否已对财务报表作出适当的调整。如果所知悉的期后事项属于非调整事项,注册会计师应当考虑被审计单位是否在财务报表附注中予以充分披露。

(2) 审计报告日后至财务报表报出日前发现的期后事项,由于注册会计师针对被审计单位的审计业务已经结束,要识别可能存在的期后事项比较困难,因而无法主动识别第二时段期后事项。对此,可根据不同情况判断期后事项对审计意见的影响。

① 如果管理层修改了财务报表,注册会计师应当根据具体情况实施必要的审计程序,重新获取充分、适当的审计证据,以验证管理层根据期后事项所作出的财务报表调整或披露是否符合企业会计准则和相关会计制度的规定,并针对修改后的财务报表出具新的审计报告。新的审计报告日期不应早于董事会或类似机构批准修改后的财务报表的日期。注册会计师应当将对期后事项的审计程序延伸至新的审计报告日。

② 如果注册会计师认为应当修改财务报表而管理层没有修改,并且审计报告尚未提交给被审计单位,注册会计师应当出具保留意见或否定意见的审计报告。

③ 如果注册会计师认为应当修改财务报表而管理层没有修改,并且审计报告已提交给

被审计单位,注册会计师应当通知治理层不要将财务报表和审计报告向第三方报出。如果财务报表仍被报出,注册会计师应当采取措施防止财务报表使用者信赖该审计报告。例如,通过新闻媒体发表必要的声明,防止使用者信赖审计报告。注册会计师采取的措施取决于自身的权利和义务以及征询的法律意见。

(3) 对于财务报表报出后发生的期后事项,注册会计师如果知悉在审计报告日已存在的、可能导致修改审计报告的事实,可根据不同情况判断期后事项对审计意见的影响并采取相应措施。

① 如果管理层修改了财务报表,注册会计师应当根据具体情况实施必要的审计程序,复核管理层采取的措施能否确保所有收到原财务报表和审计报告的人士了解这一情况,并针对修改后的财务报表出具新的审计报告。新的审计报告应当增加强调事项段,提请财务报表使用者注意财务报表附注中对修改原财务报表原因的详细说明,以及注册会计师出具的原审计报告。新的审计报告日期不应早于董事会或类似机构批准修改后的财务报表的日期。相应地,注册会计师应当将对期后事项的审计程序延伸至新的审计报告日。

② 如果管理层既没有采取必要措施确保所有收到原财务报表和审计报告的人士了解这一情况,又没有在注册会计师认为需要修改的情况下修改财务报表,注册会计师应当采取措施防止财务报表使用者信赖该审计报告,并将拟采取的措施通知治理层。采取的措施取决于自身的权利和义务以及征询的法律意见。

做中学 12-2

中兴会计师事务所在对鸿宇股份有限公司 2020 年会计报表审计中发现:

鸿宇公司持有的一项长期股权投资在 2020 年 12 月 31 日的市价为每股 9 元,实际成本为每股 9.3 元,在 2020 年 12 月 31 日该公司按照成本与市价孰低计提了跌价准备,并在会计报表中反映已计提的跌价准备。2021 年 2 月 9 日,在审计结束外勤工作前,审计人员得知该股票的市价跌到每股 7 元。

要求:对于这一情况,审计人员应如何处理?

三、审计或有事项

(一) 或有事项的含义

或有事项是指过去的交易或者事项形成的,其结果须由某些未来事项的发生或不发生才能决定的不确定事项。常见的或有事项主要包括:未决诉讼或仲裁、债务担保、产品质量保证(含产品安全保证)、承诺、亏损合同、重组义务等。

在企业经营活动中,或有事项这一特殊的经济现象已经越来越多地存在,并且对企业的财务状况和经营成果产生较大的影响。或有事项对企业潜在的财务影响以及企业因此需要承担的风险都有必要通过企业的财务报表或财务报表附注予以反映,使财务报表使用者能够获取真实、充分、详细的信息,帮助其进行正确的分析、判断。因此,注册会计师对被审计单位发生的或有事项应当给予必要的关注,并且需要注册会计师具备相当程度的专业判断能力。

（二）或有事项的目标

（1）确定或有事项是否存在或完整。

（2）确定或有事项的确认和计量是否符合企业会计准则的规定。

（3）确定或有事项的列报是否恰当。

（三）或有事项的审计程序

由于或有事项的发生存在不确定性，在会计报表和会计账簿中没有全面披露，因此注册会计师应当采取特定的审计程序以确定或有事项的确认、计量、记录是否恰当。或有事项的审计程序包括：

（1）向被审计单位管理层和有关人员进行询问。询问的主要内容有：被审计单位确定、评价或有事项的方针政策和工作程序，或有事项的具体内容，或有事项的会计披露等。

（2）查阅被审计单位相关资料。注册会计师应审阅的相关资料包括：被审计单位有关或有事项的全部文件和凭证；被审计单位管理层有关或有事项的书面证明；被审计单位与银行之间的往来信函；被审计单位的债务说明书等。

（3）向被审计单位的法律顾问、律师和与被审计单位有业务往来的银行函证。通过函证可以确定被审计单位或有事项的内容及其是否存在。

（4）复核现存的审计工作底稿，寻找任何可以说明或有事项的资料。

（5）向被审计单位管理层获取书面声明，保证其已按照企业会计准则的规定对其全部或有事项作了恰当反映。

（6）确定或有事项在会计报表中的披露是否恰当。按照《企业会计准则第 13 号——或有事项》规定，要求企业应当在附注中披露与或有事项有关的下列信息。

① 预计负债。预计负债主要包括：预计负债的种类、形成原因以及经济利益流出不确定性的说明；各类预计负债的期初、期末余额和本期变动情况；与预计负债有关的预期补偿金额和本期已确认的预期补偿金额；

② 或有负债（不包括极小可能导致经济利益流出企业的或有负债）。或有负债主要包括：或有负债的种类及其形成原因，包括已贴现商业承兑汇票、未决诉讼、未决仲裁、对外提供担保等形成的或有负债；经济利益流出不确定性的说明；或有负债预计产生的财务影响，以及获得补偿的可能性，无法预计的，应当说明原因。

③ 企业通常不应当披露或有资产，但或有资产很可能会给企业带来经济利益的，应当披露其形成的原因、预计产生的财务影响等。

（四）或有事项审计对审计意见的影响

如果注册会计师认为被审计单位管理层对或有事项作出的估计是合理的，并且进行了适当的披露，应当出具无保留意见的审计报告，并视具体情况可在意见段之后增加强调事项段，以强调重大或有事项。

如果注册会计师认为被审计单位管理层对或有事项作出的估计是不合理的，或披露不适当，注册会计师应当出具保留意见或否定意见的审计报告。

如果注册会计师审计范围受到被审计单位或客观条件的限制，无法就或有事项获取充分、适当的审计证据,应当出具保留意见或无法表示意见审计报告。

任务指导

由于康诺公司是首次进行报表审计,信诚会计事务所审计人员采取以下措施对期初余额进行了审查。

(1)对大部分报表项目,在对本期发生额实施审计程序的过程中获取部分期初余额的审计证据。

(2)通过复核上期存货盘点记录及文件、检查上期存货交易记录、运用毛利百分比法等进行分析,获取有关本期期初存货余额的充分、适当的审计证据。

(3)检查形成期初余额的会计记录和其他信息,在向第三方函证时同时函证期初余额。

通过审查,注册会计师确认了康诺公司上期余额已正确结转至本期,上期会计政策在本期财务报表中得到一贯运用;由此确认康诺公司 2020 年报表期初余额不存在重大错报,不影响对 2020 年报表出具的审计意见。

另外,注册会计师还取得并审阅了康诺公司股东大会、董事会和管理当局的会议记录以及涉及诉讼的相关文件等,向被审计单位管理层和有关人员、被审计单位法律顾问询问有关诉讼和索赔事项的情况,同时结合本期对报表项目审查的情况,得出结论:康诺公司不存在对 2020 年报表审计的审计意见有重大影响的期后事项和或有事项。

任务附注

12-1-1 首次接受委托对期初余额审计的工作底稿
12-1-2 期后事项审计工作底稿
12-1-3 或有事项审计工作底稿

首次接受委托对期初余额审计的工作底稿

期后事项审计工作底稿

或有事项审计工作底稿

思政小课堂

"万达"的内部审计

子任务 12.2　完成审计工作

任务要求

经过两周的外勤审计工作,信诚会计师事务所对康诺公司的审计进入了审计终结阶段。作为本项目的负责人注册会计师李立对审计小组成员编制的审计工作底稿逐一进行了复核,汇总审计过程中发现的重大差异,确定了审计后的会计报表各项目的金额。之后,项目合伙人注册会计师张磊对重要的工作底稿进行了再次复核。

如何汇总前期发现的审计差异,从而确认康诺公司审计后的报表金额?

知识准备

注册会计师按业务循环完成各财务报表项目的审计测试和一些特殊项目的审计工作后,在审计终结阶段汇总审计测试结果,进行更具综合性的审计工作,主要包括以下内容。

一、评价审计中的重大发现

重大发现涉及会计政策的选择、运用和一贯性的重大事项,包括相关的信息披露。在审计终结阶段,项目合伙人和审计项目组考虑重大发现和事项的例子包括:

(1) 期中复核中的重大发现及其对审计方法的相关影响。

(2) 涉及会计政策的选择、运用和一贯性的重大事项,包括相关的披露。

(3) 就识别出的重大风险,对审计策略和计划的审计程序所作的重大修改。

(4) 在与管理层和其他人员讨论重大发现和事项时得到的信息。

(5) 与注册会计师的最终审计结论相矛盾或不一致的信息。

对实施的审计程序的结果进行评价,可能全部或部分地揭示出以下事项。

(1) 为了实现计划的审计目标,是否有必要对重要性进行修订。

(2) 对审计策略和计划审计程序的重大修改,包括对重大错报风险评估结果的重要修改。

(3) 对审计方法有重要影响的值得关注的内部控制缺陷和其他缺陷。

(4) 财务报表中存在的重大错报。

(5) 项目组成员内部,或项目组与项目质量控制复核人员或提供咨询的其他人员之间,就重大会计和审计事项达成最终结论存在意见分歧。

(6) 在实施审计程序时遇到的重大困难。

(7) 向事务所内部有经验的专业人士或外部专业顾问咨询的事项。

(8) 与管理层或其他人员就重大发现以及与注册会计师的最终审计结论相矛盾或不一致的信息进行的讨论。

针对重大发现可以向事务所内部有经验的专业人士或外部专业顾问咨询,并与管理层或其他人员就重大发现以及与注册会计师的最终审计结论相矛盾或不一致的信息进行讨论。如果审计项目组内部、项目组与被咨询者之间以及项目负责合伙人与项目质量控制复核人员之间存在意见分歧，审计项目组应当遵循事务所的政策和程序予以妥善处理。

二、评价审计过程中发现的错报

（一）汇总审计差异

在完成按业务循环进行的控制测试、交易与财务报表项目的实质性程序以及特殊项目的审计后，对审计项目组成员在审计中发现的被审计单位的会计处理方法与企业会计准则的规定不一致，即审计差异，审计项目经理应根据审计重要性原则予以初步确定并汇总，并建议被审计单位进行调整，使经审计的财务报表所载信息能够公允地反映被审计单位的财务状况、经营成果和现金流量。对审计差异的"初步确定并汇总"直至形成"经审计的财务报表"的过程，主要是通过编制审计差异调整表和试算平衡表得以完成的。

审计差异按是否需要调整账户记录可分为核算错误和重分类错误。核算错误是因企业对经济业务进行了不正确的会计核算而引起的错误，又可分为建议调整的不符事项和不建议调整的不符事项。重分类错误是因企业未按企业会计准则列报财务报表而引起的错误。通常需要将这些建议调整的不符事项、重分类错误以及未调整不符事项分别汇总至"账项调整分录汇总表""重分类调整分录汇总表"与"未更正错报汇总表"，分别如表 12-1～表 12-3所示。

表 12-1　账项调整分录汇总表

序号	内容及说明	索引号	调整内容				影响利润表＋(－)	影响资产负债表＋(－)
			借方项目	借方金额	贷方项目	贷方金额		

与被审计单位的沟通：

参加人员：

被审计单位：＿＿＿＿＿＿＿＿＿＿＿＿＿＿＿＿＿＿＿＿＿＿

审计项目组：＿＿＿＿＿＿＿＿＿＿＿＿＿＿＿＿＿＿＿＿＿＿

被审计单位的意见：

＿＿＿＿＿＿＿＿＿＿＿＿＿＿＿＿＿＿＿＿＿＿＿＿＿＿＿＿＿＿＿＿＿＿

结论：

是否同意上述审计调整：＿＿＿＿＿＿＿＿＿＿＿＿＿＿＿＿＿

被审计单位授权代表签字：＿＿＿＿＿＿＿＿＿＿＿＿＿＿＿＿　日期：＿＿＿＿＿＿＿＿＿＿

表 12-2　重分类调整分录汇总表

序号	内容及说明	索引号	调整项目和金额			
			借方项目	借方金额	贷方项目	贷方金额

与被审计单位的沟通：

参加人员：

被审计单位：＿＿＿＿＿＿＿＿＿＿＿＿＿＿＿＿＿＿＿＿＿＿＿＿＿＿＿＿＿＿＿

审计项目组：＿＿＿＿＿＿＿＿＿＿＿＿＿＿＿＿＿＿＿＿＿＿＿＿＿＿＿＿＿＿＿

被审计单位的意见：

＿＿＿＿＿＿＿＿＿＿＿＿＿＿＿＿＿＿＿＿＿＿＿＿＿＿＿＿＿＿＿＿＿＿＿＿＿＿＿

＿＿＿＿＿＿＿＿＿＿＿＿＿＿＿＿＿＿＿＿＿＿＿＿＿＿＿＿＿＿＿＿＿＿＿＿＿＿＿

结论：

是否同意上述审计调整：＿＿＿＿＿＿＿＿＿＿＿＿＿＿＿

被审计单位授权代表签字：＿＿＿＿＿＿＿＿＿＿＿＿＿＿＿　日期：＿＿＿＿＿＿＿＿＿＿＿＿＿＿

表 12-3　未更正错报汇总表

序　号	内容及说明	索引号	未调整内容				备　注
			借方项目	借方金额	贷方项目	贷方金额	

未更正错报的影响：

项目	金额	百分比	计划百分比
1. 总资产	＿＿＿＿＿＿	＿＿＿＿＿＿	＿＿＿＿＿＿
2. 净资产	＿＿＿＿＿＿	＿＿＿＿＿＿	＿＿＿＿＿＿
3. 销售收入	＿＿＿＿＿＿	＿＿＿＿＿＿	＿＿＿＿＿＿
4. 费用总额	＿＿＿＿＿＿	＿＿＿＿＿＿	＿＿＿＿＿＿
5. 毛利	＿＿＿＿＿＿	＿＿＿＿＿＿	＿＿＿＿＿＿
6. 净利润	＿＿＿＿＿＿	＿＿＿＿＿＿	＿＿＿＿＿＿

结论：

被审计单位授权代表签字：＿＿＿＿＿＿＿＿＿＿＿＿＿＿＿　日期：＿＿＿＿＿＿＿＿＿＿＿＿＿＿

（二）错报的沟通和更正

除非法律法规禁止，注册会计师应当及时将审计过程中累积的所有错报与适当层次的管理层进行沟通。对于建议调整的不符事项和重分类错误，注册会计师应当要求管理层更正这些错报。

某些情况下，法律法规可能限制注册会计师向管理层或被审计单位内部的其他人员通报某些错报。注册会计师的保密义务与通报义务之间存在的潜在冲突可能很复杂。此时，注册会计师可以考虑征询法律意见。

如果管理层拒绝更正沟通的部分或全部错报，注册会计师应当了解管理层不更正错报的理由，并在评价财务报表整体是否不存在重大错报时考虑该理由。注册会计师对管理层不更正错报的理由的理解，可能影响其对被审计单位会计实务质量的考虑。

（三）评价未更正错报的影响

未更正错报是指注册会计师在审计过程中累积的且被审计单位未予更正的错报。对错报的评价需要考虑重要性水平。注册会计师需要考虑每一单项错报，以评价其对相关类别的交易、账户余额或披露的影响，包括评价该项错报是否超过特定类别的交易、账户余额或披露的重要性水平。如果注册会计师认为某一单项错报是重大的，则需进行更正。在某些情况下，即使某些错报低于财务报表整体的重要性，但因与这些错报相关的某些情况，在将其单独或连同在审计过程中累积的其他错报一并考虑时，注册会计师也可能将这些错报评价为重大错报。例如，某项错报的金额虽然低于财务报表整体的重要性，但对被审计单位的盈亏状况有决定性的影响，注册会计师应认为该项错报是重大错报。确定一项分类错报是否重大，还需要进行定性评估。即使分类错报超过了在评价其他错报时运用的重要性水平，但注册会计师可能仍然认为该分类错报对财务报表整体不产生重大影响。

除非法律法规禁止，注册会计师应当与治理层沟通未更正错报，以及这些错报单独或汇总起来可能对审计意见产生的影响。在沟通时，注册会计师应当逐项指明重大的未更正错报。注册会计师应当要求被审计单位更正未更正错报。注册会计师还应当与治理层沟通与以前期间相关的未更正错报对相关类别的交易、账户余额或披露以及财务报表整体的影响。

（四）获取书面声明

注册会计师应当要求管理层和治理层（如适用）提供书面声明，说明其是否认为未更正错报单独或汇总起来对财务报表整体的影响不重大。这些错报项目的概要应当包含在书面声明中或附在其后。在某些情况下，管理层和治理层（如适用）可能并不认为注册会计师提出的某些未更正的错报是错报。基于这一原因，他们可能在书面声明中增加以下表述："因为【描述理由】，我们不同意……事项和……事项构成错报。"然而，即使获取了这一声明，注册会计师仍需要对未更正错报的影响形成结论。

三、复核财务报表和审计工作底稿

（一）对财务报表总体合理性进行总体复核

在审计结束或临近结束时，注册会计师应当确定经审计调整后的财务报表整体是否与对被审计单位的了解一致，是否具有合理性。注册会计师需围绕这一目的运用分析程序。

在运用分析程序进行报表总体复核时，如果识别出以前未识别的重大错报风险，注册会计师应当重新考虑对全部或部分各类交易、账户余额、披露评估的风险是否恰当，并在此基础上重新评价之前计划的审计程序是否充分，是否有必要追加审计程序。

（二）复核审计工作底稿

会计师事务所应当建立完善的审计工作底稿分级复核制度。对审计工作底稿的复核可分为项目组内部复核和项目质量控制复核两个层次。

1. 项目组内部复核

项目组内部复核又分为两个层次：项目负责经理的现场复核和项目负责合伙人的复核。

（1）项目负责经理的现场复核。由项目负责经理对工作底稿的复核属于第一级复核。该级复核通常在审计现场完成，以便及时发现和解决问题，争取审计工作的主动。

（2）项目合伙人的复核。项目合伙人对审计工作底稿实施复核是项目组内部最高级别的复核。该复核既是对项目负责经理复核的再监督，也是对重要审计事项的把关。根据审计准则的规定，项目合伙人应当对会计师事务所分派的每项审计业务的总体质量负责；项目合伙人应当对项目组按照会计师事务所复核政策和程序实施的复核负责。

（3）项目组内部复核的执行。审计项目复核贯穿审计全过程，随着审计工作的开展，复核人员在审计计划阶段、执行阶段和完成阶段及时复核相应的工作底稿，例如，在审计计划阶段复核记录审计策略和审计计划的工作底稿，在审计执行阶段复核记录控制测试和实质性程序的工作底稿，在审计完成阶段复核记录重大事项、审计调整及未更正错报的工作底稿等。

2. 独立的项目质量控制复核

项目质量控制复核是指在出具报告前，对项目组作出的重大判断和在准备报告时形成的结论作出客观评价的过程，也称独立复核。质量控制准则规定，会计师事务所应当制定政策和程序，要求对特定业务（包括所有上市实体财务报表审计）实施项目质量控制复核，以客观评价项目组作出的重大判断以及在编制报告时得出的结论。

（1）质量控制复核人员。会计师事务所在确定质量核人员的资格要求时，需要充分考虑质量控制复核工作的重要性和复杂性，安排经验丰富的注册会计师担任项目质量控制复核人员，例如，有一定执业经验的合伙人，或专门负责质量控制复核的注册会计师等。

（2）质量控制复核的执行。审计准则规定，只有完成了项目质量控制复核，才能签署审计报告。项目质量控制复核人员在业务过程中的适当阶段及时实施项目质量控制复核，有助于重大事项在审计报告日之前得到迅速、满意的解决。注册会计师要考虑在审计过程与项目质量复核人员积极协调配合，使其能够及时实施质量控制复核，而非在出具审计报告前才实施复核。例如，在审计计划阶段，质量控制复核人员复核项目组对会计师事务所独立性的评价、项目组在制订审计策略和审计计划时作出的重大判断及发现的重大事项等。

四、评价独立性和道德问题

项目合伙人应当考虑项目组成员是否遵守职业道德规范,在整个审计过程中对项目组成员违反职业道德规范的迹象保持警惕,并就审计业务的独立性是否得到遵守形成结论。在签署审计报告前,项目合伙人应确信,审计过程中产生的所有独立性和道德问题已经得到圆满解决,并与审计准则和职业道德守则的独立性要求一致。

五、获取管理层书面声明

书面声明是指管理层向注册会计师提供的书面陈述,用以确认某些事项或支持其他审计证据。书面声明不包括财务报表及其认定,以及支持性账簿和相关记录。

书面声明是注册会计师在财务报表审计中需要获取的必要信息,是审计证据的重要来源。如果管理层修改书面声明的内容或不提供注册会计师要求的书面声明,可能使注册会计师警觉存在重大问题的可能性。而且,在很多情况下,要求管理层提供书面声明而非口头声明,可以促使管理层更加认真地考虑声明所涉及的事项,从而提高声明的质量。

尽管书面声明提供了必要的审计证据,但其本身并不为所涉及的任何事项提供充分、适当的审计证据。而且,管理层已提供可靠书面声明的事实,并不影响注册会计师就管理层责任履行情况或具体认定获取的其他审计证据的性质和范围。

注册会计师应当要求管理层就下列事项提供书面声明:①按照审计业务约定条款,已向注册会计师提供所有相关信息,并允许注册会计师不受限制地接触所有相关信息以及被审计单位内部人员和其他相关人员;②所有交易均已记录并反映在财务报表中。

如果未从管理层获取其确认已履行责任的书面声明,注册会计师在审计过程中获取的有关管理层已履行这些责任的其他审计证据是不充分的。这是因为,仅凭其他审计证据不能判断管理层是否在认可并理解其责任的基础上,编制和列报财务报表并向注册会计师提供了相关信息。

书面声明的日期应当尽量接近对财务报表出具审计报告的日期,但不得在审计报告日后。书面声明应当涵盖审计报告针对的所有财务报表和期间。由于书面声明是必要的审计证据,在管理层签署书面声明前,注册会计师不能发表审计意见,也不能签署审计报告。而且,由于注册会计师关注截止审计报告日发生的、可能需要在财务报表中作出相应调整或披露的事项,书面声明的日期应当尽量接近对财务报表出具审计报告的日期,但不得在其之后。

如果注册会计师认为管理层书面声明不可靠,或者管理层不提供有关事项的书面声明,则注册会计师无法获取充分、适当的审计证据,这对财务报表的影响可能是广泛的,并不局限于财务报表的特定要素、账户或项目。在这种情况下,注册会计师需要对财务报表发表无法表示意见。

六、正式签发审计报告

确保审计工作完成后，撰写审计总结，完成审计工作完成情况核对表，正式签发审计报告。

任务指导

要确认康诺公司会计报表经审计后的金额，注册会计师应执行如下程序。

（1）将审计过程中发现的问题进行分类汇总，填制"账项调整分录汇总表"（表 12-4）。

表 12-4　账项调整分录汇总表

序号	内容及说明	索引号	调整内容				影响利润表＋(－)	影响资产负债表＋(－)
			借方项目	借方金额	贷方项目	贷方金额		
1	收入调整	S1-1	主营业务收入	2 000 000	应收账款	2 000 000	－2 000 000	－2 000 000
2	收入调整	S1-1	应交税费	260 000	应收账款	260 000		
3	成本调整	S1-1	库存商品	1 200 000	主营业务成本	1 200 000	＋1 200 000	＋1 200 000
4	未入账应付账款	F5-1	原材料	707 964.6	应付账款	707 964.6		
5	未入账应付账款	F5-1	应交税费	92 035.4	应付账款	92 035.4		
6	调整成本	Z9D1-1	存货	120 000	主营业务成本	120 000	＋120 000	＋120 000
7	调整职工薪酬	F8-1	销售费用	200 000	应付职工薪酬	200 000	－200 000	－200 000
8	调整借款利息	S6-1	在建工程	60 000	财务费用	60 000	＋60 000	＋60 000
9	调整所得税		应交税费	205 000	所得税费用	205 000	＋205 000	＋205 000
10	调整盈余公积		盈余公积	61 500	利润分配	61 500		

（2）根据账项调整分录汇总，编制试算平衡表（表 12-5、表 12-6），以确定审计后报表应列示金额。

表 12-5　资产负债表试算平衡表

项　目	期末未审数	账项调整		期末审定数	项　目	期末未审数	账项调整		期末审定数
		借方	贷方				借方	贷方	
货币资金	略			略	短期借款	略			略
交易性金融资产	略			略	交易性金融负债	略			略
应收票据	略			略	应付票据	略			略
应收账款	略		2 260 000	略	应付账款	略		800 000	略
预付账款	略			略	预收款项	略			略
应收利息	略			略	应付职工薪酬	略		200 000	略
应收股利	略			略	应交税费	略	557 035.4		略
其他应收款	略			略	应付利息	略			略
存货	略	2 027 964.6		略	应付股利	略			略
一年内到期的非流动资产	略			略	其他应付款	略			略
其他流动资产	略			略	一年内到期的非流动负债	略			略
可供出售金融资产	略			略	其他流动负债	略			略
持有至到期投资	略			略	长期借款	略			略
长期应收款	略			略	应付债券	略			略
长期股权投资	略			略	长期应付款	略			略
投资性房地产	略			略	专项应付款	略			略
固定资产	略			略	预计负债	略			略
在建工程	略	60 000		略	递延所得税负债	略			略
工程物资	略			略	其他非流动负债	略			略
固定资产清理	略			略	实收资本(股本)	略			略
无形资产	略			略	资本公积	略			略
开发支出	略			略	盈余公积	略		61 500	略
商誉	略			略	未分配利润	略	615 000	61 500	略
长期待摊费用	略			略					
递延所得税资产	略			略					
其他非流动资产	略			略					
合　计	略	2 087 964.6	2 260 000	略	合　计	略	1 233 535.4	1 061 500	略

表 12-6　利润表试算平衡表

项　目	审计前金额	调整金额		审定金额
		借　方	贷　方	
一、营业收入	略	2 000 000		略
二、减:营业成本	略		1 320 000	略
税金及附加	略			略
销售费用	略	200 000		略
管理费用	略			略
财务费用	略		60 000	略
加:其他收益	略			略
投资收益	略			略
公允价值变动损益	略			略
资产减值损失(损失以"－"填列)	略			略
信用减值损失(损失以"－"填列)	略			略
资产处置收益(损失以"－"填列)	略			略
三、营业利润	略	2 200 000	1 380 000	略
加:营业外收入	略			略
减:营业外支出	略			略
四、利润总额	略	2 200 000	1 380 000	略
减:所得税费用	略		205 000	略
五、净利润	略	2 200 000	1 585 000	略
六、其他综合收益的税后净额	略			略
七、综合收益总额	略			略
八、每股收益	略			略

（3）根据试算平衡表编制调整后的财务报表,利用分析程序确定调整后的财务报表与对被审计单位的了解一致,具有合理性。

任务附注

12-2-1　审计差异汇总表

12-2-2　试算平衡表

12-2-3　报表整体复核分析程序工作底稿

审计差异汇总表

试算平衡表

报表整体复核分析程序工作底稿

格力与小米的十亿赌约

子任务 12.3　编写审计报告

任务要求

信诚会计事务所对康诺公司报表审计工作进入尾声,在对审计意见形成最终决定之前,会计师事务所与被审计单位就审计报告进行了沟通。沟通的内容主要包括:被审计单位需要调整的事项、审计意见类型、审计报告措辞等。双方就审计中发现的调整事项达成一致,注册会计师获得了被审计单位同意账项调整的书面确认及被审计单位签署的管理层声明书。

康诺公司 2020 年度会计报表的审计报告应如何出具?

知识准备

一、审计报告的含义

审计报告是指注册会计师根据审计准则的规定,在执行审计工作的基础上,对财务报表发表审计意见的书面文件。

审计报告是注册会计师在完成审计工作后向授权者或委托者提供的最终产品,是评价被审计单位财务情况合法性和公允性的重要工具,也表明审计人员完成了审计任务并愿意承担审计责任的证明文件。因此,审计人员必须慎重对待审计报告,对审计报告的真实性、合法性负责,如实反映审计的范围、审计的依据、实施的审计程序和应发表的审计意见。编写审计报告是审计过程中极为重要的一个环节。审计报告的编写和出具对于反映审计意见,证明审计事项,体现审计质量和效果等均具有重要的意义。

二、审计报告的作用

注册会计师签发的审计报告,主要具有鉴证、保护和证明三方面的作用。

（一）鉴证

注册会计师签发的审计报告,不同于政府审计和内部审计的审计报告,是以超然独立的第三者身份,对被审计单位财务报表合法性、公允性发表意见。这种意见,具有鉴证作用,得到了政府及其各部门和社会各界的普遍认可。政府有关部门,如财政部门、税务部门等了解、掌握企业的财务状况和经营成果的主要依据是企业提供的财务报表。财务报表是否合法、公允,主要依据注册会计师的审计报告作出判断。股份制企业的股东,主要依据注册会计师的审计报告来判断被投资企业的财务报表是否公允地反映了财务状况和经营成果以进行投资决策。

（二）保护

注册会计师通过审计,可以对被审计单位财务报表出具不同类型审计意见的审计报告,以提高或降低财务报表使用者对财务报表的信赖程度,能够在一定程度上对被审计单位的财产、债权人和股东的权益及企业利害关系人的利益起到保护作用。如投资者在进行投资之前,需要查阅被投资企业的财务报表和注册会计师的审计报告,了解被投资企业的经营情况和财务状况。投资者根据注册会计师的审计报告作出投资决策,可以降低其投资风险。

（三）证明

审计报告是对注册会计师审计任务完成情况及其结果所作的总结,它可以表明审计工作的质量并明确注册会计师的审计责任。因此,审计报告可以对审计工作质量和注册会计师的审计责任起证明作用。通过审计报告,可以证明注册会计师在审计过程中是否实施了必要的审计程序,是否以审计工作底稿为依据发表审计意见,发表的审计意见是否与被审计单位的实际情况相一致,审计工作的质量是否符合要求。通过审计报告,可以证明注册会计师对审计责任的履行情况。

三、审计报告的要素

审计报告的内容可视不同的审计主体、审计目的、审计对象和审计报告的读者等而不同。一般来说,审计报告主要包括文字、报表和其他三部分内容。文字部分主要说明审计过程、审计结论、审计建议等,这是审计报告的主体部分。报表部分主要包括已审的会计报表或其他能对审计事项进行说明的附表。其他部分是对文字部分的补充和说明。审计报告的要素包括以下内容。

（一）标题

审计报告的标题应当统一规范为"审计报告"。

（二）收件人

审计报告的收件人是指注册会计师按照业务约定书的要求致送审计报告的对象,一般是指审计业务的委托人。审计报告的收件人应当载明收件人的全称。对于股份有限公司，审计报告的收件人一般可用"××股份有限公司全体股东"；对于有限责任公司，收件人可用"××有限责任公司董事会"。

（三）审计意见

审计意见部分由两部分构成。第一部分指出已审计财务报表，应当包括下列方面。

（1）指出被审计单位的名称。

（2）说明财务报表已经审计。

（3）指出构成整套财务报表的每一财务报表的名称。

（4）提及财务报表附注。

（5）指明构成整套财务报表的每一财务报表的日期或涵盖的期间。

第二部分应当说明注册会计师发表的审计意见。审计意见应说明：①财务报表是否按照适用的会计准则和相关会计制度的规定编制；②财务报表是否在所有重大方面公允反映了被审计单位的财务状况、经营成果和现金流量。因此，注册会计师完成审计工作，获取了充分、适当的审计证据，应当就上述内容对财务报表发表审计意见。

（四）形成审计意见的基础

审计报告应当包含标题为"形成审计意见的基础"的部分。该部分提供关于审计意见的重要背景，应当紧接在审计意见部分之后，并包括下列方面。

（1）说明注册会计师按照审计准则的规定执行了审计工作。

（2）提及审计报告中用于描述审计准则规定的注册会计师责任的部分。

（3）声明注册会计师按照与审计相关的职业道德要求对被审计单位保持了独立性，并履行了职业道德方面的其他责任。声明中应当指明适用的职业道德要求，如中国注册会计师职业道德守则。

（4）说明注册会计师是否相信获取的审计证据是充分、适当的，为发表审计意见提供了基础。

（五）管理层对财务报表的责任段

审计报告应当包含标题为"管理层对财务报表的责任"的段落，用以描述被审计单位中负责编制财务报表的人员的责任。其中应当说明管理层负责下列方面。

（1）按照适用的财务报告编制基础编制财务报表，使其实现公允反映；并设计、执行和维护必要的内部控制，以使财务报表不存在由于舞弊或错误导致的重大错报。

（2）评估被审计单位的持续经营能力和使用持续经营假设是否适当，并披露与持续经营相关的事项（如适用）。对管理层评估责任的说明应当包括描述在何种情况下使用持续经营假设是恰当的。

（六）注册会计师的责任段

审计报告应当包含标题为"注册会计师对财务报表审计的责任"的部分，其中应包括下列内容。

（1）说明注册会计师的目标是对财务报表整体是否不存在由于舞弊或错误导致的重大错报获取合理保证，并出具包含审计意见的审计报告。

（2）说明合理保证是高水平的保证，但按照审计准则执行的审计并不能保证一定会发现存在的重大错报。

（3）说明错报可能由于舞弊或错误导致。在说明错报可能由于舞弊或错误导致时，注册会计师应当从下列两种做法中选择一种。

① 描述如果合理预期错报单独或汇总起来可能影响财务报表使用者依据财务报表作出的经济决策，则通常认为错报是重大的。

② 根据适用的财务报告编制基础，提供关于重要性的定义或描述。

注册会计师对财务报表审计的责任部分还应当包括下列内容。

（1）说明在按照审计准则执行审计工作的过程中，注册会计师运用职业判断，并保持职业怀疑。

（2）通过说明注册会计师的责任，对审计工作进行描述。

（七）按照相关法律法规的要求报告的事项（如适用）

如果注册会计师在对财务报表出具的审计报告中履行了其他报告责任，应当在审计报告中将其单独作为一部分，并以"按照相关法律法规的要求报告的事项"为标题。此时，审计报告应当区分为"对财务报表出具的审计报告"和"按照相关法律法规的要求报告的事项"两部分，以便将其同注册会计师的财务报表报告责任明确区分。在另外一些情况下，相关法律法规可能要求或允许注册会计师在单独出具的报告中进行报告。

（八）注册会计师的签名和盖章

审计报告应当由项目合伙人和另一名负责该项目的注册会计师签名和盖章。在审计报告中指明项目合伙人有助于进一步增强对审计报告使用者的透明度，有利于增强项目合伙人的个人责任感。因此，对上市实体整套通用目的财务报表出具的审计报告应当注明项目合伙人。

（九）会计师事务所的名称、地址及盖章

根据《中华人民共和国注册会计师法》的规定，注册会计师承办业务，应由其所在会计师事务所统一受理并与委托人签订委托合同。因此，审计报告除了应由注册会计师签名盖章外，还应载明会计师事务所的名称和地址，并加盖会计师事务所公章。

注册会计师在审计报告中载明会计师事务所地址时标明会计师事务所所在的城市即可。在实务中，审计报告通常载于会计师事务所统一印刷的、标有该所详细通讯地址的信笺上，因此，无须在审计报告中注明详细地址。

（十）报告日期

审计报告应当注明报告日期。审计报告的日期不应早于注册会计师获取充分、适当的审计证据（包括管理层认可对财务报表的责任且已批准财务报表的证据），并在此基础上对财务报表形成审计意见的日期。注册会计师在确定审计报告日期时应当考虑：①应当实施

的审计程序已经完成；②应当提请被审计单位调整的事项已经提出，被审计单位已经作出调整或拒绝作出调整；③管理层已经正式签署财务报表。

审计报告的日期向审计报告使用者表明，注册会计师已考虑其知悉的、截至审计报告日发生的事项和交易的影响。注册会计师对审计报告日后发生的事项和交易的责任，在《中国注册会计师审计准则第1332号——期后事项》中作出了规定。因此，审计报告的日期非常重要。注册会计师对不同时段的财务报表期后事项有着不同的责任，而审计报告的日期是划分时段的关键时点。在审计实务中，注册会计师在正式签署审计报告前，通常把审计报告草稿和已审计财务报表草稿一同提交给管理层。如果管理层批准并签署已审计财务报表，注册会计师即可签署审计报告。注册会计师签署审计报告的日期通常与管理层签署已审计财务报表的日期为同一天，或者晚于管理层签署已审计财务报表的日期。

（十一）关键审计事项

关键审计事项是指注册会计师根据职业判断认为对当期财务报表审计最为重要的事项。在审计报告中沟通关键审计事项，可以提高已执行审计工作的透明度，从而提高审计报告的决策相关性和有用性。沟通关键审计事项还能够为财务报表使用者提供额外的信息，以帮助其了解被审计单位、已审计财务报表中涉及重大管理层判断的领域，以及注册会计师根据职业判断认为对当期财务报表审计最为重要的事项。沟通关键审计事项，还能够为财务报表预期使用者就与被审计单位、已审计财务报表或已执行审计工作相关的事项进一步与管理层和治理层沟通提供基础。在某些情况下，关键审计事项可能涉及某些敏感信息、沟通这些信息可能为被审计单位带来较为严重的负面影响、法律法规也可能禁止公开披露某事项，此时注册会计师可以不在审计报告中沟通关键审计事项。

关键审计事项不是必需的，《中国注册会计师审计准则第1504号——在审计报告中沟通关键审计事项》要求注册会计师在上市实体整套通用目的财务报表审计报告中增加关键审计事项部分，用于沟通关键审计事项。为达到突出关键审计事项的目的，注册会计师应当在审计报告中单设一部分，以"关键审计事项"为标题，并在该部分使用恰当的子标题逐项描述关键审计事项。

四、审计报告的类型

注册会计师的目标是在评价根据审计证据得出的结论的基础上，对财务报表形成审计意见，并通过书面报告的形式清楚地表达审计意见。

如果认为财务报表在所有重大方面按照适用的财务报告编制基础编制并实现公允反映，注册会计师应当发表无保留意见。当存在下列情形之一时，注册会计师应当在审计报告中发表非无保留意见：①根据获取的审计证据，得出财务报表整体存在重大错报的结论；②无法获取充分、适当的审计证据，不能得出财务报表整体不存在重大错报的结论。

审计报告的基本类型如图12-2所示。

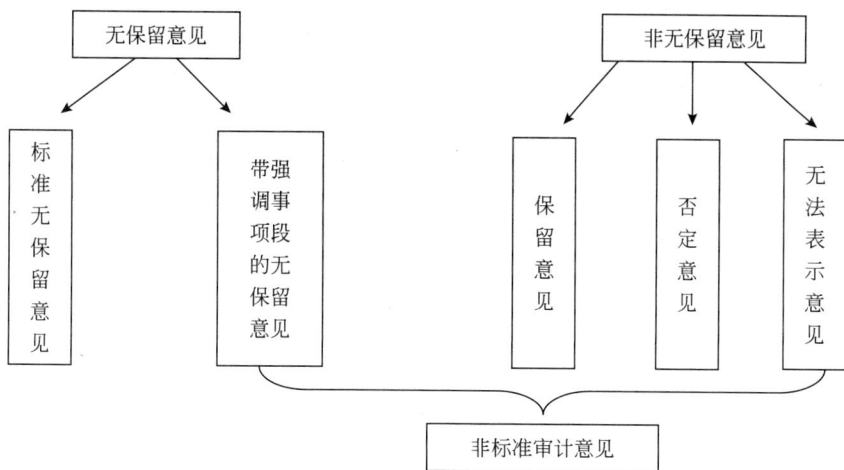

图 12-2　审计报告的基本类型

（一）无保留意见

如果注册会计师认为财务报表符合下列所有条件,应当出具无保留意见的审计报告。

（1）财务报表已经按照适用的会计准则和相关会计制度的规定编制,在所有重大方面公允反映了被审计单位的财务状况、经营成果和现金流量。

（2）注册会计师已经按照《中国注册会计师审计准则》的规定计划和实施审计工作,在审计过程中未受到限制。

当出具无保留意见的审计报告时,注册会计师应当以"我们认为"作为意见段的开头,并使用"在所有重大方面""公允反映"等术语。对上市实体整套财务报表审计出具的无保留意见审计报告参考格式如下。

审 计 报 告

ABC 股份有限公司全体股东:

一、对财务报表审计的报告

（一）审计意见

我们审计了 ABC 股份有限公司（以下简称 ABC 公司）财务报表,包括 20×1 年 12 月 31 日的资产负债表,20×1 年度的利润表、现金流量表、所有者权益变动表以及财务报表附注。

我们认为,后附的财务报表在所有重大方面按照《企业会计准则》的规定编制,公允反映了公司 20×1 年 12 月 31 日的财务状况以及 20×1 年度的经营成果和现金流量。

（二）形成审计意见的基础

我们按照《中国注册会计师审计准则》的规定执行了审计工作。审计报告的"注册会计师对财务报表审计的责任"部分进一步阐述了我们在这些准则下的责任。按照中国注册会计师职业道德守则,我们独立于公司,并履行了职业道德方面的其他责任。我们相信,我们获取的审计证据是充分、适当的,为发表审计意见提供了基础。

（三）关键审计事项

关键审计事项是根据我们的职业判断，认为对本期财务报表审计最为重要的事项。这些事项是在对财务报表整体进行审计并形成意见的背景下进行处理的，我们不对这些事项提供单独的意见。

（按照《中国注册会计师审计准则第1504号——在审计报告中沟通关键审计事项》的规定描述每一关键审计事项。）

（四）管理层和治理层对财务报表的责任

管理层负责按照《企业会计准则》的规定编制财务报表，使其实现公允反映，并设计、执行和维护必要的内部控制，以使财务报表不存在由于舞弊或错误导致的重大错报。

在编制财务报表时，管理层负责评估公司的持续经营能力，披露与持续经营相关的事项（如适用），并运用持续经营假设，除非管理层计划清算公司、停止营运或别无其他现实的选择。

治理层负责监督公司的财务报告过程。

（五）注册会计师对财务报表审计的责任

我们的目标是对财务报表整体是否不存在由于舞弊或错误导致的重大错报获取合理保证，并出具包含审计意见的审计报告。合理保证是高水平的保证，但并不能保证按照审计准则执行的审计在某一重大错报存在时总能发现。错报可能由舞弊或错误所导致，如果合理预期错报单独或汇总起来可能影响财务报表使用者依据财务报表作出的经济决策，则错报是重大的。

在按照审计准则执行审计的过程中，我们运用了职业判断，保持了职业怀疑。我们同时：

（1）识别和评估由于舞弊或错误导致的财务报表重大错报风险；对这些风险有针对性地设计和实施审计程序；获取充分、适当的审计证据，作为发表审计意见的基础。由于舞弊可能涉及串通、伪造、故意遗漏、虚假陈述或凌驾于内部控制之上，未能发现由于舞弊导致的重大错报的风险高于未能发现由于错误导致的重大错报的风险。

（2）了解与审计相关的内部控制，以设计恰当的审计程序，但目的并非对内部控制的有效性发表意见。

（3）评价管理层选用会计政策的恰当性和作出会计估计及相关披露的合理性。

（4）对管理层使用持续经营假设的恰当性得出结论。同时，基于所获取的审计证据，对是否存在与事项或情况相关的重大不确定性，从而可能导致对公司的持续经营能力产生重大疑虑得出结论。如果我们得出结论认为存在重大不确定性，审计准则要求我们在审计报告中提请报告使用者注意财务报表中的相关披露；如果披露不充分，我们应当发表非无保留意见。我们的结论基于审计报告日可获得的信息。然而，未来的事项或情况可能导致公司不能持续经营。

（5）评价财务报表的总体列报、结构和内容（包括披露），并评价财务报表是否公允反映交易和事项。

除其他事项外，我们与治理层就计划的审计范围、时间安排和重大审计发现（包括我们在审计中识别的值得关注的内部控制缺陷）进行沟通。

从与治理层沟通的事项中，我们确定哪些事项对当期财务报表审计最为重要，因而构成关键审计事项。我们在审计报告中描述这些事项,除非法律法规不允许公开披露这些事项,或在极其罕见的情形下,如果合理预期在审计报告中沟通某事项造成的负面后果超过产生的公众利益方面的益处,我们确定不应在审计报告中沟通该事项。

二、按照相关法律法规的要求报告的事项

(本部分的格式和内容,取决于法律法规对其他报告责任的性质的规定。)

××会计师事务所　　　　　　　　　　　中国注册会计师:×××(项目合伙人)

(盖章)　　　　　　　　　　　　　　　　　　　(签名并盖章)

　　　　　　　　　　　　　　　　　　中国注册会计师:×××

中国××市　　　　　　　　　　　　　　　　　　(签名并盖章)

　　　　　　　　　　　　　　　　　　二○×二年××月××日

(二)非无保留意见

非无保留意见是指对财务报表发表的保留意见、否定意见或无法表示意见。表 12-7 列示了注册会计师对导致发生非无保留意见事项的性质和这些事项对财务报表产生或可能产生影响的广泛性作出的判断,以及注册会计师的判断对审计意见类型的影响。

表 12-7　导致非无保留意见事项的性质与审计意见类型的关系

导致发生非无保留意见事项的性质	这些事项对财务报表产生或可能产生影响的广泛性	
	重大但不具有广泛性	重大且具有广泛性
财务报表存在重大错报	保留意见	否定意见
无法获取充分、适当的审计证据	保留意见	无法表示意见

1. 保留意见

如果认为财务报表整体是公允的,但还存在下列情形之一,注册会计师应当出具保留意见的审计报告。

(1)在获取充分、适当的审计证据后,注册会计师认为错报单独或汇总起来对财务报表影响重大,但不具有广泛性。

(2)注册会计师无法获取充分、适当的审计证据以作为形成审计意见的基础,但认为未发现的错报(如存在)对财务报表可能产生的影响重大,但不具有广泛性。

当出具保留意见的审计报告时,注册会计师应当在审计意见段中使用"除……的影响外"等术语。如果因审计范围受到限制,注册会计师还应当在注册会计师的责任段中提及这一情况。对上市实体整套财务报表审计出具的保留意见审计报告(财务报表存在重大错报)的参考格式如下。

审 计 报 告

ABC 股份有限公司全体股东:

一、对财务报表审计的报告

(一)保留意见

我们审计了 ABC 股份有限公司(以下简称 ABC 公司)财务报表,包括 20×1 年 12 月

31日的资产负债表,20×1年度的利润表、现金流量表、所有者权益变动表以及财务报表附注。

我们认为,除"形成保留意见基础"部分所述事项产生的影响外,后附的财务报表在所有重大方面按照《企业会计准则》的规定编制,公允反映了ABC公司20×1年12月31日的财务状况以及20×1年度的经营成果和现金流量。

(二)形成保留意见的基础

ABC公司20×1年12月31日资产负债表中存货的列示金额为×元。管理层根据成本对存货进行计量,而没有根据成本与可变现净值孰低的原则进行计量,这不符合《企业会计准则》的规定。公司的会计记录显示,如果管理层以成本与可变现净值孰低来计量存货,存货列示金额将减少×元。相应地,资产减值损失将增加×元,所得税、净利润和股东权益将分别减少×元、×元和×元。

我们按照中国注册会计师审计准则的规定执行了审计工作。审计报告的"注册会计师对财务报表审计的责任"部分进一步阐述了我们在这些准则下的责任。按照中国注册会计师职业道德守则,我们独立于ABC公司,并履行了职业道德方面的其他责任。我们相信,我们获取的审计证据是充分、适当的,为发表保留意见提供了基础。

(三)关键审计事项

关键审计事项是根据我们的职业判断,认为对本期财务报表审计最为重要的事项。这些事项是在对财务报表整体进行审计并形成意见的背景下进行处理的,我们不对这些事项提供单独的意见。除"形成保留意见的基础"部分所述事项外,我们确定下列事项是需要在审计报告中沟通的关键审计事项。

(按照《中国注册会计师审计准则第1504号——在审计报告中沟通关键审计事项》的规定描述每一关键审计事项。)

(四)管理层和治理层对财务报表的责任(略)

(五)注册会计师对财务报表审计的责任(略)

二、按照相关法律法规的要求报告的事项

(略)

××会计师事务所	中国注册会计师:×××(项目合伙人)
(盖章)	(签名并盖章)
	中国注册会计师:×××
中国××市	(签名并盖章)
	二○×二年××月××日

2. 否定意见

在获取充分、适当的审计证据后,如果认为错报单独或汇总起来对财务报表的影响重大且具有广泛性,注册会计师应当发表否定意见。

当发表否定意见时,注册会计师应当根据适用的财务报告编制基础在审计意见段中说明:注册会计师认为,由于导致否定意见的事项段所述事项的重要性,财务报表没有在所有重大方面按照适用的财务报告编制基础编制,未能实现公允反映。对上市实体整套财务报表审计出具的否定意见审计报告的参考格式如下。

审 计 报 告

ABC 股份有限公司全体股东:

一、对财务报表审计的报告

（一）否定意见

我们审计了 ABC 股份有限公司（以下简称 ABC 公司）财务报表,包括 20×1 年 12 月 31 日的资产负债表,20×1 年度的利润表、现金流量表、所有者权益变动表以及财务报表附注。

我们认为,由于"形成否定意见的基础"段所述事项的重要性,后附的财务报表没有在所有重大方面按照《企业会计准则》的规定编制,未能公允反映 ABC 公司及其子公司 20×1 年 12 月 31 日的财务状况以及 20×1 年度的经营成果和现金流量。

（二）形成否定意见的基础

如财务报表附注×所述,ABC 公司的长期股权投资未按《企业会计准则》的规定采用权益法核算。如果按权益法核算,ABC 公司的长期投资账面价值将减少×万元,净利润将减少×万元,从而导致 ABC 公司由盈利×万元变为亏损×万元。

我们按照中国注册会计师审计准则的规定执行了审计工作。审计报告的"注册会计师对财务报表审计的责任"部分进一步阐述了我们在这些准则下的责任。按照中国注册会计师职业道德守则,我们独立于 ABC 公司,并履行了职业道德方面的其他责任。我们相信,我们获取的审计证据是充分、适当的,为发表否定意见提供了基础。

（三）关键审计事项

关键审计事项是根据我们的职业判断,认为对本期财务报表审计最为重要的事项。这些事项是在对财务报表整体进行审计并形成意见的背景下进行处理的,我们不对这些事项提供单独的意见。除"形成否定意见的基础"部分所述事项外,我们确定下列事项是需要在审计报告中沟通的关键审计事项。

（按照《中国注册会计师审计准则第 1504 号——在审计报告中沟通关键审计事项》的规定描述每一关键审计事项。）

（四）管理层和治理层对财务报表的责任（略）

（五）注册会计师对财务报表审计的责任（略）

二、按照相关法律法规的要求报告的事项

（略）

××会计师事务所	中国注册会计师:×××（项目合伙人）
（盖章）	（签名并盖章）
	中国注册会计师:×××
	（签名并盖章）
中国××市	
	二○×二年××月××日

3. 无法表示意见

如果无法获取充分、适当的审计证据以作为形成审计意见的基础,但认为未发现的错报（如存在）对财务报表可能产生的影响重大且具有广泛性,注册会计师应当发表无法表示意见的审计报告。在极其特殊的情况下,可能存在多个不确定事项,即使注册会计师对每个单

独的不确定事项获取了充分、适当的审计证据,但由于不确定事项之间可能存在相互影响,以及可能对财务报表产生累积影响,注册会计师不可能对财务报表形成审计意见。在这种情况下,注册会计师应当发表无法表示意见的审计报告。

当由于无法获取充分、适当的审计证据而发表无法表示意见的审计报告时,注册会计师应当在审计意见段中说明:由于导致无法表示意见的事项段所述事项的重要性,注册会计师无法获取充分、适当的审计证据以为发表审计意见提供基础,因此注册会计师不对这些财务报表发表审计意见。对上市实体整套财务报表审计出具的无法表示意见审计报告的参考格式如下。

审 计 报 告

ABC 股份有限公司全体股东:

一、对财务报表审计的报告

（一）无法表示意见

我们接受委托,审计 ABC 股份有限公司(以下简称 ABC 公司)财务报表,包括 20×1 年12 月 31 日的资产负债表,20×1 年度的利润表、现金流量表、所有者权益变动表以及财务报表附注。

我们不对后附的 ABC 公司财务报表发表审计意见。由于"形成无法表示意见的基础"部分所述事项的重要性,我们无法获取充分、适当的审计证据以作为对财务报表发表审计意见的基础。

（二）形成无法表示意见的基础

我们于 20×2 年 1 月接受 ABC 公司的审计委托,因而未能对 ABC 公司 20×1 年年初金额为×元的存货和年末金额为×元的存货实施监盘程序。此外,我们也无法实施替代审计程序获取充分、适当的审计证据。因此,我们无法确定是否有必要对存货以及财务报表其他项目作出调整,也无法确定应调整的金额。

（三）关键审计事项

关键审计事项是根据我们的职业判断,认为对本期财务报表审计最为重要的事项。这些事项是在对财务报表整体进行审计并形成意见的背景下进行处理的,我们不对这些事项提供单独的意见。除"形成否定意见的基础"部分所述事项外,我们确定下列事项是需要在审计报告中沟通的关键审计事项。

（按照《中国注册会计师审计准则第 1504 号——在审计报告中沟通关键审计事项》的规定描述每一关键审计事项。）

（四）管理层和治理层对财务报表的责任（略）

（五）注册会计师对财务报表审计的责任

我们的责任是按照中国注册会计师审计准则的规定,对 ABC 公司的财务报表执行审计工作,以出具审计报告。但由于"形成元法表示意见的基础"部分所述的事项,我们无法获取充分、适当的审计证据以作为发表审计意见的基础。

按照中国注册会计师职业道德守则,我们独立于 ABC 公司,并履行了职业道德方面的其他责任。

二、按照相关法律法规的要求报告的事项

（略）

××会计师事务所	中国注册会计师：×××（项目合伙人）
（盖章）	（签名并盖章）
	中国注册会计师：×××
中国××市	（签名并盖章）

（三）在审计报告中增加强调事项段或其他事项段

1.强调事项段

审计报告的强调事项段是指审计报告中含有的一个段落，该段落提及已在财务报表中恰当列报或披露的事项，根据注册会计师的职业判断，该事项对财务报表使用者理解财务报表至关重要。

如果认为有必要提醒财务报表使用者关注已在财务报表中列报或披露，且根据职业判断认为对财务报表使用者理解财务报表至关重要的事项，在同时满足下列条件时，注册会计师应当在审计报告中增加强调事项段。

（1）该事项不会导致注册会计师发表非无保留意见。

（2）该事项未被确定为审计报告中沟通的关键审计事项。某一事项如果确定为关键审计事项，根据注册会计师的职业判断，可能对财务报表使用者理解财务报表至关重要。该事项在关键审计事项部分列报，可以使该事项的列报更为突出，或在关键审计事项的描述中增加额外信息，以指明该事项对财务报表使用者理解财务报表的重要程度。某一事项可能未被确定为关键审计事项，但根据注会计师的判断，其对财务报表使用者理解财务报表至关重要（例如期后事项）。如果注册会计师认为有必要提请财务报表使用者关注该事项，根据审计准则的规定，该事项将包含在审计报告的强调事项段中。

某些审计准则对特定情况下在审计报告中增加强调事项段提出具体要求，这些情形包括：

（1）法律法规规定的财务报告编制基础不可接受，但其是由法律或法规作出的规定。

（2）提醒财务报表使用者注意财务报表按照特殊目的编制基础编制。

（3）注册会计师在审计报告日后知悉了某些事实（即期后事项），并且出具了新的审计报告或修改了审计报告。

除上述审计准则要求增加强调事项的情形外，注册会计师可能认为需要增加强调事项段的情形举例如下。

（1）异常诉讼或监管行动的未来结果存在不确定性。

（2）提前应用（在允许的情况下）对财务报表有重大影响的新会计准则。

（3）存在已经或持续对被审计单位财务状况产生重大影响的特大灾难。

强调事项段的过多使用会降低注册会计师沟通所强调事项的有效性。此外，与财务报表中的列报或披露相比，在强调事项段中包括过多的信息，可能隐含着这些事项未被恰当列报或披露。因此，强调事项段应当仅提及已在财务报表中列报或披露的信息。

如果在审计报告中增加强调事项段,注册会计师应当采取下列措施。

(1)将强调事项段作为单独的一部分置于审计报告中,并使用包含"强调事项"这一术语的适当标题。

(2)明确提及被强调事项以及相关披露的位置,以便能够在财务报表中找到对该事项的详细描述。强调事项段应当仅提及已在财务报表中列报或披露的信息。

(3)指出审计意见没有因该强调事项而改变。

由于增加强调事项段是为了提醒财务报表使用者关注某些事项,并不影响注册会计师的审计意见,为了使财务报表使用者明确这一点,注册会计师应当在强调事项段中指明,该段内容仅用于提醒财务报表使用者关注,并不影响已发表的审计意见。对非上市实体整套财务报表审计出具的带强调事项段的保留意见审计报告参考格式如下。

审 计 报 告

ABC 股份有限公司全体股东:

一、对财务报表审计的报告

(一)保留意见

我们审计了 ABC 股份有限公司(以下简称 ABC 公司)财务报表,包括 20×1 年 12 月 31 日的资产负债表,20×1 年度的利润表、现金流量表、所有者权益变动表以及财务报表附注。

我们认为,除"形成保留意见的基础"部分所述事项产生的影响外,后附的财务报表在所有重大方面按照《企业会计准则》的规定编制,公允反映了公司 20×1 年 12 月 31 日的财务状况以及 20×1 年度的经营成果和现金流量。

(二)形成保留意见的基础

ABC 公司 20×1 年 12 月 31 日资产负债表中列示的以公允价值计量且其变动计入当期损益的金融资产为×元,管理层对这些金融资产未按照公允价值进行后续计量,而是按照其历史成本进行计量,这不符合企业会计准则的规定。如果按照公允价值进行后续计量,ABC 公司 20×1 年度利润表中公允价值变动损益将减少×元,20×1 年 12 月 31 日资产负债表中以公允价值计量且其变动计入当期损益的金融资产将减少×元。相应地,所得税、净利润和股东权益将分别减少×元、×元和×元。

我们按照中国注册会计师审计准则的规定执行了审计工作。审计报告的"注册会计师对财务报表审计的责任"部分进一步阐述了我们在这些准则下的责任。按照中国注册会计师职业道德守则,我们独立于 ABC 公司,并履行了职业道德方面的其他责任。我们相信,我们获取的审计证据是充分、适当的,为发表保留意见提供了基础。

(三)强调事项——火灾的影响

我们提醒财务报表使用者关注,财务报表附注×描述了火灾对 ABC 公司的生产设备造成的影响。本段内容不影响已发表的审计意见。

(四)管理层和治理层对财务报表的责任(略)

(五)注册会计师对财务报表审计的责任(略)

二、按照相关法律法规的要求报告的事项

（略）

××会计师事务所	中国注册会计师：×××（项目合伙人）
（盖章）	（签名并盖章）
	中国注册会计师：×××
	（签名并盖章）
中国××市	二〇×二年××月××日

2. 其他事项段

其他事项段是指审计报告中含有的一个段落，该段落提及未在财务报表中列报或披露的事项，根据注册会计师的职业判断，该事项与财务报表使用者理解审计工作、注册会计师的责任或审计报告相关。

如果认为有必要沟通虽然未在财务报表中列报或披露，但根据职业判断认为与财务报表用者理解审计工作、注册会计师的责任或审计报告相关的事项，在同时满足下列条件时，注册会计师应当在审计报告中增加其他事项段。

（1）未被法律法规禁止。

（2）该事项未被确定为在审计报告中沟通的关键审计事项。

具体讲，需要在审计报告中增加其他事项段的情形包括：

（1）与使用者理解审计工作相关的情形。

（2）与使用者理解注册会计师的责任或审计报告相关的情形。

（3）对两套以上财务报表出具审计报告的情形。

（4）限制审计报告分发和使用的情形。

需要注意的是，其他事项段的内容明确反映了未被要求在财务报表中列报或披露的其他事项。其他事项段不包括法律法规或其他职业准则禁止注册会计师提供的信息。其他事项段也不包括要求管理层提供的信息。

如果在审计报告中包含其他事项段，注册会计师应当将该段落作为单独的一部分，并使用"其他事项"或其他适当标题。对非上市实体整套财务报表审计出具的带其他事项段的无保留意见审计报告参考格式如下。

审　计　报　告

ABC 股份有限公司全体股东：

一、对财务报表审计的报告

（一）审计意见

我们审计了 ABC 股份有限公司（以下简称 ABC 公司）财务报表，包括 20×1 年 12 月 31 日的资产负债表，20×1 年度的利润表、现金流量表、所有者权益变动表以及财务报表附注。

我们认为，后附的财务报表在所有重大方面按照《企业会计准则》的规定编制，公允反映了公司 20×1 年 12 月 31 日的财务状况以及 20×1 年度的经营成果和现金流量。

（二）形成审计意见的基础

我们按照中国注册会计师审计准则的规定执行了审计工作。审计报告的"注册会计师

对财务报表审计的责任"部分进一步阐述了我们在这些准则下的责任。按照中国注册会计师职业道德守则,我们独立于 ABC 公司,并履行了职业道德方面的其他责任。我们相信,我们获取的审计证据是充分、适当的,为发表保留意见提供了基础。

(三)其他事项

20×0 年 12 月 31 日的资产负债表,20×0 年度的利润表、现金流量表、所有者权益变动表以及财务报表附注由其他会计师事务所审计,并于 20×1 年 3 月 31 日发表了无保留意见。

(四)管理层和治理层对财务报表的责任(略)

(五)注册会计师对财务报表审计的责任(略)

二、按照相关法律法规的要求报告的事项

(略)

××会计师事务所　　　　　　　　　　　中国注册会计师:×××(项目合伙人)

(盖章)　　　　　　　　　　　　　　　　　　　(签名并盖章)

　　　　　　　　　　　　　　　　　　　中国注册会计师:×××

中国××市　　　　　　　　　　　　　　　　　　(签名并盖章)

　　　　　　　　　　　　　　　　　　　二○×二年××月××日

3. 与治理层的沟通

如果拟在审计报告中增加强调事项段或其他事项段,注册会计师应当就该事项和拟使用的措辞与治理层沟通。

与治理层的沟通能使治理层了解注册会计师拟在审计报告中所强调的特定事项的性质,并在必要时为治理层提供向注册会计师作出进一步澄清的机会。当然,当审计报告中针对某一特定事项增加其他事项段在连续审计业务中重复出现时,注册会计师可能认为没有必要在每次审计业务中重复沟通。

做中学 12-3

中华会计师事务所接受委托,于 2021 年 3 月 28 日在现场结束对亚新有限责任公司(以下简称亚新公司)2020 年度会计报表的审计。亚新公司的总资产为 8 000 万元,总负债为 5 600 万元,利润总额为 200 万元。在审计计划中,项目负责人、注册会计师王旭将会计报表层的重要性水平定为总资产的 0.5%,主任会计师在复核工作底稿时,注意到以下事项。

(1)亚新公司长期股权投资中,有向境外子公司投资额为 100 万元,因受条件限制,注册会计师无法去现场审计,所发出的询证函也没有回音。

(2)亚新公司于 2020 年 6 月发生一起赔偿诉讼案,被索赔总额 500 万元,2021 年 2 月 23 日,法院判决公司须赔偿原告方 450 万元,对此,亚新公司已计提 420 万元的其他应付款,并已在 2021 年报表附注中披露,注册会计师建议调整借记营业外支出 30 万元,贷记其他应付款 30 万元,亚新公司予以拒绝。

(3)2021 年 1 月 20 日,亚新公司仓库发生严重火灾,因火灾造成部分原材料毁损 200 万元,公司于当月按规定进行了相应的会计处理。

(4)亚新公司以其已在年末进行盘点为由,拒绝王旭等人对其公司价值 5 000 万元的存货进行监盘。

要求:

(1)确定会计报表层次重要性水平的金额。

（2）分别就上述 4 个事项,考虑重要性水平,说明注册会计师应出具的审计意见类型,并简要说明理由。

任务指导

信诚会计师事务所对康诺公司 2020 年报表审计业务中,注册会计师已经按照《中国注册会计师审计准则》的规定计划和实施了审计工作,在审计过程中未受到限制;且康诺公司已按注册会计师的建议对报表进行了调整。注册会计师认为调整后的财务报表在所有重大方面按照适用的财务报告编制基础编制并实现公允反映,因此信诚会计师事务所可以为康诺公司出具无保留意见的审计报告。具体内容如下。

审 计 报 告

康诺健身器材有限公司董事会:

（一）审计意见

我们审计了康诺健身器材有限公司（以下简称康诺公司）财务报表,包括 2020 年 12 月 31 日的资产负债表,2020 年度的利润表、现金流量表、所有者权益变动表以及财务报表附注。

我们认为,后附的财务报表在所有重大方面按照《企业会计准则》的规定编制,公允反映了公司 2020 年 12 月 31 日的财务状况以及 2020 年度的经营成果和现金流量。

（二）形成审计意见的基础

我们按照《中国注册会计师审计准则》的规定执行了审计工作。审计报告的"注册会计师对财务报表审计的责任"部分进一步阐述了我们在这些准则下的责任。按照中国注册会计师职业道德守则,我们独立于公司,并履行了职业道德方面的其他责任。我们相信,我们获取的审计证据是充分、适当的,为发表审计意见提供了基础。

（三）管理层和治理层对财务报表的责任

管理层负责按照《企业会计准则》的规定编制财务报表,使其实现公允反映,并设计、执行和维护必要的内部控制,以使财务报表不存在由于舞弊或错误导致的重大错报。

在编制财务报表时,管理层负责评估公司的持续经营能力,披露与持续经营相关的事项（如适用）,并运用持续经营假设,除非管理层计划清算公司、停止营运或别无其他现实的选择。

治理层负责监督公司的财务报告过程。

（四）注册会计师对财务报表审计的责任

我们的目标是对财务报表整体是否不存在由于舞弊或错误导致的重大错报获取合理保证,并出具包含审计意见的审计报告。合理保证是高水平的保证,但并不能保证按照审计准则执行的审计在某一重大错报存在时总能发现。错报可能由舞弊或错误所导致,如果合理预期错报单独或汇总起来可能影响财务报表使用者依据财务报表作出的经济决策,则错报是重大的。

在按照审计准则执行审计的过程中,我们运用了职业判断,保持了职业怀疑。我们同时:

（1）识别和评估由于舞弊或错误导致的财务报表重大错报风险;对这些风险有针对性地设计和实施审计程序;获取充分、适当的审计证据,作为发表审计意见的基础。由于舞弊可能涉及串通、伪造、故意遗漏、虚假陈述或凌驾于内部控制之上,未能发现由于舞弊导致的重大错报的风险高于未能发现由于错误导致的重大错报的风险。

（2）了解与审计相关的内部控制，以设计恰当的审计程序，但目的并非对内部控制的有效性发表意见。

（3）评价管理层选用会计政策的恰当性和作出会计估计及相关披露的合理性。

（4）对管理层使用持续经营假设的恰当性得出结论。同时，基于所获取的审计证据，对是否存在与事项或情况相关的重大不确定性，从而可能导致对公司的持续经营能力产生重大疑虑得出结论。如果我们得出结论认为存在重大不确定性，审计准则要求我们在审计报告中提请报告使用者注意财务报表中的相关披露；如果披露不充分，我们应当发表非无保留意见。我们的结论基于审计报告日可获得的信息。然而，未来的事项或情况可能导致公司不能持续经营。

（5）评价财务报表的总体列报、结构和内容（包括披露），并评价财务报表是否公允反映交易和事项。

除其他事项外，我们与治理层就计划的审计范围、时间安排和重大审计发现（包括我们在审计中识别的值得关注的内部控制缺陷）进行沟通。

从与治理层沟通的事项中，我们确定哪些事项对当期财务报表审计最为重要，因而构成关键审计事项。我们在审计报告中描述这些事项，除非法律法规不允许公开披露这些事项，或在极其罕见的情形下，如果合理预期在审计报告中沟通某事项造成的负面后果超过产生的公众利益方面的益处，我们确定不应在审计报告中沟通该事项。

信诚会计师事务所
（盖章）

中国××省××市

中国注册会计师：李立

中国注册会计师：张磊

2021 年 2 月 20 日

任务附注

12-3-1　中国注册会计师审计准则第 1501 号——对财务报表形成审计意见和出具审计报告

12-3-2　中国注册会计师审计准则第 1502 号——在审计报告中发表非无保留意见

12-3-3　中国注册会计师审计准则第 1503 号——在审计报告中增加强调事项段和其他事项段

| 对财务报表形成审计意见和出具审计报告 | 在审计报告中发表非无保留意见 | 在审计报告中增加强调事项段和其他事项段 |

审计与乡村振兴

子任务 12.4　整理审计档案

任务要求

2021 年 2 月 28 日,信诚会计师事务所完成了康诺股份有限公司 2020 年度报表的审计工作。注册会计师李立安排助理人员丁一对康诺公司审计工作的档案进行整理。

康诺公司审计档案应如何归档和保管?

知识准备

一、审计档案的结构

对每项具体审计业务,注册会计师应当将审计工作底稿归整为审计档案。以下是典型的审计档案结构。

1. 沟通和报告相关工作底稿

(1) 审计报告和经审计的财务报表。

(2) 与主审注册会计师的沟通和报告。

(3) 与治理层的沟通和报告。

(4) 与管理层的沟通和报告。

(5) 管理建议书。

2. 审计完成阶段工作底稿

(1) 审计工作完成情况核对表。

(2) 管理层声明书原件。

(3) 重大事项概要。

(4) 错报汇总表。

(5) 被审计单位财务报表和试算平衡表。

(6) 有关列报的工作底稿(如现金流量表、关联方和关联交易的披露等)。

(7) 财务报表所属期间的董事会会议纪要。

(8) 总结会会议纪要。

3. 审计计划阶段工作底稿

（1）总体审计策略和具体审计计划。

（2）对内部审计职能的评价。

（3）对外部专家的评价。

（4）对服务机构的评价。

（5）被审计单位提交资料清单。

（6）集团注册会计师的指示。

（7）前期审计报告和经审计的财务报表。

（8）预备会会议纪要。

4. 特定项目审计程序表

（1）舞弊。

（2）持续经营。

（3）对法律法规的考虑。

（4）关联方。

5. 进一步审计程序工作底稿

（1）有关控制测试工作底稿。

（2）有关实质性程序工作底稿（包括实质性分析程序和细节测试）。

二、审计工作底稿归档要求

在审计报告日后将审计工作底稿归整为最终审计档案是一项事务性的工作、不涉及实施新的审计程序或得出新的结论。注册会计师应当按照会计师事务所质量控制政策和程序的规定，及时将审计工作底稿归整为最终审计档案。

如果在归档期间对审计工作底稿作出的变动属于事务性的，注册会计师可以作出变动，主要包括：

（1）删除或废弃被取代的审计工作底稿。

（2）对审计工作底稿进行分类、整理和交叉索引。

（3）对审计档案归整工作的完成核对表签字认可。

（4）记录在审计报告日前获取的、与项目组成员进行讨论并达成一致意见的审计证据。

审计工作底稿的归档期限为审计报告日后 60 天内。如果注册会计师未能完成审计业务，审计工作底稿的归档期为审计业务中止后的 60 天内。

三、审计工作底稿归档后的变动

审计工作底稿归档后，注册会计师发现有必要修改现有审计工作底稿或增加新的审计工作底稿的情形主要有以下两种。

（1）注册会计师已实施了必要的审计程序，取得了充分、适当的审计证据并得出了恰当的审计结论，但审计工作底稿的记录不够充分。

（2）审计报告日后，发现例外情况要求注册会计师实施新的或追加审计程序，或导致注册会计师得出新的结论。例外情况主要是指审计报告日后发现与已审计财务信息相关，且在审计报告日已经存在的事实,该事实如果被注册会计师在审计报告日前获知,可能影响审计报告。例如,注册会计师在审计报告日后才获知法院在审计报告日前已对被审计单位的诉讼赔偿事项作出最终判决结果。

如果发现有必要修改现有审计工作底稿或增加新的审计工作底稿,无论修改或增加的性质如何,注册会计师均应当记录下列事项。

（1）修改或增加审计工作底稿的理由。

（2）修改或增加审计工作底稿的时间和人员,以及复核的时间和人员。

四、审计工作底稿的保存期限

会计师事务所应当自审计报告日起,对审计工作底稿至少保存 10 年。如果注册会计师未能完成审计业务,会计师事务所应当自审计业务中止日起,对审计工作底稿至少保存 10 年。

在完成最终审计档案的归整后,注册会计师不应在规定的保存期限届满前删除或废弃任何性质的审计工作底稿。

做中学 12-4

2021 年 3 月 15 日,信义会计师事务所 A 注册会计师完成了佳成股份有限公司 2020 年度报表的审计工作,4 月 1 日双方约定从下年起不再合作。2021 年 5 月 20 日,A 注册会计师意识到佳成公司存在舞弊行为,私下修改了部分审计工作底稿。2021 年 6 月 1 日,佳成公司财务舞弊案爆发,A 注册会计师擅自销毁了佳成公司审计工作底稿。

要求：

（1）请确认佳成股份有限公司的审计档案应保存至什么时候？

（2）A 注册会计师私下修改、销毁审计工作底稿是否妥当,并简要说明理由。

任务指导

审计工作底稿归档期限应为审计报告日后 60 天内。康诺公司 2020 年审计报告的报告日期是 2021 年 2 月 20 日,因此信诚会计师事务所应当在 2021 年 4 月 21 日前对康诺公司审计工作底稿进行归档。审计档案归档后,信诚会计师事务所应保存康诺公司审计档案至 2031 年 2 月 20 日。

任务附注

会计师事务所审计档案管理办法

会计师事务所审计档案管理办法

思政小课堂

审计方法的发展与创新

同 步 练 习

一、单项选择题

1. 注册会计师出具保留意见的审计报告时，需要在（　　）解释出具该意见类型的理由。

A. 形成保留意见的基础段　　　　　　B. 财务报表附注中

C. 在注册会计师责任段　　　　　　　D. 意见段

2. 如果实施相关审计程序后无法获取有关期初余额的充分、适当的审计证据，注册会计师应当出具（　　）的审计报告。

A. 无保留意见加强调事项段　　　　　B. 保留意见

C. 无法表示意见　　　　　　　　　　D. 保留意见或无法表示意见

3. 在意见段中使用了"除上述待定问题的影响外"的术语，这种审计报告是（　　）。

A. 无保留意见审计报告　　　　　　　B. 保留意见审计报告

C. 否定意见审计报告　　　　　　　　D. 无法表示意见审计报告

4. 注册会计师对被审计单位以下（　　）项目进行审计时往往要向被审计单位的法律顾问和律师进行函证，以获取其对资产负债表日已存在的以及资产负债表日至复函日这一时期内存在的确认证据。

A. 关联方交易　　　　　　　　　　　B. 持续经营能力

C. 期初余额和期后事项　　　　　　　D. 期后事项和或有事项

5. 下列（　　）情况下，注册会计师应该出具带有强调事项段的无保留意见审计报告。

A. 注册会计师认为被审计单位编制会计报表所依据的持续经营假设是合理的，但存在可能导致对其持续经营能力产生重大疑虑的事项或情况，管理层已经在会计报表中作了适当披露

B. 重要报表项目的披露不符合国家颁布的《企业会计准则》和相关会计制度的规定

C. 重要会计政策的选用不符合国家颁布的《企业会计准则》和相关会计制度的规定

D. 审计范围受到严重限制，无法取得充分、适当的审计证据

6. 注册会计师应将（　　）附于审计报告后。

A. 股东大会决议　　　　　　　　　　B. 已审计的财务报表

C. 董事会决议　　　　　　　　　　　D. 监事会决议

7. 注册会计师的审计报告的主要作用是(　　)。

A. 检查　　　　　　　B. 评价　　　　　　　C. 监督　　　　　　　D. 鉴证

8. 甲有限责任公司委托会计师事务所审计,审计报告的收件人为(　　)。

A. 甲有限责任公司全体股东　　　　　　B. 甲有限责任公司董事会

C. 甲有限责任公司全体职工　　　　　　D. 甲有限责任公司董事长

9. 关于审计报告的强调事项段,下列说法中正确的是(　　)。

A. 只在无保留意见的审计报告中出现

B. 强调事项段的内容可能会影响已发表的审计意见

C. 强调事项段的内容仅用于引起会计报表使用者的关注

D. 强调事项段一般在意见段之后,有时也可以在意见段之前

10. 下列工作中,属于审计终结阶段的是(　　)。

A. 对内部控制进行控制测试　　　　　　B. 对账户余额进行实质性测试

C. 风险评估程序　　　　　　　　　　　D. 审核期后事项

11. 由于(　　)原因,审计人员将极有可能出具无法表示意见的审计报告。

A. 可能对财务报表产生重大影响,但被审计单位进行了恰当的处理

B. 重要信息披露不充分

C. 客户施加的范围限制

D. 子公司的其他审计人员发表了保留意见

12. 下列情况,注册会计师需要严格进行期初余额的审计(　　)。

A. 首次接受委托　　　　　　　　　　　B. 上期审计的延续

C. 所有审计活动　　　　　　　　　　　D. 根据审计委托人的要求

13. 审计工作底稿的归档期限为(　　)。

A. 财务报表报出日前 60 日内　　　　　B. 审计报告日前 60 日内

C. 财务报表报出日后 60 日内　　　　　D. 审计报告日后 60 日内

14. 审计报告收件人是(　　)。

A. 审计业务的委托者　　　　　　　　　B. 审计报告的使用者

C. 被审计单位　　　　　　　　　　　　D. 证券监管部门

15. 审计报告的基本要素不包括的内容是(　　)。

A. 审计意见　　　　　　　　　　　　　B. 管理层对财务报表责任段

C. 注册会计师责任段　　　　　　　　　D. 强调事项段

16. 审计程序终结阶段的主要工作是(　　)。

A. 复核并审定审计报告　　　　　　　　B. 建立审计档案

C. 提出审计报告和审计决定　　　　　　D. 编制并致送审计报告

17. 下列专用术语表明是否定意见的是(　　)。

A. 由于上述问题造成的重大影响　　　　B. 除上述问题造成的影响以外

C. 除存在上述问题以外　　　　　　　　D. 由于无法获取必要的审计证据

18. 在归整或保存审计工作底稿时,下列表述中正确的是(　　)。

A. 在完成最终审计档案的归整工作以后,不得修改现有审计工作底稿

B. 在完成最终审计档案的归整工作以后,不得增加新的审计工作底稿

C. 如果未能完成审计业务,会计师事务所应当自审计报告之日起,对审计工作底稿至少保存 10 年

D. 如果未能完成审计业务,会计师事务所应当自审计业务中止日起,对审计工作底稿至少保存 10 年

19. 在评价未更正错报的影响时,下列说法不正确的是(　　)。

A. 审计人员应该从金额和性质两个方面确定未更正错报是否重大

B. 审计人员应该要求被审计单位更正未更正错报

C. 被审计单位必须更正未更正错报

D. 审计人员应该考虑以前期间未更正错报的影响

20. 无法表示意见和保留意见的区别在于(　　)。

A. 拒绝进行调整金额的大小

B. 拒用会计政策的严重程度

C. 会计估计的不合理性

D. 注册会计师审计范围受到限制的严重程度

二、多项选择题

1. 审计意见的基本类型包括(　　)。

A. 无保留意见　　　　B. 保留意见　　　　C. 否定意见　　　　D. 无法表示意见

2. 期初余额审计的目标是(　　)。

A. 证实期初余额不存在对本期财务报表产生重大影响的错报

B. 证实上期期末余额已正确结转至本期

C. 证实被审计单位一贯运用恰当的会计政策

D. 确认前任注册会计师审计意见是否恰当

3. 下列应当出现在否定意见审计报告中的措辞是(　　)。

A. 除……的影响外

B. 由于上述问题造成的重大影响

C. 鉴于上述事实

D. 由于受到前段所述事项的重大影响

4. 如果需要修改已审计财务报表而被审计单位拒绝修改,注册会计师应当出具(　　)的审计报告。

A. 带强调事项的无保留意见　　　　　　　B. 保留意见

C. 否定意见　　　　　　　　　　　　　　D. 无法表示意见

5. 注册会计师应当出具保留意见审计报告的情况有(　　)。

A. 财务报表没有按照适用的会计准则和相关会计制度的规定编制,虽影响重大,但不至于出具否定意见的审计报告

B. 审计范围受到限制,虽影响重大,但不至于出具无法表示意见的审计报告

C. 财务报表没有按照适用的会计准则和相关会计制度的规定编制

D. 审计范围受到限制

6. 审计报告的基本内容包括(　　)。

A. 意见段　　　　　　　　　　　　　　　B. 形成审计意见的基础

C. 强调事项段　　　　　　　　　　D. 管理层对财务报表责任段

7. 审计报告的意见段应当包括(　　)。

A. 已审会计报表的名称　　　　　　B. 注册会计师的审计责任

C. 管理层对财务报表的会计责任　　D. 提及财务报表附注

8. 审计工作底稿的复核人可以是(　　)。

A. 审计项目负责人或项目经理　　　B. 项目合伙人

C. 专家或业务助理人员　　　　　　D. 专职独立的质量控制复核人员

9. 在审计报告日后至财务报表报出日前,如果知悉可能对财务报表产生重大影响的事实,注册会计师应当考虑是否需要修改财务报表,同时根据情况采取适当措施包括(　　)。

A. 如果管理层修改了财务报表,注册会计师应当根据具体情况实施必要的审计程序,并针对修改后的财务报表出具新的审计报告。

B. 如果注册会计师认为应当修改财务报表而管理层没有修改,并且审计报告尚未提交给被审计单位,注册会计师应当出具保留意见或否定意见的审计报告。

C. 如果注册会计师认为应当修改财务报表而管理层没有修改,并且审计报告已提交给被审计单位,注册会计师应当通知治理层不要将财务报表和审计报告向第三方报出。

D. 如果财务报表仍被报出,注册会计师应当采取措施防止报表使用者信赖该审计报告

10. 如果注册会计师首次接受委托,按照规定对存货实施了一定的审计程序,仍不能获得有关期初存货余额充分、适当的审计证据,应出具的审计意见有(　　)。

A. 无保留意见　　B. 保留意见　　　C. 否定意见　　　　D. 无法表示意见

三、判断题(正确的打"√",错误的打"×")

1. 如果被审计单位管理当局拒绝在管理层声明书上签名,注册会计师应当考虑签发保留意见或无法表示意见的审计报告。　　　　　　　　　　　　　　　　　　　(　　)

2. 审计报告的收件人是指注册会计师按照业务约定书的要求致送审计报告的对象,可以用全称也可以用简称。　　　　　　　　　　　　　　　　　　　　　　　　　(　　)

3. 审计报告的语言表达要准确无误,不能出现类似"可能""大概""也许""应该是"等模糊词语使报告使用者产生误解。　　　　　　　　　　　　　　　　　　　　　　(　　)

4. 注册会计师结束审计外勤工作后,应当就被审计单位的内部控制情况发表审计意见。
　　　　　　　　　　　　　　　　　　　　　　　　　　　　　　　　　　　　(　　)

5. 如果审计范围受到严重限制,无法取得充分适当的审计证据,注册会计师应当考虑出具否定意见的审计报告。　　　　　　　　　　　　　　　　　　　　　　　　(　　)

6. 如果认为财务报表整体是公允的,但因审计范围受到限制不能获取充分、适当的审计证据,虽影响重大但不至于出具无法表示意见的审计报告,则应发表保留意见。　(　　)

7. 对于审计档案,会计师事务所应当从已审计财务报表年末日起至少保存10年。
　　　　　　　　　　　　　　　　　　　　　　　　　　　　　　　　　　　　(　　)

8. 无法表示意见的审计报告意味着注册会计师不愿意发表意见。　　　　　　　(　　)

9. 在审计报告中增加的强调事项段是提醒财务报表使用者关注某些事项,如果强调事项非常重要则会影响发表的审计意见。　　　　　　　　　　　　　　　　　　(　　)

10. 在出具保留意见、否定意见或无法表示意见的审计报告时,注册会计师必须在"形成审计意见的基础"中说明出具该种审计意见的理由。　　　　　　　　　　（　　　）

11. 注册会计师对期后事项的审计,都是在复核审计工作底稿时进行的。　（　　　）

12. 正确区分资产负债表日后调整和非调整的期后事项,关键在于正确确定期后事项主要情况出现的时间。　　　　　　　　　　　　　　　　　　　（　　　）

13. 如果上期会计报表是由其他会计师事务所审计的,注册会计师在审计本期会计报表时对期初余额不负任何责任,也无须考虑其对审计意见类型的影响。　（　　　）

14. 审计报告是注册会计师对被审计单位与会计报表所有方面发表审计意见。（　　　）

15. 注册会计师在执业过程中发现无法胜任此项工作,则应出示拒绝表示意见的审计报告。　　　　　　　　　　　　　　　　　　　　　　　　　　　（　　　）

四、思考与讨论

《上市公司 2017 年年报审计情况分析报告》中披露,40 家证券资格会计师事务所(以下简称证券所)出具的 3 512 份上市公司 2017 年度财务报表审计报告中,无保留意见审计报告 3 452 份,保留意见的审计报告 37 份,无法表示意见的审计报告 23 份。在 3 452 份无保留意见审计报告中,391 家上市公司被出具了带强调事项段的无保留意见审计报告,33 家上市公司被出具了带持续经营相关重大不确定性事项段的无保留意见审计报告。

问题:为什么上市公司财务报表需要进行审计? 不同审计意见类型对投资者理解上市公司财务报表有着怎样的指导意义?

参 考 文 献

[1] 中华人民共和国财政部. 中国注册会计师执业准则(2020)[M]. 上海:立信会计出版社,2020.

[2] 中国注册会计师协会. 中国注册会计师执业准则应用指南(2020)[M]. 上海:立信会计出版社,2020.

[3] 中国注册会计师协会. 审计(2022)[M]. 北京:中国财政经济出版社,2022.

[4] 高翠莲. 审计基础与实务[M].6 版.北京:高等教育出版社,2018.

[5] 秦荣生,卢春泉. 审计学[M].10 版.北京:中国人民大学出版社,2019.

[6] 李晓慧. 审计学:实务与案例[M].4 版.北京:中国人民大学出版社,2017.

[7] 王生根. 审计实务[M].3 版.北京:高等教育出版社,2018.

[8] 王英姿. 审计原理与实务[M].2 版.上海:上海财经大学出版社,2016.

[9] 刘明辉,史德刚. 审计[M].7 版.大连:东北财经大学出版社,2019.

[10] 宋常. 审计学[M].8 版.北京:中国人民大学出版社,2018.

[11] 肖小飞. 审计实务[M].5 版.北京:电子工业出版社,2018.

[12] 胡春萍,杜海霞. 审计原理与实务[M]. 上海:立信会计出版社,2011.

[13] 张景山. 审计案例分析[M]. 北京:中国市场出版社,2011.

[14] 沈琨,赵双丽. 财务审计理论与实务[M]. 北京:电子工业出版社,2011.

[15] 涂申清. 审计业务操作[M]. 北京:北京大学出版社,2015.

[16] 滕萌. 审计实务[M]. 北京:清华大学出版社,2010.

[17] 梁红霞. 审计实务[M]. 北京:清华大学出版社,2010.